"北大招生考试研究丛书"编委会

主　编：高　松

编　委（按姓氏笔画排序）：

丁光宏　于世洁　王亚章　王明舟　刘清华

吴　敏　张黎明　林　莉　郑益慧　姜　辉

秦春华　常桐善（美国）傅　尧　訾艳阳

虞立红　臧永军

北大招生考试研究丛书

YANJIU ZHENSHI SHIJIE
DE JIAOYU

研究真实世界的教育

秦春华 /著

图书在版编目(CIP)数据

研究真实世界的教育/秦春华著. —北京:北京大学出版社,2017.9
(北大招生考试研究丛书)
ISBN 978-7-301-28738-5

Ⅰ.①研… Ⅱ.①秦… Ⅲ.①教育—研究—中国 Ⅳ.①G52

中国版本图书馆 CIP 数据核字(2017)第 219884 号

书　　　名	研究真实世界的教育 YANJIU ZHENSHI SHIJIE DE JIAOYU
著作责任者	秦春华　著
责 任 编 辑	高桂芳
标 准 书 号	ISBN 978-7-301-28738-5
出 版 发 行	北京大学出版社
地　　　址	北京市海淀区成府路 205 号　100871
网　　　址	http://www.pup.cn　新浪微博　@北京大学出版社
电 子 信 箱	zyjy@pup.cn
电　　　话	邮购部 62752015　发行部 62750672　编辑部 62754934
印 刷 者	北京鑫海金澳胶印有限公司
经 销 者	新华书店
	730 毫米×1020 毫米　16 开本　17 印张　249 千字 2017 年 9 月第 1 版　2017 年 9 月第 1 次印刷
定　　　价	43.00 元

未经许可,不得以任何方式复制或抄袭本书之部分或全部内容。
版权所有,侵权必究
举报电话: 010-62752024　电子信箱: fd@pup.pku.edu.cn
图书如有印装质量问题,请与出版部联系,电话: 010-62756370

献给我的岳父毛如柏先生和岳母张蜀华女士

总　序

中国是世界上最早通过考试制度选拔人才的国家。长达一千三百多年的科举制度,曾经在古代中国的历史上发挥过重要作用。时至今日,中国依然是世界上考试规模最大的国家之一,每年仅参加高考的人数就接近一千万。

然而,无论是在考试技术、命题水平,还是在测试效果和考试研究等方面,中国与一些发达国家相比尚有较大差距。特别是在高校招生问题上,多年来我们习惯于通过单一的笔试成绩排序来选拔学生,这种方式固然有利于维护公平,但不可避免地丧失了许多对于人才选拔和培养而言至为宝贵的信息。

大学的根本任务在于立德树人,这是大学的历史使命和时代重任。本科人才培养,更是世界顶尖大学重点关注的核心。一所大学的质量和声誉,主要建立在她所培养的本科人才质量及其在全球人才市场上的国际竞争力。近年来,世界高等教育发展的一个重要趋势就是更加重视本科教学模式的改革和创新,并为此投入了大量资源。尤其在亚洲,一些新兴大学,通过组建新型的本科住宿学院,正在推动着一场深刻的变革。相比而言,多年来,我国重视科研甚于教学,强调研究生教育多于本科生教育,使得本科教育水平相对薄弱,对于本科人才培养的理念、目标以及实现方式的认识还有待进一步提高和深化。

改革本科人才培养模式的第一步是改革招生考试制度。高水平的本科人才培养质量,必有赖于第一流的生源质量。高质量的生源,不一定完全通过高考脱颖而出。更重要的因素在于,学生是否与大学的文化和传统相匹配、相适应,学生是否具备成为优秀人才所必备的价值观和潜质等。对于北京大学而

研究真实世界的教育

言,就是要选对"好苗子",通过培育合适的土壤,为学生提供宽松的环境和自由的氛围,努力将学生培养成为既有浓厚的爱国情怀和人文关怀、又具备很强的实践能力和创新能力,既有高尚的信念追求和百折不挠的意志、又具备建立在理性思维、批判性思维和创造性思维之上的远见卓识,既有扎实的专业技能、又对文学艺术和科学技术有浓厚兴趣和广泛涉猎的领军人才。

人才培养是世界上最艰巨最复杂的事业。这一挑战首先在于成效时间长。对于科研工作而言,"板凳要坐十年冷"是能够做到的,但"十年树木,百年树人",人才培养的效应至少要数十年甚至更长的时间才能显现。这就需要教育工作者必须摒弃短视眼光,沉下心来、脚踏实地,通过日积月累的言传身教和润物无声的潜移默化,真正立足于人的成长成才去开展扎扎实实的工作。第二个原因是面临复杂的不可测因素。对于科研工作而言,科学家的成就来自于对思维和实验的控制,尽管实验结果常常难以预料,但总是可以通过调整方案和计划不断尝试。而教育的效果必须通过受教育者本身来体现,培养成效的变化和结果极大地受到教育者的影响,这就使不确定性大大增加了。因此,要把一个人真正培养成为杰出的优秀人才,不仅取决于教育者和受教育者自身的努力,而且还取决于其他一些外部因素。第三个原因是教育不允许失败。科学研究是允许和容忍失败的,所有科学研究上的伟大成就无不建立在无数次的失败之上。教育则不同,教育的对象是人,教育不能像做科研那样进行实验,也无法容忍失败。因为失败的后果会直接影响甚至改变一个人的一生。所以在进行教育改革的过程中,我们必须坚持"以人为本",保持兢兢业业、尽职尽责的态度,可以大胆地想象,但在具体实施时一定要谨小慎微,看准了再做,稳步推进,最大可能地降低失败的概率。

2013年5月,北京大学专门成立了考试研究院,致力于推动招生考试制度改革的探索研究,并按照中央要求,对推进高校招生的综合评价多元录取机制提供相应的政策研究和咨询支持。学校特别聘请在人才选拔方面具有丰富经验的秦春华先生出任院长。考试研究院十分重视理论研究工作,提出要出版一套"北大招生考试研究丛书",特别是要先翻译一批国外顶尖学者在这一领域的有影响的著作。我认为这是很有价值很有必要的,有助于填补国内这方面研究的空白。我也希望,他们一方面能以此为基础做好理论研究,另一方面还要结合中国的实际情况设计出具有中国特色的招生考试制度,科学合理地建立不同类型拔尖创新人才的录取途径,探索完善多元录取的招考机制。这是更重要,也是更为艰巨的任务。

是为序。

中国科学院副院长
北京大学前校长　　王恩哥
2015 年 5 月

序

中国高校的招生工作正在发生着深刻的变革。变革的直接推动力来自于中央在教育领域启动的新一轮考试招生制度改革。这一"牵一发而动全身"的改革，围绕着有利于素质教育、有利于促进公平、有利于科学选才等核心目标，试图回答为什么改、改什么和怎么改等一系列根本性的问题，既有宏观上的理念创新，又有微观上的政策措施，是自1977年恢复高考以来中央在教育领域实施的最全面、最系统的顶层设计，体现出中央对教育改革的深谋远虑。按照中央的部署和要求，落实好改革的各项目标和任务，是高校招生相关部门和机构的责任与使命。

招生不仅仅是一项行政工作，它是教育的一个重要组成部分。它把人才培养的各个环节有机连接起来，通过招生录取标准的"指挥棒"作用，对教育产生潜移默化的影响和引导。这种作用发挥得好，就能够推动教育发展和人才培养的进步；这种作用发挥得不好，就可能阻碍教育发展和人才培养的进步，甚至会走向其反面。从这个意义上说，招生本身就是教育。

从教育的视角去看招生，会看出很多有意味的地方。比如，一所大学招生标准的确立，就鲜明地体现出了大学的使命、精神和价值追求。哈佛大学今年取消了至少10名已经收到录取通知书的新生的入学资格，据说是因为校方发现这些学生在社交网站的私人聊天群里发布了含有性或暴力内容的帖子。"哈佛大学保留在多种情况下撤销学生录取资格的权利，其中包括被录取学生的行为导致其诚实、成熟或道德品格受到质疑的情况。"这一声明传递出的重要信息是：诚实、成熟和道德品格是哈佛大学所珍视的价值观。

研究真实世界的教育

又比如，招生之所以备受社会关注，一个重要原因是它和公平紧密地联系在一起。教育之所以能够在实现代际转换、社会阶层流动、改变个人和家庭命运方面具有不可替代的功能，招生是最重要的途径之一。谁有权利上大学，不仅是一个招生问题，也是一个教育问题，更是一个社会问题和政治问题，是自苏格拉底以降人类关于公平的终极思考之一，是教育社会学最重要的研究领域。

教育赋予招生以理论价值。从招生的鲜活实践中发现问题，从中产生理论思考，通过研究、归纳、提炼，升华为理论，可以进一步指导招生工作的实践，并进而推动人才选拔和人才培养的进步。

这正是秦春华博士的人生追求和工作内容。他曾经担任过北京大学招生办公室主任，在完成好每年招生工作的同时，他开始用学者的视角和研究方法去思考工作中遇到的种种困难和问题。卸任之后，他怀着"取经"的宏愿，深入学习研究世界一流大学的招生录取制度，取得了丰硕的成果。目前，他在北京大学教育学院开设了"当代中国考试招生制度"等课程，把招生作为一门学问进行跨学科研究，并着手培养一批招生考试领域的专业化人才。我衷心希望他能够在这一领域取得更大的成绩。

他的新著《研究真实世界的教育》即将付梓，请我为之作序。这是他关于考试招生制度和教育研究的第三部专著。和《超越卓越的平凡——北大人才选拔制度研究》《重新出发——中美大学本科招生比较研究》不太一样的地方是，这本书的视野更为宽阔，对本科人才培养的思考也更加深入。顺便多说一句，我很喜欢这本书的题目——《研究真实世界的教育》。世界是真实的，教育应当帮助学生更好地认识和理解真实的世界。自然，对教育的研究也应当是真实的。

是为序。

北京大学副校长
北京大学教务长　高　松
中国科学院院士

2017 年 7 月 15 日

目　录

第一部分　中美教育比较

美国社会如何重视孩子？　/ 3

美国大学都是"宽进严出"吗？　/ 8

美国顶尖大学为什么偏爱体育特长生？　/ 13

没有模式是最好的模式
　　　——美国顶尖大学的招生录取制度　/ 19

美国大学招生如何防止腐败？　/ 24

招生体制与大学治理模式　/ 31

当代美国考试机构在想什么、做什么？　/ 36

比较是为了更好地进步　/ 42

全球化时代的本土教育责任　/ 47

第二部分　考试招生制度改革

判定生源质量的标准　/ 55

北大清华的状元之争　/ 60

顶尖大学需要招收艺术特长生吗？　/ 65

重点大学里农村学生的比例为什么这么低？ / 70

高考改革与综合素质评价 / 75

"深改元年"的自主招生
　　——如何理解2015年高校自主招生新政 / 87

北京考生如何应对知分填报志愿？ / 94

关于考试招生制度改革的三个观点 / 98

第三部分　大学人才培养

你最需要的是知道自己未来要成为什么样的人 / 105

中国大学教育质量下降了吗？ / 110

本科教学面临的挑战 / 115

在课程中实现本科教育目标 / 121

我们需要什么样的通识教育？ / 136

到底是"学术"，还是"垃圾"？
　　——与刘振天先生商榷 / 155

关于《北京大学章程》的十个重要问题 / 160

第四部分　大教育

什么是好的教育？ / 175

谁应当做教师？ / 180

我们为什么要办高中？ / 185

中国人的科学素养从哪里来？ / 191

"四大名著"适合孩子阅读吗？ / 197

为孩子提供更多更好的现代文学作品

——再论"四大名著"适合孩子阅读吗? / 203

重新思考我们的阅读

——三论"四大名著"适合孩子阅读吗? / 207

我们应该怎样讨论问题?

——四论"四大名著"适合孩子阅读吗? / 213

中国私立教育为什么没有发展起来? / 218

第五部分 访谈

新高考改革方案中的多元录取机制

——答《高校招生》采访 / 225

"严出"要在过程中把关

——答《中国科学报》采访 / 229

"模式化训练"使学生个性泯灭

——答《新京报》采访 / 233

"四大名著"初中再读可能较合适

——答"澎湃新闻"采访 / 240

来自学生的祝福 / 245

北大欢迎你 / 247

后记 / 253

致谢 / 255

第一部分
中美教育比较

美国社会如何重视孩子?[1]

来美国以后,我们给女儿定下了通过工作赚零花钱的规矩:帮妈妈洗一次衣服可以获得1美元,倒一次垃圾可以获得50美分,擦一次餐桌可以获得25美分等。慢慢地,她的小猪存钱罐里也有不少"私房钱"了。为了锻炼女儿的独立生活能力,我们允许她可以用自己的零花钱去买自己喜欢的东西。

上个周末,女儿在超市里看上了一个毛绒玩具,问我们可不可以买。我们说当然可以,你不是有自己的零花钱吗?但前提是只能由你自己去买,爸爸妈妈不会帮忙。她拿了钱,连蹦带跳地跑到收款台,对收款员说了一通我们听不懂的英文。收款员居然很有耐心地和她聊天,用对待大人的方式和她说话,完全没有把她当成一个三岁的孩子。当然,语气要轻柔得多。那天,我们自己也买了一些日用品。在付账的时候,收款员一边大赞女儿的可爱,一边把女儿刚才递给她的钱悄悄还给了我们——她当然知道我们是一家人。令我大为惊奇的是,她在还钱的时候有意识地避开了女儿的视线,不让她发现还钱的动作,小心翼翼地保护独立付账带给女儿的成就感。这样一个小到不能再小的细节,却让我深深地体会到,美国社会对孩子的感受是多么重视!

在美国人看来,孩子并非家庭和个人的私有财产,而是未来的社会公民。父母只是给予了孩子生命。除了这一层血缘关系的意义之外,父母和孩子之间的联系非常微弱。从孩子出生的第一天开始,他(她)就具有了社会属性,成

---

[1] 本文曾发表于《光明日报》2015年6月23日第15版(基础教育版),题目为《美国社会怎样重视孩子》。《教师博览》2015年第10期同题转载;《基础教育论坛》2015年第26期同题转载。

研究真实世界的教育

为一个独立的个体和人类社会的一部分。因此,不仅是家庭和学校,全社会都要对孩子的教育和成长负有责任。如果一个孩子没有受到应有的保护和重视,没有能够接受良好的教育,那么,他(她)将来可能就会给社会带来麻烦;反之,如果一个孩子能够在全社会的关心下成长为一个合格的甚至是优秀的公民,那么,他(她)将来就会给社会带来福利,许多人会因此而受益。这正是2001年美国布什总统签署《不让一个孩子掉队》法案背后的社会文化背景。在文化极度多元化的美国,对孩子的重视和保护却出奇地统一,这的确是一个值得玩味的现象。

这种保护几乎无处不在。最强有力的保护来自联邦和州的法律。在美国,如果一个孩子的权利受到了侵害(无论侵害者是谁),周围的任何一个公民、社会福利机构和司法系统都会立即高效运转起来,确保这个孩子不会受到虐待和忽视。也就是说,不要说虐待和伤害孩子,就是忽视了他们也意味着犯罪。

例如,法律禁止将儿童放置在可能对他们的健康和福利造成伤害的环境里;或者发现这种情况,有能力制止而不去制止。后一句话实际上规定了,一个即使和孩子没有任何关系的人如果发现了可能危害儿童的情况而没有制止的话,也是一种违法行为。不要说这是人家的家事因而不干你的事,在关涉保护孩子的问题上,这就是你的社会责任。再比如,法律规定,年龄在12周岁以下的儿童乘车必须要坐安全座椅。刚到美国时,朋友到机场接我们,车上专门安装了安全座椅。我夸他想得真周到,其实用不着那么麻烦。朋友正色道,这不是客气。你们带着孩子,如果我不开着装有安全座椅的车来接你们,你们是没办法走出机场的,因为没有车会载你们。又比如,美国所有靠近学校的区域,都会有明显的标识,告知驾驶员已经驶入校园区域,时速限制是20英里,有的地方甚至不得超过15英里。许多人受罚就是因为没有注意学校区域的时速限制,而学校往往也是警察重点监测的地方。还比如,法律禁止将12周岁以下的儿童独自留在车中。这属于"重罪"。至于对儿童的性侵和性虐待,那简直是罪大恶极。一旦触碰了这一条高压线,那是永世不得翻身的。

有些法律规定往往令来自中国的家庭难以适应。也许是因为中国的"狼爸""虎妈"闻名世界,我们刚到美国的时候,朋友们叮嘱我们的最重要的一条原则就是不能打孩子——无论是在家里还是在公众场所——甚至批评孩子都要十分小心,如果声音过大很可能会被邻居或周围的人报警。至于我们在国内时有耳闻的孩子被父母打死的事情,在美国几乎不可能发生——刚一出现苗头就会被无数"多管闲事"的人制止了。

如果说法律只是被动地体现了对儿童保护的底线的话,对孩子的爱和耐心则体现了社会主动性的一面。在孩子面前,美国人一向很有耐心。刚到美国的时候,我们带女儿参加聚会,女儿偶尔会耍耍小脾气,我们是打也打不得,骂也骂不得,好言相劝,她反而哭闹得更厉害,我们尴尬得恨不得找个地缝钻进去。但那些美国教授们——越是大牌教授越是如此——从来都微笑着对我们说,没关系。有的教授还通过其他方式帮助女儿转移注意力,逗她开心。他们似乎习惯了在各种场合下的孩子哭闹。

美国社会对孩子的关心往往体现在具体的细节上。就拿日常生活来说,超市里的推车专门设计了儿童可以坐在车里的装置,有坐垫,有安全带,还详细列出了危险的和正确的乘坐方式;有些超市还提供孩子可以坐在里面玩的较大的推车,或者是孩子自己可以推的小型购物车。女儿每次去超市都高兴得不得了:她既可以自己推车,还可以向收款员索要色彩绚丽的贴纸。但是,孩子要贴纸是有条件的:"No Please, No Stickers!"("不说请,就没有贴纸!")女儿自此学会了怎样有礼貌地和别人说话。到餐厅吃饭,有孩子专用的菜单;等餐的时候,餐厅都会给孩子提供纸笔,让孩子在上面涂涂画画;商场里的亲子洗手间里,还会有孩子专用的小型冲水马桶等。这些点点滴滴的小心思,折射出美国社会尊重和保护孩子的独立意识,将其视为社会中平等一员的文化,从而营造出全社会共同关心教育孩子成长的良好氛围。

其实,不光是美国,许多发达国家都把对孩子的重视落实到具体的行动和细节上。比如,在德国,所有给小孩子穿的衣服背面,都会有一个明显的荧光标识,目的是防止在夜间没有灯光的时候车辆会撞到孩子。任何提供给孩子玩的区域或玩具,都不允许存在对儿童造成伤害的可能性。我们经常说国外的父母不管孩子,其实并不是这样,父母怎么可能真的不管孩子?那只不过是

研究真实世界的教育

因为他们已经在安全性上作了充分准备而已。

在中国人看来,大人的事情要比孩子重要得多。大人经常忙于工作,不管孩子。在中国人的文化中,这似乎还是一个值得发扬光大的美德。我们常常会看到这样的报道,某某坚守在工作岗位上,孩子发烧到了40度,也顾不上送医院。我们很少能静下心来想一想,如果一个人连亲生骨肉都可以不管不顾,他(她)的心肠该是何等的冷酷。这样的人,值得被他人信任吗?在西方人看来,这样的事情非但不可思议,而且是一种违法行为。如果发生了这样的事情,儿童福利局和社工会立即介入,以防止孩子受到进一步的伤害。如果大人的确因为工作繁忙不能照顾孩子,那么,他(她)就有可能被剥夺作为父母的权利。大人的工作固然重要,但决不能因此而给孩子带来伤害。你可以选择工作,那你就要选择不要孩子;你如果生了孩子,你就不能因为任何理由而忽视孩子。

去年,一个朋友带着孩子回国探亲。她有一些业务需要拜访相关部门的官员。起初,她打算带着孩子一起去谈工作。我们听了吓了一跳,赶紧告诉她绝对不可以。哪有带着孩子去进行工作会谈的?要是孩子哭闹了怎么办?她听了以后大惑不解。在德国,这简直是司空见惯的事。所有的母亲都是这么做的,没有人觉得有什么不妥,为什么回到了中国反而不行?我们听了哭笑不得,但也回答不了她的问题,只好解释为文化差异了。但仔细想想,这种文化上的差异,似乎还是没有的好。

从小我们就知道,孩子是祖国的未来。这样的口号出现在讲话里、文件中、标语上,我们天天说,却很少从行动上真正重视孩子的感受和想法,关心他们的成长。事实上,我们对孩子的重视不能只体现在"六一"那天放假上。如果我们真的重视孩子,有没有"六一"或者"六一"放不放假都不重要。我们必须要从全方位给孩子建立一个安全、祥和、友善、温暖、真诚和美好的教育环境。也许是因为有了孩子的缘故,我现在特别不能容忍那些伤害孩子的事情,听到就受不了。对于那些拐卖、性侵、残害儿童的罪行,不能从一般性的法理出发定罪,而要从孩子一生成长的角度,去执行最严厉的惩罚,即使看上去违反了所谓"法理"也在所不惜。在这个世界上,大人是有力量侵犯他人和保护自己的,但孩子没有任何力量,他们只能被保护。只有这样,才能形成对这类犯罪行为的有力震慑。否则的话,真不知道还要再发生多少这类天理不容的事件。而失去了孩子,也就意味着我们失去了希望和未来。

  2014 年 7 月 10 日初稿于 Oak Creek Apartments,Palo Alto,CA
  2014 年 7 月 14 日凌晨定稿于 Oak Creek Apartments,Palo Alto,CA

美国大学都是"宽进严出"吗?[①]

百闻不如一见。来美国之前,曾经听到许多关于美国教育的观点和故事,有些很有道理,但也有一些似乎违反了基本常识。例如,我在《看美国教育要有中国视角》(《光明日报》2013年2月20日第14版)中曾提到过的"美国学生不用功读书""大学招生不看重成绩"之类的例子。这让我感到困惑。固然中美之间在政治、经济、文化、历史和传统等诸多方面存在根本性的差异,外来者雾里看花,无法做到"同情的理解"实属正常,但就教育本身而言,其基本规律应当是大致相同的,差异再大也不至于越出人类社会所共有的常识边界。那些似是而非的观点我们姑且听之,作为茶余饭后的谈资尚可,但如果将其奉为圭臬的话,就会对中国教育的发展带来难以挽回的伤害。此次游学美国,时间比较充裕,我得以更从容更细致地近距离观察美国教育,又发现了另外一些类似的误读。"美国大学都是宽进严出"即是一例。

这个观点影响极大,几乎已经成为美国大学的标志性特征,因而也成为对中国大学"严进宽出"之批评的来源。许多人认为,美国大学"宽进严出",给每一个人提供了充分的接受高等教育的机会,入学后严格把关,用高淘汰率确保人才培养质量。美国《高等教育编年史记》(2009—2010)提供的数据显示:在美国,45%—65%的中学毕业生可以进入大学学习,但四年制大学的毕业率只

[①] 本文删节版曾发表于《光明日报》2015年6月2日第14版(高等教育版),题目为《"宽进严出"的大学真的有吗?》。

有57.3%。① 与之相比,中国大学"严进宽出",入学前的高考竞争过于激烈,入学后虽然放任自流却基本上都能拿到毕业证书,几乎所有高校的毕业率均在95%以上②,由此导致中国大学的人才培养质量很低。因此,中国大学应当向美国大学一样,也实行"宽进严出"政策。每个人都有"自由选择学习"的权利,为什么不能给想学习的人以入学机会呢?你给了他(她)机会,他(她)学不好不能毕业是自己的责任,但没有提供公平入学的机会就是大学的责任。

这个观点极具迷惑性,很容易赢得欢呼和掌声,却是一个在逻辑上不成立的伪命题。在世界上的所有国家,优质教育资源都是稀缺的,任何一个高水平大学,都不可能放宽对学生入学条件的要求。即使公立大学也是一样。理论上,公立大学的财政来源是纳税人所缴纳的税款,理所当然要为公众提供入学机会——国立大学向全国开放,州立大学向州内开放等。但由于资源的稀缺性,这一点事实上不可能实现。例如,加州大学承诺GPA成绩位于全州前12.5%的学生可以进入加州大学九个分校就读,但并不保证一定可以被最好的伯克利分校和洛杉矶分校录取。因此,一个替代性的方案是,公立大学提供公平的入学机会,但通过竞争性的测试,满足一部分达到入学标准学生的入学需求而不是所有人的入学需求。至于私立大学,由于其赖以生存和发展的基础在于学生的培养质量,因此,更加重视在招生阶段对优秀生源的发现和选拔。大学的核心使命是人才培养。正如没有好的树苗,不可能育成参天大树一样,如果没有好的学生,怎么可能培养出具有竞争力的人才?从这个角度看,对于大学而言,"严出"尚可理解,但"宽进"就很难解释得通。

反之,中国大学的入学竞争的确非常激烈,但严把入门关的"严进"有什么可以指摘之处吗?和美国不同,中国的教育资源,特别是优质教育资源依然匮乏,在不可能实现所有人都上好大学的情况下,"严进"反而是确保教育公平的有效手段。至于对中国大学"宽出"的批评,更加不符合常理。任何一所大学

---

① 夏纪梅:《美国高等教育的印象和思考:宽进严出与玩命学习》,http://goabroad.sohu.com/20101014/n275635503.shtml。
② 张程、丰捷:《"宽进严出"还是"严进宽出"?》,《光明日报》2010年9月16日,http://www.gmw.cn/content/2010-09/16/content_1257292.htm。

研究真实世界的教育

都有对学生毕业的基本要求,达不到这些要求的当然不能毕业。北大、清华每年都有一些学生因为成绩不及格或违反校纪校规而被退学,"宽出"之说又从何而来呢?"宽"和"严"的标准是什么?难道一定要有超过10%的淘汰率才算是"不宽"吗?

在美国访学期间,我实地考察了许多大学的招生录取制度。在某种角度上,说美国大学"宽进"也没有什么不对。许多名字听上去很唬人的"野鸡大学",只要交钱就能入学,一些两年制的社区大学,几乎报名就能入学,标准已经宽到不能再宽的地步;许多州立大学,对本州学生的入学条件也放得很宽——它本来就是为本州公民服务的。例如,加州大学有十个分校,除了顶尖的伯克利分校、洛杉矶分校、戴维斯分校和圣巴巴拉分校(这四所大学的入学竞争极为激烈)之外,其他分校都可以比较充分地满足加州学生的入学要求。对于私立大学,特别是顶尖的哈佛、耶鲁、MIT、芝加哥、斯坦福等来说,入学标准则极为严苛。美国学生要想进入这些大学,需要从很小的时候就开始努力,必须要在最好的私立寄宿制学校完成基础教育,一点一滴地积累自己的"履历",其辛苦程度丝毫不亚于在中国准备高考的学生。其入学竞争之激烈,往往要比中国高考还要严重——高考只看成绩,美国顶尖大学除了要看成绩,还要看学生的家庭背景和其他表现。拼的不只是孩子,还要"拼爹",而且拼得更加赤裸裸,更加无所顾忌。原因很简单,美国私立大学并不关注公平问题——这是公立大学的责任——它们只录取那些未来最有可能成功的学生。家庭条件好的学生,不仅在校期间容易培养,更重要的是,毕业之后他(她)们可以获得家庭乃至家族的支持,更容易在社会上取得成功,从而可以为大学带来更高的声誉和更多的捐赠。从这个角度看,中国的高考要比美国公平得多——至少目前还没有人敢公开挑战高考录取规则。

因此,美国顶尖大学(既包括私立大学也包括公立大学)对招生工作高度重视,入口把得很严,非常看重录取率,将其视为衡量生源质量的重要标准。那些最顶尖大学的录取率通常都在10%以内,哈佛和斯坦福甚至不到6%。从表面上看,这个数据要比中国大学的录取率高得多。中国重点大学的录取率(在某省的录取学生数与该省参加高考的学生数之比)约为0.3%,这也是中国大学"严进"的一个标志。但二者实际上不可比。在美国，申请大学需要缴纳申请费，也就是说，学生要为之付出真金白银的成本。由于没有人会只申请一所大学，对每个学生而言，申请费都是一笔不小的支出。因此，学生在申请大学之前，必须要仔细掂量自己的实力，只有在有足够把握的情况下才会提出"真实的申请"，没有人会愚蠢到白扔申请费的地步。由此看来，录取率虽然是6％，但这意味着哈佛大学是在100个可能达到其入学标准的敢于申请哈佛的优秀学生中录取了大约6个人。这样的入学标准，当然是严到不能再严的程度。而中国大学的录取率因为无法有效识别学生"真实"的意愿与可能的能力，也就难以作为衡量生源质量的依据，更不能因此作为大学"严进"之证据。

我查阅了许多主张"宽进严出"者的文章，多数没有数据支持，或者对美国的大学没有进行区分。有些人到美国转了一圈，看到许多大学的毕业率只有70％多，就想当然地认为美国大学都是"严出"。其实在那些最顶尖的大学，"出口"倒还真不一定太严。哈佛大学入校后六年内的毕业率为97％，八年内的毕业率高达99％；斯坦福大学的数据为95％和96％；芝加哥大学的数据为93％和94％。[①] 这些数据和北大、清华等高校的数据其实差不多。原因很简单，这些学生入学时都经过了千挑万选，并且支付了很高的学费。只要不是太过分，大学一般也会允许其毕业，只不过成绩单没有那么好看而已。美国是一个实用主义哲学盛行的社会。如果毕业标准过于严苛，学生付出的成本过高，既不利于吸引优秀的学生，也不利于学校的长远发展。那些认为美国大学"严出"的人，一方面没有注意到美国高等教育的复杂性，不同层次的大学具有不同的情况，是不能简单地把所有大学的数据混在一起"平均"计算的；另一方面，也没有注意到美国大学实行弹性学制，学生可以在四年或更短或更长的时间内完成学业。许多学生出于各种原因往往会延长学习年限，这并不意味着他（她）们一定都是因为达不到毕业要求而被迫延期。入校后四年内的毕业率只是一个单独的数据，并不能说明太多问题。比如，斯坦福大学之所以四年毕

---

① 感谢加州大学校长办公室常桐善博士提供的数据，以及极具启发性的讨论。

研究真实世界的教育

业率只有78%，并非是由于其毕业标准过于严苛，只不过是因为斯坦福的环境和文化鼓励学生创业，许多学生一旦有了好的想法会立即中断学业，在风险投资、资讯和校友圈的帮助下开始创业。与之相比，不具备这种文化的哈佛大学的四年毕业率则上升到了87%。这正是Facebook创始人扎克伯格中断哈佛学业后立即从东海岸的波士顿移师到西海岸的硅谷的重要原因。只看四年毕业率的数据，我们恐怕不能得出斯坦福大学比哈佛大学的学业标准要求更高的结论。

事实上，与人们的想象相反，恰恰是那些二三流的大学，毕业率才会比较低，主要原因并不是大学要求严格，而是因为有大量学生转学或者出于各种原因而选择放弃学业。至于像加州理工学院淘汰率高达30%这样的案例，其实是很少见的，但它同时也是美国最难录取的大学之一——历年录取率不超过8%。因此，笼统地说美国大学"宽进严出"是不准确的，在现实中也很难找到一所同时具备"宽进"和"严出"特点的大学。

办大学自有其常识和规律。在向其他国家学习和借鉴的过程中，我们总应当选择好大学作为参照系。那些"野鸡大学"和质量很差的公立大学，连美国人自己都感到头疼，又怎么能作为我们仿效的目标呢？实际上，中国顶尖大学应当学习的，倒是像加州理工学院这样的大学——"严进严出"，如此或许能够切实提高我们的高等教育质量。

2014年7月30日初稿于Oak Creek Apartments, Palo Alto, CA
2014年8月4日定稿于Stanford University

美国顶尖大学为什么偏爱体育特长生?[①]

拙作《顶尖大学还需要招收艺术特长生吗?》[《光明日报》2016年1月26日第13版(高等教育版),以下简称《艺术特长生》]发表后,许多热心读者来信,询问为什么我没有谈及体育特长生的问题,因为二者在性质上都属于特殊类型招生,不应当只谈一个而忽略另一个。的确,当初在写作《艺术特长生》一文时,原本计划有体育特长生的内容,但后来删去了。原因在于,尽管体育和美育都是教育的重要组成部分,但从大学招生和本科教育的角度来看,体育特长生的问题远比艺术特长生复杂得多,有必要另外写一篇文章专门加以分析。

就全球而言,体育特长生是世界一流大学,特别是美国顶尖大学最重要和最偏爱的招生群体之一。无论在私立大学还是公立大学,体育特长生是唯一被冠以"特长生"称谓的特殊招生类型,例如,它们从来没有招收过"艺术特长生"。尤其在私立大学,体育特长生所享有的特权地位仅次于校友子弟。举世闻名的"常春藤联盟",并非人们推崇的顶尖大学的学术共同体,而不过是美国东部大学的校际体育比赛联盟而已——位于西海岸的斯坦福大学就不在其列。体育特长生也是许多家境贫寒的孩子进入顶尖大学的途径之一,他(她)们靠打球实现了上大学的梦想,电影《阿甘正传》中的阿甘就是其中的典型。在奥运冠军榜上,许多取得辉煌成就的伟大运动员出自大学,他(她)们在竞技场上实现了另一种卓越。在校园里和你擦肩而过的学生,很可能就是一位奥

[①] 本文曾发表于《光明日报》2016年5月24日第13版(高等教育版),题目为《大学为何偏爱体育特长生》。

研究真实世界的教育

运冠军。

为什么美国顶尖大学热衷于招收体育特长生呢？究其原因，固然有活跃校园文化的考虑，但更根本的，则在于美国社会对体育的重视，体育在人才培养中的特殊作用，校友捐赠以及校际商业比赛的利益驱动，等等。脱离了这些具体而微的背景因素，就不可能准确理解体育特长生在美国大学中的存在。

首先，美国是一个非常重视体育的社会，尤其偏爱户外运动。住在郊区的人家，一般都会在院子里至少安装一个篮球筐。城市公寓也会配置设施齐全的健身房。周末美国家庭喜欢远足、跑步和骑自行车。在西部，宽阔的道路会划出专门的跑步和自行车道，随处可见大汗淋漓的运动者。美国孩子的课余时间，大部分在运动场上度过，越是年龄小的孩子，越是满校园里疯跑疯玩。运动已经成为普通美国人的生活习惯，使他（她）们充满活力、乐观向上、自信阳光。

和一般性的认识相反，美国社会对运动的重视并非与生俱来。实际上，就在150年前，美国人还并不怎么重视体育。当时，伴随着工业化的快速推进，从事金融和管理工作的"办公室一族"大量增加，再加上内战之后的繁荣使美国人沉湎于纸醉金迷、骄奢淫逸的物质生活，丧失斗志，找不到生活的真谛，从而导致民众体质不断削弱，国民阳刚之气日渐消失。那时候，一个典型美国人的形象是："夜幕降临时拖着疲惫的身躯下班回家。他的大脑还在不断地运转而身子骨已经散架了。"面对这种普遍性的社会危机，一些有识之士忧心忡忡。他们一方面大声疾呼，每个人都有责任锻炼身体，强健体魄，以便有能力承担生活重任，提高生活质量；另一方面，他们从学校入手，通过教育影响和改变人们对体育的认识。在他们的努力下，美国人的观念开始发生变化。人们逐渐意识到，体育在塑造性格、提升境界、净化灵魂方面具有不可替代的价值和力量，并由此确立了至今历久不衰的体育生活观。

另一个因素源于美国顶尖大学对于体育在人才培养中的特殊作用的认识与理解。那些富有远见的校长认为，顶尖大学如果要培养未来领导美国和全球的领导者，就绝不能把目光仅仅局限在考试成绩高、学术潜力大的学生身上，而要培养能够面对、分析、驾驭、处理复杂资讯和艰难局面的"完整的人"。

一个整天沉湎于书本的柔弱娇嫩的书呆子是不可能应付真实世界里瞬息万变的种种挑战的。在某种程度上，对于政治（特别是国际政治）和商业来说，野性、精明、坚毅以及对人性的洞察等品性也许比对学术的兴趣重要得多。1960年，哈佛大学招生办公室主任本德在他离任前的一份长篇报告中宣称，一个完全由学术成绩顶尖学生组成的群体是不健康的，它不利于学生个体充分、全面的发展。这一观点深刻地影响了此后哈佛和其他顶尖大学的招生培养政策。实际上，美国顶尖大学对体育的偏爱可以追溯到盎格鲁·撒克逊精英文化的母体——英国。19世纪末，当钻石大亨塞西尔·罗德在牛津大学确立著名的"罗德奖学金"选拔标准时，曾明确表示他不想要"书虫"，而要有能力的"对有男人味的户外运动有所爱好并表现不凡"，同时还要有点"残暴"的学者。为了确保实现这一要求，他甚至为阳刚运动设置了具体的权重（20%），并将其提高到和学业同等重要的地位。

　　大学对体育的认识受到用人机构选择员工的直接影响——它们对体育特长生情有独钟。例如，招聘哈佛毕业生的用人单位认为，所有能被哈佛录取的学生都是足够聪明的。在这种情况下，体育队或其他学生团体的领袖将更被看重，因为担任领袖的经历使他们比平均成绩优异的学生更可能在未来的工作岗位上取得成功。更极端的例子是，华尔街一家咨询公司招聘毕业生的对象居然只瞄准所有大学运动队的队长。因为它发现，与高分学生相比，这些学生所具有的坚毅、时间管理能力和问题解决能力等素质使他们更适合在商界立足。当然，还有一些校队队员在大学毕业后直接进入职业赛场，逐步成长为获得巨大成功的职业选手。比如，全美历史上最著名的高尔夫球员泰格·伍兹就是从斯坦福大学高尔夫球队走上职业生涯的巅峰的。

　　到底大学和用人单位看重了体育在促进学生成长中的哪些作用呢？首先是勇往直前、不屈不挠、坚持不懈的意志。运动可以帮助学生获得在激烈的对抗和竞争中，面对落后和不利的局面时调整心态、沉着应对、快速决定并重拾活力的经验。运动还可以帮助学生习惯于接受有悖于自己意愿的事实——不可能所有的比赛都能赢，他（她）们可以输掉比赛，但不可以被击垮。其次是遵守规则的意识。所有的体育比赛都有明确公平的规则，参与者必须在规则范

研究真实世界的教育

围内行动,违反规则将受到惩罚。一次比赛就会使学生深刻理解规则和遵守规则的重要性。这些经历在学生心灵中所产生的影响远比课堂上老师的说教要大得多。再次是团队合作的精神。特别是在群体比赛项目中,虽然个人能力很重要,但决定最终胜利的,往往是团队的共同努力。学生将从亲身经历中明白,胜利属于整个团队而不是个人。这就要求运动员具有自我奉献的精神,共同享受成功的喜悦,共同承担失败的责任,而不是推卸责任。最后但并非不重要的是,体育赋予人的灵魂以一种神奇的力量,能从最一般的意义上体现人类追求卓越的精神。在赛场上,运动员必须竭尽全力去挑战自我,发展和利用自己的潜能,力尽所能达到最高境界。这些品质在学生的未来生活和职业发展中将起到至关重要的作用,大学应当将这些宝贵的价值注入所有学生的灵魂中去。

第三个因素是校友捐赠。对于顶尖私立大学来说,这是影响大学招生和培养政策最重要的风向标之一。由于捐赠是私立大学最主要的财政来源,大学不可能对校友的态度置之不理,也没有动力和理由拒绝他(她)们的慷慨捐赠。许多热爱运动的校友基于对大学时代参与体育活动的美好记忆,基于对体育塑造学生灵魂,促进社会发展的深刻认知,投入大笔资金用于建设母校的体育场馆设施和赞助体育比赛,甚至直接设立体育特长生的奖学金。校友的行动有力地推动了大学体育运动的开展和体育特长生的招生。

最后一个因素是校际商业比赛的利益驱动。在实用主义盛行的美国,这一点实际上是最重要的影响因素。尽管按照全美大学体育联盟和常春藤联盟的规定,参与比赛的运动员必须是业余而非职业运动员,不能通过比赛赚钱,但校际比赛却是不折不扣的商业比赛。它们为大学带来了丰厚的收入:一部分收入来源于门票。那些传统的橄榄球、曲棍球和棒球比赛,往往会吸引数十万观众的参与,不仅有学生和校友,还包括学生家长和所在社区的居民。[①] 另一部分收入来源于电视台和网站对体育赛事的转播。还有一部分收入来源于冠名费和商业广告牌——几乎每场大学的曲棍球校际比赛的场地上都挂满了

[①] 在斯坦福大学访学期间,我曾经身着斯坦福大学的T恤衫去观看了一场加州大学伯克利分校的橄榄球比赛,结果一路上被人指指点点。后来我才知道,这是决不允许出现的"禁忌之举"。

形形色色的商业广告牌。除收入外,校际比赛的商业性还体现在对体育教练的薪酬支出上。这些教练是大学里薪酬最高的人,远远高于大学教授,并且其薪酬水平完全取决于市场竞争。比如,哈佛大学历史上首位带薪的橄榄球教练比尔·瑞德的薪水要比当时哈佛工资最高的教授还多30%,甚至可以和有着40年校长资历的埃利奥特的收入相比。

我曾经一度以为,和中国大学招收体育特长生时动辄降一两百分的情况相类似,美国顶尖大学的体育特长生也是靠降低入学标准才被录取的。实际上,这可能是一个误读。也许在一般的州立大学可能存在这样的情况,但至少像哈佛、斯坦福这样的顶尖大学并没有为体育特长生降低入学标准和培养质量。斯坦福大学招生办公室主任爱德华·肖告诉我,斯坦福大学所招收的体育特长生,的确是因为学业成绩和体育特长同样突出,达到了大学的入学标准才被录取的。唯一的区别在于,在决定他(她)们录取结果的诸多因素中,体育特长所起到的作用最大而已,但这并不意味着其学业成绩不达标。

上述美国大学招收体育特长生的背景,无论是社会因素还是经济因素,目前在中国都不存在,至少并不显著。中国大学招收体育特长生的主要目的,仍然集中于活跃校园文化和在校际体育比赛中争得荣誉两个方面。因此,《艺术特长生》一文中所分析的问题,对体育特长生也一样存在,在此不再赘述。

然而,正如蔡元培先生所说,"完全人格,首在体育"。抛开校友捐赠和校际商业比赛两个经济性因素不谈,另外两个社会性因素——美国社会对体育运动的普遍重视和大学对体育在人才培养中的特殊作用的认识,尤其值得当下的中国社会和大学借鉴。今天,我们不也面临着学生体质下降,国民阳刚之气消失的危机吗?从顶尖大学里走出的学究气息浓厚的毕业生,能够在未来的领导岗位上应对真实世界里复杂多变的商业和政治上的国际竞争吗?从这个意义上说,大学招生不应当也不可能脱离社会而存在,恰恰相反,应当通过大学招生的政策和行为,影响、干预乃至确立社会对教育的共识和价值观。顶尖大学招收体育特长生,不仅仅是为了活跃校园文化和在校际比赛中争得荣誉,更要唤起学生对体育运动的重视和热爱,使他(她)们在运动中磨炼意志、塑造灵魂、提升境界、追求卓越,为国家和社会选拔培养未来的领导者。体育

研究真实世界的教育

特长生招生并不意味着简单的降分录取,更不能为了提高比赛成绩而招收专业运动员,也不意味着给退役运动员提供上大学的补偿,而应当将其纳入大学招生的整体综合评价体系中,为大学选拔适合自己培养的全面发展的优秀人才,从而实现招生标准的统一。这才是中国顶尖大学招收体育特长生的出发点和归宿。

2016 年 5 月 10 日初稿于学院派
2016 年 5 月 13 日定稿于无思居

没有模式是最好的模式

——美国顶尖大学的招生录取制度[①]

美国大学的招生考试录取制度极为复杂，远非我们原来所想象的"综合评价"那么简单。复杂的原因主要在于：首先，美国的高等教育体系过于庞杂，素以数量大、种类全、层次多而著称。既有公立大学，也有私立大学；既有提供博士学位且注重研究的综合性大学，也有专注于本科通识教育的文理学院，还有各类两年制的社区大学，以及大量以某一类领域专业为特色的专门学院，等等。其次，美国教育的重心和基础在州，各州都有自己独立的教育法，联邦政府对教育的影响力反而非常有限。50个州的教育，各自为政，又缺乏联邦政府的统一管理，表现出来的情况自然是五花八门。最后，美国大学非常强调自身特色和差异化所形成的竞争力，这在招生中体现得尤为明显。学校的不同特点决定了每一所大学的招生制度都是不同的，即使是高等教育领域的专业研究人员，对此也不一定完全清楚。面对同一个问题，我们常常感到困惑：为什么从不同途径得到的资讯差异很大，甚至相互矛盾？原因就在于，我们已经习惯了用一种模式去归纳概括某一类现象，而美国教育恰恰是无法统一成一种模式的。从这个角度上说，企图用一种模式来说明美国大学的招生考试录取制度，也许是一个不可能完成的任务。对美国教育研究思考得越深入，我的沮丧感就越强烈，因为发现的问题越来越多；知道的越多，未知的反而更多。

[①] 本文曾发表于《光明日报》2015年8月4日第13版（高等教育版），题目为《我们对美国招生录取制度有哪些误解》。

研究真实世界的教育

这使我意识到,也许对于招生乃至教育而言,本来就不应当只有一种模式。长期以来,我们已经形成了这样的思维定式:提出一个想法,通过试点总结经验,逐步推广实施,最后形成一种统一的模式;却很少去反思,试点的个体性经验是否能够被提升为普遍性的规律。统一模式是有效的或是有价值的吗?是否存在这样一种可能性:没有模式反而是最好的模式?

对于这些问题,我并没有确定的答案。然而,沿着这样的思路下去,如果我们放弃从总体上归纳美国大学招生录取制度的统一模式,而将注意力放在每一所大学所呈现出来的不同的鲜活特点上,也许对于未来我们建立中国大学各具特色的招生录取制度会有更大的参考价值。

在美国期间,我访问了许多顶尖大学。每一所大学的招生办公室主任都告诉我,他们要招收有特点的学生。但这个"特点"对于每一所大学而言,其具体涵义都是不同的。芝加哥大学的"与众不同"和斯坦福大学的"与众不同"就有着很大的不同;哈佛大学要求学生达到的标准和MIT的也不一样。至于这个涵义到底是什么,各校招生办公室对此讳莫如深,只能意会不可言传,圈外人更是一头雾水。因此,国内留学中介机构在帮助中国学生申请世界一流名校时,刻意求新求变,力求人为制造出一个"与众不同"的学生,企图迎合大学招生官的"口味",不但达不到个人的预期目标,反而引起了普遍反感,坏了众人的大事。因为他(她)们跨越了美国大学招生中的底线——诚实。你可以不优秀,但你不能不诚实。有一天,一位美国同行很认真地问我,美国一些权威研究机构认定来自中国学生的申请材料七成都不可相信,这是真的吗?听了这句话,我既感到无地自容,又深深体会到模式化思维所带来的危害是多么严重!在我看来,岂止是各类中介培训机构在"制造"着所谓的人才,就连大学自己,不也正在陷入一种危险的"模式化陷阱"而不自知吗?例如,许多大学在招生宣传时都在强调自己要培养"具有创新精神和国际视野的拔尖人才"。问题是,北大和清华的"创新精神"是一回事吗?复旦和上海交大的"国际视野"是同一种涵义吗?从理论上说,当然是不一样的,否则中国完全可以只有一所大学,集中所有的优秀学生,配置所有的优质资源,培养他(她)们共同的创新精神和国际视野。然而,想要具体地说清楚不一样的地方到底在哪里,似乎又是一件相当困难的事情。这说明，对于这一类带有根本性的问题，我们可能还没有想通想透。但美国一些顶尖大学却早在建校之初就把这些问题想透了。比如，芝加哥大学招收学生的标准就是"有趣"。至于什么叫作"有趣"，怎样判断一个学生是不是"有趣"，它自有一套独门秘籍。再比如，耶鲁大学招收学生的标准是"服务社会"。至于如何判断一个学生是否具备了这样的素质，它也有自己的一套测试评估体系。也许我们需要抛弃那些看起来诱人却实际上没有任何特色的"大词"，扎扎实实地根据自己的人才培养特点，确定相应的人才选拔标准。

近年来，随着高考后知分填报志愿方式的全面铺开，中国大学的高考招生录取工作已经完全蜕化为一项不需要任何智力投入的程式化操作，仅凭计算机就可以完成，几乎视大学的人才选拔为儿戏——的确如此，只要认识名字和数字，一个孩童就可以在计算机上完成大学招生录取工作。这又怎么可能选拔出真正适合自己培养的优秀人才呢？与此相比，美国大学的招生却是高度专业化的工作。其专业性主要体现在以下方面。

首先，除了招生办公室内部工作人员外，外围人员（包括面试官和阅读者）对于招生的核心内容几乎一无所知。他（她）们只是受招生办公室或雇用或聘请或义务为其工作，并不能决定某一学生是否能够被录取。至于最终决定录取某个学生的因素是什么，除了录取委员会之外，其他人均不清楚。为了防止有针对性的培训（培训不止中国才有），招生政策几乎年年都会发生变化。因此，虽然偶尔也能够在网上看到一些人披露担任大学招生官的体会（在法律允许解密的情况下），但内行人都知道，这些指导和建议不仅没有多少参考价值，有时候还会起到相反的作用。

其次，录取学生的决定是招生委员会独立做出的。在许多顶尖大学里，招生委员会的主要构成是招生办公室核心成员。我原以为，在美国大学招生中，教授是最重要的群体。一方面，按照美国大学"教授治校"的传统，在招生这类重要事务上，当然应当由教授说了算——国内某些学者正是这么说的；另一方面，中国大学这几年的自主选拔录取工作，主要由教授来组织命题和面试，决定是否将某一学生作为提前录取的候选人，以此体现选拔工作的科学性、权威

研究真实世界的教育

性和严谨性。事实上,这可能是一种想当然的误解。至少对于某些大学来说,教授在本科招生中的作用极为有限,甚至完全没有任何影响力。为什么会是这样呢?美国同行告诉我,在研究生招生中,教授所起的作用很大,甚至是唯一的决定因素;但本科是通识教育而非专业教育,招生目标是要选择那些能够和本校价值观和精神文化相匹配的优秀学生。教授也许是某一专业领域的权威,但这种专业性权威恰恰有可能损害他(她)立足于招生全局对学生的判断力,学生在某一领域(这一领域是教授所熟悉或不熟悉的)表现出来的能力也许会遮蔽他(她)的双眼。因此,在这些大学里,招生必须要由专业化的招生专家来完成,教授反而被排斥在外。

最后,进入招生季之前,招生办公室会组织专业化的培训。比如,全美最顶尖的公立大学加州大学伯克利分校每年都会对阅读者进行长达两个星期的培训,目的在于尽可能降低阅读评估时的误差。在有些大学,招生甚至是一门融合了教育学、心理学、社会学以及统计学等相关学科的研究科学选拔人才的交叉学科。建立在如此高度专业化基础之上的大学招生,其精度和准确度当然都是惊人的。

我原本以为,美国顶尖大学的招生都是集科学性、严谨性于一身,即使没有将所有的标准量化,至少也不会跟着感觉走。事实并非如此。比如,全美最顶尖的文理学院之一的威尔斯理女子学院(赫赫有名的宋氏三姐妹和冰心都毕业于此)的招生完全没有任何标准,纯粹依赖招生委员会的主观感觉。进入招生季之前,大学也会组织培训,但相对简单,只就一些大的原则和法律上需要特别注意的地方做出必要说明。我对此很不理解。威尔斯理学院招生委员会主席步起跃教授告诉我,所谓标准,本来就不一定科学。如果你能够提出一条标准,理论上一定会有相应的东西来挑战它。我质疑说,我所了解到的美国顶尖大学的招生似乎都是有严格标准的。他笑着说,你访问的大学都是以男性职员为主的吧?但凡相信明确标准的多是男性。但威尔斯理学院是一所女校,80%以上的职员是女性。女性的特点是相信直觉,认为看不见的直觉比看得见的标准更可靠,也更有效率。无标准恰恰就是威尔斯理女子学院的办学特色和标志。美国顶尖大学招生录取制度的多样性由此可见一斑。

如果没有标准的话，怎样才能保证招生录取的公平性和生源质量呢？美国顶尖大学的回答是校友面试。近年来，由于华裔学生申请数量剧增，美国本土也有越来越多的中介机构从事大学申请材料的指导包装工作，导致大学对申请材料的可信度有所下降（不只是针对中国学生），因此更加依赖校友面试。事实上，美国大学采用校友面试的方式人所共知，但对于采用这种方式的原因却未必清楚。最关键的问题是，如何确保校友的公正和诚实呢？步起跃教授说，采用校友面试是因为校友最了解自己母校的文化，因而能够结合在学校的教育和毕业后工作生活的体会帮助学校寻找和这种文化最相匹配的学生。我问他，如果校友不诚实怎么办？他盯着我看了很久，缓缓地说："我不明白你为什么会这么想问题。我们相信我们的校友。她们是我们亲手培养出来的学生，一定是诚实的。威尔斯理一百多年的历史也证明她们是诚实的。"听到这番话时，一股凉意直冲胸臆，令我几乎喘不上气来：对自己所培养的人具有绝对的信心，这是何等巨大的教育力量！这难道不正是教育的最高境界和教育工作者毕生的追求吗？

今天，中国大学正在按照党的十八届三中全会精神，积极探索"综合评价"和"多元录取"的招生录取制度。当我们这样做的时候，一定要清醒地认识到，所谓"综合评价系统"不是也不应当只有一种模式，尤其不能为了综合评价而进行综合评价。每一所大学都应当根据实际情况建立具有自身特色和具体内容的"综合评价系统"。否则，徒具"综合评价"形式，有可能带来的是混乱，甚至会成为反对考试招生制度改革者攻击的靶子。

2014 年 6 月 12 日凌晨初稿于 Oak Creek Apartments，Palo Alto，CA
　　2014 年 7 月 29 日凌晨定稿于 Wellesley College，MA

美国大学招生如何防止腐败？[①]

关于高考改革，中国人的社会心理始终处于进退维谷的两难境地：一方面，人们普遍意识到以高考成绩作为大学招生录取的唯一依据所带来的诸多弊端。如果不打破"唯分数论"的窠臼，应试教育的现状就不可能得到根本性的改观。另一方面，高考又被认为是社会公平的最后底线。如果不以"看得见"的高考分数作为大学招生录取的唯一依据，人们普遍担心会导致大面积的腐败，"关系将决定一切"。面对如此艰难复杂的困局，许多人甚至感到绝望：莫非这是一道无解的难题？

在中国和美国大学招生录取制度的比较上，典型的观点认为，中国不可能实行类似于美国顶尖大学的招生综合评价制度，这一点基于中美两国的国情完全不同。一方面，中国是一个以人情和关系为纽带的熟人社会，数千年的传统文化根深蒂固，再加上转型时期社会诚信体系脆弱，在纯粹以"硬"的高考成绩作为招生录取唯一依据的情况下，尚且不能杜绝腐败现象，一旦采取了"软"的主观性评价标准，顶尖大学稀缺的优质教育资源势必会被权贵子弟所垄断。这将摧毁教育及社会公平，进而危及社会稳定。另一方面，美国大学招生实行综合评价制度的社会条件目前我们都不具备。首先，美国以私立大学为主，为有钱人服务，想招什么人就招什么人，完全不考虑公平问题，而中国以公立大

[①] 本文删节版曾发表于《中国青年报》2015年12月21日第10版，题目为《世界顶尖大学招生如何防止腐败》。《云南教育》2016年第2期问题转载；《党建文汇》2016年第1期转载，题目为《世界名校如何招生》；《教师博览》2016年第7期同题转载。

学为主,为人民服务,必须确保公平公正;其次,美国是一个以法律和制度为基础的社会,人们的规则意识强,没有"打招呼""递条子"等请托现象;最后,美国的社会诚信体系相对完善,中学和学生提供的申请资料真实可信,而中国有的学校和学生习惯于造假,一旦采取申请制,谁能保证申请资料的可信度呢?

对于这些颇为流行的观点,我始终充满疑虑。它们都是一些感觉,迄今为止没有任何严肃的实证研究对其加以论证或者推翻。我当然承认中美两国的国情不同,我们不能照搬美国模式;但我并不相信,这些所谓的不同"国情"可以成为中国大学不能实行招生综合评价制度的理由。存在的未必是合理的。转型期社会诚信体系脆弱并不意味着中国人就只能一直生活在一个不诚信的社会环境中。同样是人,凭什么美国社会就比我们更诚信?凭什么美国人可以做到照章办事,我们就一定要"托关系""找门路"?中美大学招生所面临的社会环境真的有本质上的不同吗?

是否实行招生综合评价制度不取决于大学是公立还是私立

许多人认为,中美两国大学的属性不同。美国以私立大学为主。既然是私立大学,当然要靠办学赚钱,通过招收有钱人家的子弟来赚取高昂的学费。如果以考试成绩为大学招生录取的唯一依据,那些成绩不好的富家子弟就不可能进入顶尖大学了。只有实行综合评价制度,不看重考试成绩,才可能让那些成绩不好的富家子弟冠冕堂皇地入学。事实果真是这样吗?

这的确是事实。比如,哈佛大学年度招生总名额的20%据说是留给主要捐款人家族的;再比如,许多顶尖私立大学对校友子弟实行倾斜性政策,校友子弟的录取率要远高于非校友子弟,等等。实际上,这些倾向于富家子弟的招生政策一直备受美国社会的质疑和批评,被认为破坏了美国社会的公平和公正。

但另外一些同样也是事实。比如,顶尖私立大学在对申请学生进行整体性评价时,非常看重学生的成长环境。两个学业成绩相差无几的学生,出身于家庭经济困难的弱势群体会受到更大的关注。因为研究已经证明,学生的考

研究真实世界的教育

试成绩和家庭经济条件呈正相关关系——家庭经济条件越好,考试成绩越高;反之亦然。如果一个学生在社会资源匮乏的环境下仍然取得了较好的考试成绩,说明他(她)的意志更为坚韧不拔,利用资源的能力更强,未来的发展潜力更大。如果以考试成绩作为唯一录取依据的话,这些因生存环境差而考试成绩不佳的学生就不可能进入顶尖大学,从而会损害大学生源结构的多元化。因此,和人们通常的认识相反,大学招生的整体性评价制度反而起到了扶助弱势群体的有效作用,成为实现教育公平的"稳定器"。

再比如,虽然个体学生的学费依旧高昂,但今天顶尖私立大学的运行已经可以高度不依赖于学费收入。事实上,美国早期的私立大学多由当时的亿万富翁捐献个人财产设立基金会来建立,成立大学的目的是为了兴办教育,回馈社会,流芳百世,并不以赚钱为目的。尽管早期私立大学的运行仍然要依赖于学费收入——这也是它们要招收"有钱的主顾"的重要原因,但20世纪60年代后,伴随着联邦政府对大学投入的增加和各大学基金会财富随经济发展而迅速增长,学费收入对于大学运行经费的贡献度已经大为下降。在这种情况下,顶尖私立大学普遍实行了"需求无视"的招生政策,即录取时完全不考虑学生的家庭经济条件和财务支付能力,只根据招生标准录取"正确的人"。对于那些无力支付高昂学费的学生,则由大学提供高额奖学金,使他(她)们可以不受制于家庭经济条件而平等地获得优质高等教育机会。从这个意义上说,美国顶尖私立大学招生在很大程度上仍然坚持了公平公正原则,以生源质量为标准,并不是说想招什么人就招什么人,不受任何约束和控制。

实际上,美国高等教育体系极为复杂,既有哈佛、耶鲁等顶尖私立大学,也有大量的公立大学,还有形形色色的社区大学和专业学院。即使是公立大学,也没有完全按照标准化考试成绩进行招生录取。比如,全美最顶尖的公立大学——加州大学伯克利分校,就从2001年起采用了和其他顶尖私立大学同样的"整体性招生"系统。因此,是否实行招生综合评价制度,并不取决于大学的性质,而是取决于大学的质量:越是顶尖的大学(无论公立还是私立),越会采取综合评价制度;越是水平低的大学,越会采取简单化的入学标准,比如考试成绩;至于许多社区大学,则直接申请就可以入学。

美国大学招生同样会遇到外部压力

和许多人一样,我曾经天真地以为,美国社会的诚信度高,大学招生中不可能出现"打招呼"等现象。和我们相比,美国同行在招生时所面临的外部环境要简单和纯粹得多。然而,随着对美国顶尖大学招生录取制度了解得越来越多,我的认识也越来越开始动摇。我发现,其实美国和中国一样,那些有能力的家长同样会对大学招生机构施加巨大的压力,千方百计给大学校长"打招呼""递条子",甚至以巨额捐款作为交换条件。在伊利诺伊州和得克萨斯州,近年来都曾出现过一些政府官员对特定学生的录取施加影响的丑闻。我们原来的认识只不过是自己虚构出来的幻象。

这倒是符合了常识。任何人都会竭尽全力为自己的孩子创造最好的教育条件,其中当然也包含了个人的社会影响力。问题的关键在于,如何限制这种"影响力"的作用,确保大学招生的公平公正?在斯坦福大学招生委员会主席理查德·肖的办公室里,我向这位曾经担任过耶鲁大学招生办公室主任,在美国顶尖大学招生机构服务了四十余年的传奇人物提了一个问题:如何应对来自权贵人士的压力?他意味深长地说了一句话:"要知道,我们都是人。"这句话是什么意思呢?他说,只要是人,就会遇到社会上形形色色的诱惑和压力,就不可能完全杜绝错误的发生。关键是大学要设计出合理的制度,能够规范和约束人们的行为,尽最大限度降低错误发生的几率。在斯坦福大学,肖每年会接到许多"有力量的"达官贵人写来的各种各样的推荐信,有些人的要求很过分,甚至承诺只要学生能够被录取,斯坦福大学就可以获得数百万美元的捐赠。然而,面对这些诱惑和压力,招生委员会的态度非常明确,推荐信尽可以写,美元尽可以捐,但录取绝不会受到任何影响。

实际上,招生机构面对特权阶层压力时的行为体现了大学的追求:你到底是要成为一个对人类社会做出巨大贡献的伟大的大学,还是一个丧失操守、唯利是图的"野鸡大学"?在这一点上,一百多年前芝加哥大学校长哈勃的宣言可谓掷地有声。他在1892年写给友人的一封信中说:"录取那些尚未达到标

研究真实世界的教育

准的申请者是一种诱惑，但我们一直都克制着自己。很多人因为他们子女的入学申请被拒而不满，但我们觉得拒绝录取他们正是最明智的做法。你想象不出不录取达官贵人的子女会带来多么大的压力，但我下定了决心，在招生工作上我们必须公平公正，不近人情，就像哈佛大学和耶鲁大学那样。"

美国顶尖大学防止招生腐败的制度设计

那么，美国顶尖大学到底是如何防止招生腐败的呢？答案是招生录取制度设计。它至少包含了以下五个要点。

一是独立的专业化决策。具体有两层含义：首先，谁有资格做出录取决定。美国顶尖大学认为，招生录取是一项高度专业化的工作，招生人员必须是接受过系统训练的专业人士，录取决策必须由专业人士做出。对专业人士的尊重意味着排斥了非专业人士的干扰和影响——因为你不专业，所以你没有资格来决定录取。这一点甚至体现在美国宪制传统中对大学招生自主权的维护上：即使是法院，也不能决定大学应该录取谁不录取谁，招生中复杂的教育决策应当交由具备专业知识的大学来决定。其次，由上一点推论而来，招生录取权独立于任何个人和机构，完全属于由专业人士组成的招生委员会。独立性意味着排斥了行政力量的干扰和影响。即使是大学校长——他（她）的任务是让所有人清楚地知道，他（她）把招生录取的职责交给了专业人士，也无法对具体的招生录取进程施加任何影响。极端情况下，他（她）或许可以针对某个特定学生提出自己的意见，但无法改变录取结果。

二是公开透明。公开透明意味着招生录取决策不是关起门来的"暗箱操作"，不能为所欲为。所有的招生信息和流程必须在一定范围内（例如招生委员会）毫无保留地公开，以阻止特殊利益交换。但公开透明并非意味着对全社会的公开。原因很简单，美国顶尖大学的招生录取实行"整体性评价"，也就是说，没有任何一个单一标准能够决定录取结果，或者说，申请学生达到了某一标准就一定会被录取。之所以如此，是为了防止学生和家长根据大学的录取标准进行有针对性的培训，而这将损害学生情况的真实性，妨碍大学做出正确的判断。

三是回避制度。为了确保招生录取的公平公正,美国顶尖大学普遍设立了回避制度:如果某位招生人员的子女、亲属或任何与之可能相关的人士准备申请大学,该招生人员当年必须提出申请回避,或不得接触、参与、审核、决定相关人员的申请资料。回避系主动申报。如果事先没有申报,一旦被发现将会面临严厉的法律制裁,承担严重的法律后果。这对任何一个美国公民来说都意味着灭顶之灾。

四是不把决策权集中在一个人身上。具体有两层含义:首先,录取是集体决策。学生的最终录取结果是由招生委员会成员投票决定的,而招生委员会的构成则高度保密。其次,录取过程是一个漫长而复杂的流程,同一份申请材料会经历多个评审人员的多个环节的审核,每个人都必须提出自己明确的审核意见——这些意见在一个封闭的环境中是公开的,每个人都会对最终录取结果产生影响,但在长达10个月的时间里,没有哪个人的意见可以决定某个学生的录取,即使是招生办公室主任也不行。实际上,这一机制正是基于对人类社会的深刻洞察:你也许可以搞定系统中的某一个人,但你不可能同时搞定所有的人。

五是外部监督。上述四点都是内控机制,除此之外,美国大学招生机构还通过一个共同的组织——美国大学招生咨询协会(NACAC)来进行外部监督。它制定了一系列章程和准则,例如《招生行为标准》,来规范这个组织中机构和个人的道德标准和行为。每一所大学的每一个从事招生工作的人,都明确地知道这些需要共同遵守的规范。无论哪一所大学的招生机构突破了这些底线,都将受到协会的惩罚,甚至被清除出局。这对大学的声誉将造成极大的损害。

实际上,上述制度设计的思想并非美国独有,在中国大学自主招生的探索实践中,也曾或多或少地体现过。例如,在北京大学"元培综合评价系统"中,学生申请材料中的姓名和所在中学等关键信息是隐去的;申请材料被随机分配给12个评审专家阅读,学生不知道自己的材料将会被哪一位专家评阅,专家也不知道自己审核的是哪一个学生的材料;在面试过程中,所有学生和面试

研究真实世界的教育

专家在面试前半小时随机组合配对,学生事先无法知道将要面试自己的专家是谁,专家也不知道自己将要面试的学生是谁。即使万一有人神通广大,事先给某一位面试专家打了招呼——这几乎不可能,因为面试专家库是高度保密的,他也无法做到恰好能够让特定学生被随机抽取到这位专家所在的面试组;即使万一出现了这种情况,这个专家的意见也无法决定面试结果,因为同组还有其他专家,而企图把所有面试专家同时搞定是不可能做到的。在这个过程中,没有谁能够施加任何影响,即使是招生办公室主任也做不到,从而有效避免了"请托"和腐败现象的发生。复旦大学在江浙沪地区曾经实施的"千分考"也采取了类似做法,没有出现过一例投诉。

"罗马不是一天建成的",社会诚信体系的建立与完善需要每一个人的努力。我们不能只是抱怨,说社会环境不允许,就什么也不做,那样永远也不会有出路;我们也不能只是期待,说只有社会环境改变了,才能实施理想中的制度,那一天永远也不会自动到来。我们唯有坚定自己的信念,从中国的具体国情出发,扎扎实实地设计出有效的制度,一点一滴地从自己做起,从每一所大学和中学做起,中国教育和社会诚信体系的面貌就一定能够得到改变。我对此充满信心。

2015 年 11 月 23 日初稿于无思居
2015 年 12 月 15 日定稿于学院派

招生体制与大学治理模式[①]

行政权力与学术权力之间的关系是大学治理模式中的核心问题,也是一系列矛盾关系的根源。从理论上说,作为研究高深学问之地,大学的学术权力至高无上。当包括行政权力在内的其他权力与学术权力发生冲突时,毋庸置疑,要以学术权力为尊。但在中国大学的现实中,二者之间的界限往往模糊不清,特别是行政权力总是具有强烈的冲动要入侵学术权力的领地。面对行政权力的强势地位,学术权力很难拥有足够力量和通过有效途径与之抗衡。因此,大学治理模式的核心,应当是如何厘清行政权力和学术权力的边界,通过富于效率的制度安排,遏制行政权力的扩张冲动,从而在大学里建立起一个类似于"小政府,大市场"的治理结构。尽管这一结构永远不可能达至理想状态,但应尽力使之无限接近于理想状态。

一般而言,行政事务和学术事务分属不同领域,各有其性质、范围和运行机制,划定彼此之间的边界似乎并不困难。但实际上在大学里还有一类特殊的事务,很难说清楚它到底属于哪一类范畴。招生即是其中之一。一方面,它是典型的行政事务。招生办公室是大学行政机构的重要组成部分。招生办公室工作人员是专业化的行政人员,而非学者。另一方面,招生是人才培养的首要环节,而人才培养又是大学最核心的使命。这一性质决定了招生本身就是学术事务的应有之义。那么,对于招生而言,又该如何界定行政权力和学术权

[①] 本文曾发表于《光明日报》2016年4月19日第13版(高等教育版),题目为《大学招生,行政和学术谁说了算?》。

研究真实世界的教育

力的边界呢？换句话说，招什么样的学生，通过何种方式和程序招生，应该由哪一种权力来决定呢？

在美国顶尖大学，招生事务一般由招生委员会管理。不同学校的招生委员会构成差异很大。有些大学的招生委员会是单一型结构。成员数量不多，一般为5人左右，由招生办公室主要管理人员组成，通常情况下，不吸收教授参与。委员会的主要工作内容是根据学生的申请材料和阅读者的前期评估，结合招生名额、地域、家庭背景、校友以及种族、民族、性别等在美国文化中非常敏感但对于生源多样化具有重要意义的各类因素，综合分析判断，通过投票做出最后录取与否的决定。由于申请者数量众多，这项工作常常要持续几个月之久。招生委员会主席（通常就是招生办公室主任）虽然在投票时只有一票，但他（她）可以通过名额分配等途径在过程中实施干预，有时会对最终结果产生相当大的影响。因此，美国顶尖大学对于招生办公室主任的选择非常慎重，往往要经过长时间的考察。一旦选定，一方面给予其很高的地位——许多大学的招生办公室主任是仅次于校长和教务长的第三把手，地位比副校长还要高；另一方面，给予其丰厚的薪水和终身职位，防止其做出有碍公正录取的行为。相当多的大学招办主任一干就是十几年。哈佛大学的威廉·菲兹西蒙斯甚至在这个岗位上工作了四十年之久，被誉为是"哈佛的良心"。

和我们所想象的不同，在这种招生模式中，由教授所代表的学术权力并不会对招生产生直接作用和影响——当然，教授们通过面试学生也可以间接施加影响。原因在于，这些大学认为，本科教育是通识教育而非专业教育，大学的价值在于为一个人一生的发展奠定知识框架和价值观基础，建立起属于一个知识共同体中的精神文化基础。就本科招生而言，决定是否录取一个学生的依据，最根本的是看他（她）是否符合大学的价值观和大学的人才培养目标及特点。至于学生的专业研究素养和能力，相对居于次要地位。这种基于整体性的判断，只能由长期专注于招生的专业人员做出。教授也许是某一专业领域的权威，对大学文化也会有自己的认知和理解，但他（她）们的确很难具有全局性的准确把握能力——这并非他（她）们的强项。更重要的是，由于教授往往具有强烈的冲动将自己的专业偏好引入对学生的判断，如果在本科招生中教授的影响力过大,也许会因为对专业性的强调而损害通识教育的开展。这显然是不能被接受的。美国顶尖大学将招生视为人才培养的首要环节加以重视的程度,由此可见一斑。

与之相比,另外一些大学的招生委员会构成则比较复杂。比如,美国最著名的文理学院之一的威尔斯理女子学院招生委员会就是一个多元型结构。作为全美首屈一指的女子学院,威尔斯理女子学院每年招生约600人,最终发放录取通知书约1200份,申请者一般约为4000多人——所有学生都知道申请威尔斯理的难度,只有最具实力的学生才敢于提出申请。大学招生委员会由招生办公室工作人员、教授代表和学生代表三方组成。其中,教授代表由教授提名委员会——类似的教授委员会在威尔斯理有几十个——推荐产生;学生代表由学生选举产生。整个招生委员会按照学生的来源区域被分为若干小组,每一个小组也相应由招办人员、教授和学生组成,一般为3—5人,有时候有的小组里没有学生——学生学业压力很大,参与人数有限。每个小组大约阅读200份申请材料,然后进行讨论和打分,最后把所有得分加总,投票决定是否录取。招生委员会主席会参加每一个小组的讨论并投票。和前一种模式不同,在这种招生模式中,教授的学术权力影响会变得非常大。一般而言,招办人员的数量是有限的,学生的数量也有限,因此,教授往往就成为决定学生录取与否的最重要的群体。如果招生委员会主席本身就是教授,那么,学术权力的影响力就会更大;如果招生委员会主席为非学术人员,他(她)就很难对最终结果产生决定性的影响。在这种模式中,行政权力受到了制约,学术权力主导了招生进程。

上述两种模式都是在大学发展历程中自然形成的,很难说孰优孰劣。甚至于到底选择哪一种模式,也和大学的性质无关。比如,威尔斯理女子学院本身就是注重通识教育的文理学院,但它并没有选择第一种模式。而注重专业教育的MIT,却常常会把教授排除在招生之外。这也许和大学的不同文化传统和自身的治理结构有关。

中国大学目前也设立了招生委员会,一般由主管招生工作的副校长担任主任,招生办公室主任和学校其他相关职能部门(例如学生工作部门、教务部

研究真实世界的教育

门、后勤部门,等等)的负责人为成员。从名义上看,招生委员会是学校管理招生事务的最高决策机构,但实际上它却无法实现招生中最根本也是最重要的录取功能,从而演变成了一个协调性的履行程序的"橡皮机构"。为什么招生委员会反而管不了录取呢?原因在于,现行的大学招生录取制度是在高考之后大学根据考生成绩和填报志愿集中录取的模式。在这一模式下,一方面,招生的性质异常简单,只需根据高考成绩从高到低顺次录取即可,不需要分析、评估和判断,不需要加入任何智力因素,一个能够简单操作计算机的人就可以完成。这是当前中国教育中最吊诡的现象之一:一项服务于最高知识水平的工作居然并不需要任何知识,又怎么可能有效保证招生质量呢?另一方面,这套集填报志愿、模拟投档、实际投档、不同批次于一体的业务体系又极为复杂,带有强烈的专业性和政策性等特点,稍有差池就会酿成无法弥补的严重后果。如果不熟悉中国高考录取制度的业务流程,没有亲身参与过录取过程,则既无法理解招生工作的这种特殊的二重性,也无法在实际中胜任招生工作。此外,现行制度留给录取的时间极为有限,纪律要求严格,大学需要在二十多天的时间里封闭完成全国32个省、自治区、直辖市的录取工作,有时候一天之内就要录取几个省市的成百上千学生,工作压力极大,保密性又强,事实上不可能把各职能部门负责人封闭集中起来做同一件事。因此,具体的录取工作只能由招生办公室来完成。从这个意义上说,中国大学的招生是纯粹的行政事务,没有一丝一毫的学术意味蕴含其中。招生只是完成了一项不得不完成的行政工作,对于大学的学术和教学没有任何价值和意义,因为它们之间并不发生表面的或实质性的联系。

按照党的十八届三中全会确定的高考改革目标,未来的大学招生录取将采取"分类考试、综合评价、多元录取"模式,那么,大学招生委员会就有可能承担起录取职能,从而演变为真正的招生录取委员会。结合大学招生内生的行政和学术属性,招生委员会或许可以相应演化为两种模式:一种模式是,委员会由专业的招生人员组成,不一定全部是招生办公室人员,也可以是在招生第一线与学生有直接接触机会的招生组长,或者是对招生业务流程比较熟悉的研究人员。另一种模式是,委员会由招生办公室人员、教授代表和学生代表组成。教授代表由各院系教授委员会推荐人选,学生代表由学生选举产生。当然,这些非专业人员在参与录取工作之前,必须要经过较长时间的专业培训,以提高他(她)们有效履行职责的能力,由此实现招生事务中行政权力和学术权力的统一。

2014 年 7 月 24 日凌晨初稿于 Oak Creek Apartments,Palo Alto,CA
 2014 年 7 月 26 日凌晨定稿于 Harvard University,Boston,MA

当代美国考试机构在想什么、做什么？[①]

今年7月至9月,我应邀前往美国,在全球最重要的三大教育考试机构——美国大学理事会(College Board)、美国教育考试服务中心(Educational Testing Service,ETS)和美国大学入学考试委员会(American College Test,ACT)——进行为期两个月的研究工作,详细了解当代美国考试机构的运行和发展情况。这是我关于考试招生制度改革整体研究计划的一个组成部分。两年前,我在美国访学研修期间,原本要同时开展招生与考试两大领域的研究,但限于时间精力,只能把重点放在顶尖大学招生录取制度上。不过,在内心深处,我一直惦记着一位领导同志的叮嘱:关注美国考试领域的发展情况。考试与招生,是一枚硬币的两面,二者相辅相成,缺一不可。如果不能深入了解美国的考试评价,就不可能对与之紧密联系的招生录取制度有深刻的理解。

中国是最早通过考试选拔人才的国家,科举制的历史绵延上千年之久,至今仍然在制度设计、社会心理等方面对当代考试招生体系产生种种或微妙或深远的影响。然而,历史留给我们的更多的是在防范作弊技术上的积累——从"糊名制"到"八股文",这种技术已经达到了相当精致的境界。就科学评价人才而言,我们和世界上最顶尖的水平相比,还有相当大的差距,主要表现在:命题方式原始粗糙——仍然采用一千多年前的"入闱"方式,缺少专业化的命题人员;命题质量的科学性和稳定性不够——缺乏长期的数据分析支持,无法实现等值;考试结果的有效性差——导致对选拔结果的信心不足,心里没底。

[①] 本文删节版曾发表于《中国教育报》2015年12月9日第11版,题目为《美国考试机构在做什么》。

在这些方面,美国三大教育考试机构于20世纪60年代以后基于现代心理学和IT技术的飞速进步,已经发展出相当完备的科学体系。

访学期间,我最关心的问题是:在最前沿的领域,美国当代考试机构正在想什么、做什么?

当代美国社会对本科教育和招生提出了新的需求

进入21世纪以来,美国社会和美国教育发生了相当大的变化;和20世纪60年代相比,有许多甚至是带有根本性的变化。变化的直接推动力来源于对创新和技术的不懈追求。在政府和民间机构的支持下,市场竞争迫使企业不得不在技术上不断推陈出新——如果不能在技术上持续保持领先,就会被市场迅速淘汰。由此产生了两方面的结果:一是对创新型人才的需求日益旺盛;二是对大学毕业生的质量越来越不满意,包括那些最顶尖大学的毕业生。

劳动力市场格局的变化对大学形成了相当大的压力。不断有人质疑:大学的学费越来越贵,上大学的成本越来越高,可就业难度越来越大,美国高等教育到底在干什么?对于顶尖私立大学而言——它们同样处在市场竞争当中,如果不能对劳动力市场的需求变化做出及时反应并进行相应的调整,它们将很快被市场和社会淘汰。于是,大学问企业:你们需要我们怎么做?企业回答:你们需要提高学生的创造力和合作能力。因为在一个技术飞速变化的时代,专业性知识很快就会过时,企业需要员工能够积极面对新的市场需求,不断提出新的想法,并开发出新的技术。这对员工的创造力提出了更高的要求。同时,在技术进步越来越复杂的今天,开发新的技术需要不同背景的员工之间进行合作,没有人能够单打独斗,包打天下。这对员工的合作能力提出了更高的要求。

面对企业的需求变化,大学开始对本科教育教学进行根本性的改造,主要着力点是进一步降低专业性的知识讲授,更加强调建立在讨论研究性学习基础上的通识教育,为学生提供更富于变化、适应性和面向未来的教育。例如,斯坦福大学刚刚实行的"开环大学计划"(Open Loop University),对学制、教

研究真实世界的教育

学形式和教学内容进行了根本性的变革;杜克大学推出了"Bass 连接"(Bass Connections)项目和"杜克沉浸学习"(Duke Immerse)项目,根据学生的兴趣重新组合师资和教学资源,编制以学生为中心的专业设置和教学计划,将不同专业背景的本科生、研究生和教授组合成一个团队,共同应用知识、研究和技能来开展学习与研究,力求为学生提供更为多样化的跨学科教育,等等。所有这些革命性的变化,其实目的只有一个,就是不断激发学生的想象力和创造力,鼓励他们充分利用学校的教育资源,研究他们感兴趣的真实世界的问题,从而提高他们的创造力和合作能力,迎接未来的挑战。

本科教学的革命,直接对人才选拔提出了新的要求:在大学招生过程中,必须尽最大努力去寻找更富于创造力和合作能力的学生。不是说以往的招生不重视创造力和合作能力,而是说,在新的时代,要把具备这些能力的学生更为精准地筛选出来。这就需要开发出新的更加科学的考试招生技术。

当代美国教育考试机构的最新发展

在美国一百多年的招生考试发展历程中,一般认为,学生的学术能力、批判性思维、基础知识等方面的考察,可以通过客观的标准化考试来实现;但对于领导力、创造力和团队合作能力等方面,无法通过客观的量化标准考察,只能依赖于主观的定性评价。顶尖大学招生之所以采用"整体性评价"模式,高度依赖面试,皆源于此。尽管这套招生录取体制在实践中运行良好,但实际上大学对此并不满意。因为主观性评价看起来总是不够科学、不够严谨、不够精确。对"非智力因素"的考察是否不可能实现量化?有没有可能让主观性评价也能够像实验室里的数据一样科学和精准呢?这个富有挑战性的问题吸引了学术界和考试机构一大批雄心勃勃的学者,他们企图将主观性评价进行量化。然而,这个过程进展得非常缓慢。

最近十多年来,借助于心理学基础理论和在线技术的飞速发展,对学生创造力和合作能力进行科学评测的研究取得了一些突破性进展,这集中体现在美国三大教育考试机构对新一代测评技术的开发上。

一个是美国大学理事会开展的大学先修课程"顶点"计划(AP Capstone)。这是一项创新文凭计划,包含研讨班(AP Seminar)和研究课程(AP Research)两个项目。两大课程涵盖了文化与社会、艺术与哲学、政治与历史、环境、科学、经济、伦理及未来主义等多个跨学科领域,从问题与探索(Q)、论据理解与分析(U)、评价多个观点(E)、想法的综合(S)以及团队、转换和传播(T)五大维度出发,通过为学生提供在探索其感兴趣的相关课题时实践其经过训练的学术研究能力的机会,鼓励他们从多个角度研究真实生活中的问题,从多种资源收集并分析信息以提出可信且有效的论点,培养他们提出、交流以论据为基础的论点的能力以及为论点进行辩护的能力,从而向学生提供日益受到大学重视的创新性跨学科研究、团队合作及沟通技能。这两大课程的重要特点都是在教学中强调团队学习和研究、学生的讨论和参与以及对未知问题的探索性学习。问题的关键不在于教学方法的改变——这种改变美国教育界已经开展多年了,而是在于,这样一类课程,原来的认识是不可能对其进行大规模考试的。但在新的技术条件下,大规模考试完全可以实现。这是一个带有颠覆性的变化。

大学先修课程原本就是为了激发学生的创造力,挑战他们的潜能,但在培养学生的合作能力上还停留在传统阶段。如果能够在大学先修课程中增加对学生合作能力的培养和考察,进一步强化对学生创造力的培养和考察,将使其如虎添翼,更好地满足顶尖大学的招生需求。

另一个是ACT的创新业务。基于同样的需求,ACT成立了专业化的创新研究部,通过新一代测评理论和在线技术研究前瞻性问题。通过开展应用型研究,设计和开发创新的命题方法、题型、命题程序、评分技术、测评数据分析、信息反馈和考试平台技术。目前,创新研究部开展的主要项目之一是针对学生创造力和合作能力的量化测评。该项目已经开展了五年多,其心理学基础理论工作已经全部完成,正在设计操作层面的模型和技术,预计五年后可以投入市场使用。此外,ACT近期还发布了关于学生核心学术能力、跨学科知识运用能力、创造力、批判性思维、合作能力、信息技术能力、行为素质、生涯规划和导航能力的综合研究报告,将作为新的出题模式和题型设计的理论基础,

研究真实世界的教育

开发新一代学生综合素质评价考试。

作为一个专注于招生考试领域的研究人员,当我了解到这些信息时,内心受到的冲击和震撼无以言表。就好像一百多年前当我们还在乘坐马车和小舢板的时候,突然看见了火车和轮船一样。今天,当中国大学招生仍然在用一个个冷冰冰的分数来迫使学生不得不进行大规模重复性训练的时候,美国顶尖大学和招生机构已经在系统性地开发新的技术来评价学生的创造力和合作能力;当中国社会还在纠结于不以单一的看得见的分数而代之以综合素质评价来录取学生是否会引发不公正的时候,美国顶尖大学和招生机构已经不再满足于主观的整体性评价,而追求更加科学和精准的综合素质量化评测技术。是的,你可以说这是基于中美国情的不同;但当两种不同测评技术选拔出来的学生表现出不同的创新能力,取得不同的创造性成果的时候,任何解释都是苍白无力的。两军对垒硬碰硬,胜就是胜,败就是败,没有第三种结果。

中美人才选拔制度的区别:科学性

中美人才选拔制度最重要的区别在于科学性。科学性来源于精确和证据。长期以来,我们习惯了模糊性思维,跟着感觉走,差不多就行了。比如,中国菜谱里常说,加盐少许。少许是多少?是1克还是10克?美国人完全理解不了少许的含义,你一定要告诉他(她)具体的数量,甚至精确到毫克;再比如,如果要消灭一个山头上的敌人,我们采取的办法是万炮齐发,把山头削平。但敌人到底有没有被消灭了呢?并不确定。也许他们被消灭了,但也有可能他们躲在地堡里。美国人的办法是精确制导,一颗导弹深入地下,打爆你的头,确保你的肉体被消灭。类似的例证还有经济学研究的发展。古典经济学强调定性的逻辑分析,例如,早期的"基数效用论"和"序数效用论"。这些理论能不能解释人们的行为呢?在一定程度上是可以的,但不够精确。你可以说一个人从吃两个馒头中得到的满足大于吃一个馒头,但这个大于的程度到底是多少呢?说不清楚。西方经济学家不满足于这一点,于是将数学引入经济学的分析,通过复杂的数学模型对经济现象进行解释,使得对社会问题的研究可以像实验室里一样精确。这就是"模糊"和"精确"的区别：不是说模糊的方式就一定选不出"正确的人"，但精确的方式一定可以选出"正确的人"。

科学性的另一个来源是证据。证据的好处是可以用证据去推翻证据。比如，关于阿尔茨海默病（俗称"老年痴呆症"）的研究。现代医学已经证明，消化系统和神经系统是有联系的。因此，如果菌群在消化系统产生作用，则可以有效防止阿尔茨海默病的发生。这个理论解释了为什么中国的老年人得阿尔茨海默病的比例比较低。因为中国的老年人喜欢吃酱豆腐、腌菜等。这是我们上千年养成的习惯，但我们不知道为什么。我们更不清楚，吃酱豆腐和腌菜与防治阿尔茨海默病之间的关系。美国科学家则用证据揭示了这个关系。这就是感觉和证据的区别：感觉可以被推翻，但证据很难被推翻。

事实上，这就是美国科学家推动学术研究进步的方式，这种方式也影响到对人的选拔和评价。为什么美国顶尖大学现在越来越不依赖于面试？主要的原因就是面试不稳定。在没有更科学的评价方法之前，大学招生不得不依赖于面试；但如果能够开发出比面试更为稳定和科学的评价方式，面试的作用就会被弱化了。

在一个全球化的时代，国家与国家之间的竞争最终取决于创新性人才的数量和质量。如果美国顶尖大学通过科学和精准的测评技术更有效地选拔出"正确的人"，一个人可以顶一万个人，美国就始终能够保持在全球的领先地位。对于这种战略性人才布局给中国带来的挑战和压力，我们不能不引起高度重视并未雨绸缪。它再一次促使我们深思：中国顶尖大学应该通过什么方式来选拔"正确的人"？

2015年11月11日初稿于北京大学经济学院
2015年11月13日定稿于无思居

比较是为了更好地进步[①]

在美国访学期间，我根据大量观察、访谈和体会，写了一些关于中美教育比较的文章。对于这些文章中的观点，赞同者有之，批评之声亦不少。最严厉的批评是，我的比较不全面不客观，只看到了美国教育的好和中国教育的不好，却没有看到美国教育的不好和中国教育的好，总之是认为外国的月亮比中国的圆，有崇洋媚外思想之嫌，等等。

我承认我的比较是不全面的，因为我从来就没有打算要对中美教育进行全面的比较研究。但我的分析是客观的，所有案例皆来自第一手的资料，分析过程也尽可能不掺杂个人立场和主观评价。我写这些文章的用意，并不在于进行一般意义上的学术研究，从理论层面分析中美两国教育制度的异同。这样的工作教育学家已经做得相当精深了。

稍稍学过一点辩证法的人都知道，任何事物都有其两面性。世界上并不存在完美无缺和一无是处两种极端状态。如果把完美无缺视为1而一无是处视为0的话，那么绝大多数状态处于二者之间，区别只在于是靠近1多一点还是靠近0多一点。美国教育当然有非常不好的地方。例如，许多公立学校的教育就一塌糊涂，不但比中国的教育差得多，也比不上世界上很多其他国家。再比如，贫富悬殊仍是美国教育的一大痼疾。在经合组织成员国中，来自美国最富学校的学生在阅读能力方面可以名列前茅，但来自美国最穷学校的学生的阅读能力则排在第33位，仅比排在最后的墨西哥学生稍强。然而，恐怕我

[①] 本文曾发表于《中国青年报》2015年10月26日第10版，题目为《中国何时有从容的大学》。

们不能因为美国最差学生的情况就否认美国最好学生在全球人才竞争中所显示出的巨大优势。中国教育当然有非常好的方面。且不说改革开放以来中国教育所取得的巨大成就,单就和美国教育相比,2000年至2008年,中国拥有114万名从科学、技术、工程和数学专业毕业的大学生,而美国仅有49.6万人。目前,中国每年约有400万年轻人入学接受2—4年的与工程有关的教育项目,这一数字是美国的10倍。根据美国有关研究机构的估计,至2030年,中国将有2亿名高等教育毕业生,这一数字比美国全国劳动力的总和还要多。然而,如果因此就得出中国教育超越美国的结论,恐怕也难以令人信服。毕竟在现实中我们还有那么多不尽如人意的地方,特别是在吸引留学生方面,我们的确还无法和美国相抗衡。事实上,"辩证"地分析中美教育的好和不好,除了得出一些中美教育各有特点各有千秋之类的无待证明且"政治正确"的结论之外,既不能增加我们对于教育问题的知识和智慧,也无助于推动中国教育未来的发展。

我写这些文章的真正用意,恰恰在于,通过这些有意识的不全面的比较,以美国教育中优秀的方面为一面镜子,从另一个角度来分析审视中国教育目前存在的问题和不足。我对美国教育中有哪些不好的方面并不感兴趣,因为中国教育不需要去学习那些不好的方面,除非是引以为戒;但我对美国教育中究竟有哪些好的方面却非常感兴趣,因为这些优秀之处,也许恰恰是目前中国教育所缺乏因而亟须加以改进的方面。因为不够完美,所以要更加努力。比较是为了实现自身更好的进步。至于我们自己所取得的伟大成就,不但已经引起美国人的高度重视,甚至还引发了他们的深深忧虑,自然无须我们再去强调。

当前,中国教育所面临的最严峻挑战,也许是教育越来越难以适应社会经济发展对未来劳动力创新能力的内在要求,教育对推动经济增长的支持作用正在减弱。今年以来,经济增长速度出现令人担忧的下滑趋势,固然与中国经济发展水平已经进入中高收入阶段有关,但根本原因则来自于企业自主研发和创新能力不足所导致的投资动力不足。教育规模越来越大,教育技术越来越发达,但大量接受了高等教育的毕业生并没有表现出企业所预期的创新能

研究真实世界的教育

力,市场对他(她)们的评价——工资——甚至低于没有接受过教育的农民工,这反过来又影响到人们对教育的信心和信任。更加令人忧虑的是,中国正在经历着历史上前所未有的人口结构上的深刻变化。将来有一天——这一天迟早会到来——中国的人口供养比例终会发生逆转,这不仅意味着改革开放以来持续推动中国经济增长的"人口红利"的消失,同时也意味着资源占有和资源使用的失衡矛盾将更加突出。如果不能通过持续有效的技术进步实现经济结构上的根本性调整,中国目前所拥有的全球竞争力将会迅速被其他新兴市场国家所取代。这几乎是一条清晰可见的轨迹。解决这个问题的根本出路在于教育。只要教育能够长期保持对社会劳动力之创新能力的支持,人口结构变化所带来的不利影响将会被大量涌现的创新人才及其创新成果所抵消,社会总福利就依然处于盈余状态。反之,如果教育无法有效提供对社会劳动力之创新能力的支持,新增的创新人才及其创新成果所带来的正效应就无力弥补人口结构变化所带来的负效应,社会总福利就会持续处于亏损状态,而且很难实现逆转。令人忧虑的是,当代中国教育似乎已经无力满足社会的创新要求,承担这样的创新使命。

首先,大一统的高考招生录取制度正在迫使中国所有的基础教育机构和家庭不得不将学生的全部时间和精力都集中在如何通过大规模重复性训练和技巧在考试中尽可能地获得更高分数上,这个"低水平陷阱"正在慢慢侵蚀和扼杀学生的创造力和创新精神。在这一过程中,熟练、细心、中规中矩等素质对于成绩提高的贡献率要远远大于创新性思维;在某种程度上,创新性思维也许起到了相反的效果。尽管不少人认为高考竞争也有磨砺考生意志的作用,但几乎没有人否认其对学生创造力所造成的严重损害。也许是意识到这一潜在的风险,政府正在试图推行以"分类考试""综合评价"和"多元录取"为主要特征的招生考试制度改革。然而在现实中,出于对公平性的忧虑以及不时出现的招生腐败——更坐实了前者的合理性和正当性——极大地削弱了社会公众对于改革的信心;设计再完美的改革方案都因信任问题而招致怀疑,人们不相信它们在现实中能够"不走样"地被执行。这使得中国教育改革处于极为艰难的进退维谷的境地:如果不打破"应试教育"的魔咒,创新将无从谈起;但一旦打破看得见的"分数"标准,又无力确保社会公平。这正是近年来教育改革措施越来越多,但公众的满意度越来越低的原因所在:当你试图通过某一措施解决某一方面的问题时,反而会引发另一方面的更多问题——按下了葫芦起了瓢。在这方面,美国大学招生考试中一系列平衡效率与公平的制度安排的确值得我们认真思考和借鉴。

其次,由于缺乏有效的甄别和评估优秀人才的办法和途径,以及迫于越来越大的公平性压力,国有机构在招募新员工时也渐渐采用考试,特别是笔试方式,导致整个社会不得不走上单一性的高学历教育路径。教育不但被考试所绑架,同时也被学历所绑架。教育过程被异化为一级一级获取学历证书的过程。形式变成了内容,手段变成了目的。一方面,过长的在校读书时间——对于大多数人来说,其实完全没有必要——压缩了人们在社会上工作从而奉献社会的时间;另一方面,也使得大量本来不适合接受长期书本教育的学生成为少数人的"陪读",由此形成的社会评价机制进一步压制了这部分人的创造力和本来价值。中国教育体系正在呈现出危险的单向的固化趋势。在这方面,美国教育中的多样化、富于弹性和适应性的特征的确值得我们认真思考和借鉴。

最后,与中国社会目前无处不在的"数字化崇拜"相适应,作为人才培养基地的大学业已陷入各种各样的"数字化泥沼"而难以自拔,在培养创新人才方面越来越力不从心。出于对资源竞争的需要,大学不得不使出浑身解数来实现一个个"数字化成就":生源质量以高考分数为评价指标,科研水平以科研成果获奖数量为评价指标;教师水平以发表论文数量(近期加入了质量)为评价指标;校友成就以官员级别、富豪数量和科学家人数为评价指标,等等。大学变成了一个个为完成各种各样的生产指标而成立的车间。这种"涸泽而渔"的短视行为严重抑制了大学自身的创新机能,也间接影响到创新人才的培养。由于无法通过数字化指标进行评估,大学赖以存在的基础——本科教学——渐渐处于边缘化状态,不仅导致大学生就业压力加大,而且削弱了企业开展自主研发的能力。在这方面,美国顶尖大学从容不迫的心态、自由宽松的氛围以及对本科教学扎实有效的重视的确值得我们认真思考和借鉴。

研究真实世界的教育

"知耻而后勇。"承认自己的不足,正视自己的问题,积极努力地加以改进,这并非"长他人志气,灭自己威风",而是一切民族、国家、机构乃至个人之所以能够取得发展和进步的重要因素。妄自尊大、故步自封、自以为做得已经不错了的心态,除了闹出"夜郎自大"的笑话之外,还往往延误了实现发展和进步的有利时机。和中国相比,美国教育中差的地方是真差,比我们差太多了;但好的地方是真好,又比我们好太多了。事实上,倒是美国人自己,反而成天对教育问题忧心忡忡,经常反思美国教育面临的危机和挑战,这种忧患意识尤其值得我们学习。当然,在向美国教育学习借鉴的过程中,我们必须要结合中国的具体国情加以创造性地转化,这一点自不待言。

2014 年 6 月 6 日初稿于 Oak Creek Apartments, Palo Alto, CA
2014 年 8 月 9 日定稿于 Yale University, New Haven, CT

全球化时代的本土教育责任[1]

前几天,和朋友一家人聚会。他们有两个孩子,大儿子6岁,小女儿刚出生。闲谈中,朋友的妻子说,她现在特别困惑:周围的人几乎都把孩子送出国了,还总在问她什么时候也把孩子送出去。无论从情感还是从理智上说,她都不愿意这么做。但是如果不把孩子送出去,就只能让他(她)们在国内读书。她也不愿意这么做。就像美国选民一样,牛排和鱼子酱哪一个她也不想要。她问:"你是专门研究教育的,你说我该怎么办?"

我问她:"你为什么不想把孩子送出去?"她想了想说:"第一,我舍不得孩子。当然,为了给他提供一个好的教育和未来,做母亲的也可以付出感情上的牺牲,但这种牺牲是否值得?我不确定。第二,更主要的是,我觉得在小孩成长的过程中,父母的陪伴是最重要的。我不想让他在最需要父母的时候父母却远在天边,重复我小时候的经历。那种孤独无助、缺乏安全感和亲情的滋润对孩子带来的伤害可能远远超过他在学校里接受的教育带来的好处。"我说:"那你可以陪孩子一起过去啊,现在很多家庭不都是这么做的吗?"她说:"这是第三个问题。我出去没问题,但孩子的爸爸出不去,他的事业在中国。这样我们这个家就散了。我不想为了孩子的教育而毁了整个家庭,那样的结果最终对孩子也不好。况且,我出去能做什么呢?只能带带孩子。我还年轻,不想一辈子就这么算了。孩子的教育固然重要,但大人的生活也同样重要。"最后一个问题是文化。她说:"我在微信上看过你写的文章。我同意你的观点。毕竟

---

[1] 本文曾发表于《光明日报》2016年9月27日第15版。

研究真实世界的教育

他是中国人,这么小就出去,我担心他将来会找不到自己的根。"

到底是名牌大学的毕业生,我惊叹于她对问题的洞察力和理智。我说,既然送出去有这么多问题,那就在国内读好了。你家孩子这么聪明,将来也许是上北大清华的料儿。她禁不住笑了,然后很认真地说:"其实孩子将来上不上北大清华我们并不在意。我在意的是,他能不能接受一个好的教育。但国内教育的现状我真的是不乐观。我最担心的是他的身体毁了,再就是价值观和心理出问题。如果这些基本目标都达不到的话,即使上了北大清华又有什么用呢?"

那天晚上,围绕着孩子的教育问题我们谈了很久。告别的时候,朋友望着满天的雾霾说,要是在国内有一所学校能够给孩子提供理想的教育就好了,那样我们就不用再纠结了。

不只是他们一家在纠结。就像《小别离》所揭示的那样,在孩子的教育问题上,许多家庭现在都面临着类似的艰难抉择。自2008年以来,低龄留学的浪潮一浪高过一浪,漂洋过海去异国他乡求学的孩子如过江之鲫。但与此同时,也有越来越多的家庭开始理智地意识到问题的复杂性。不仅仅是钱的问题,也不仅仅是上学的问题,甚至不完全是教育的问题。就算是那些条件最好的家庭,也会在某一时刻停下脚步来想一想:这一切值得吗?能得到想要的结果吗?

在一个全球化时代,一切资源都在全球范围内流动,教育也不例外。每一个家庭都在竭尽全力为孩子的教育提供最好的条件。在19世纪的美国,有钱人都把孩子送到英国上学,接受贵族教育;在非洲最穷的国家,总统和酋长的孩子也会去美国和欧洲留学。实际上,在哪里上学,上哪所学校,是家长和学生的个人权利,你可以评论,但无权阻拦,也阻拦不了。问题是,把孩子送到了美国和英国,就能够得到理想中的"好的教育"吗?

许多人没有意识到或者忽视的是,把孩子送进名校,教给他(她)们别人接触不到的知识,使他(她)们具备别人不具备的技能,得到一个别人得不到的学历证书,似乎就完成了对孩子的"好的教育"。很难说这些不是教育。如果从这个角度出发,的确在哪里接受教育都是一样的,只要教育的质量足够好。然而，对于孩子的教育而言，仅仅做到这些是远远不够的。知识并不一定能够提高一个人解决问题的能力。有时候书读得越多越迂腐，反而丧失了对事物的敏感性和洞察力。许多最成功的商业人士并没有接受多少正规教育，甚至反对自己的孩子去读博士，这样的例子比比皆是。能力也并不一定能够带给人正确的价值观。历史上和现实中，随处可见能力超群却把灵魂出卖给魔鬼的人。这样的人能力越强，对社会的危害就越大。爱才如命的曹操为什么毫不犹豫地杀掉吕布？就因为他是一个寡廉鲜耻的"三姓家奴"。至于学历证书，就更说明不了什么问题了。即使是最顶尖的大学也无法保证自己的每一位毕业生都能获得成功，为社会做出贡献。

教育是非常复杂的系统。它不只意味着教给学生知识，也不只意味着培养学生能力，更重要的是建立一个人的文化价值观。那些早早把孩子送到国外的家长，以为可以让孩子接受到好的教育，殊不知那样做也许只是满足了对知识和能力的要求——事实上也不一定——却丢掉了至关重要的教育之本。等到孩子完成正规教育历程，就会遇到价值观和文化上的巨大冲突和挑战。那时候将悔之晚矣！

知识也好，能力也好，学历证书也好，它们都是教育的手段，而不是目的。它们之所以有存在的价值，是因为它们可以帮助学生发现自我，唤醒自己心底沉睡的精灵，找到自己在宇宙中的位置。通过教育，一个人会越来越看清楚自己是谁，喜欢的事情是什么，能够独立做出判断，知道哪些是正确的，哪些是错误的，从而有意愿有能力去追求一种更加高远的精神生活。做到了这些，一个人就有可能更深刻地理解生活和生命的意义与价值，从容地看待生活中的种种苦厄变故，获得心灵上的平静。正如《大学章句》所言："知止而后有定，定而后能静，静而后能安，安而后能虑，虑而后能得。物有本末，事有终始，知所先后，则近道矣。"真正的教育要能够帮助人得"道"。就算得不了道，至少也要努力"近道"。

这就必然提出了教育的民族性、本土性和文化属性问题。正如人的身体无法忍受长期的漂泊一样，人的心灵也要有所皈依。要想获得"定""静""安"，人必须首先明确自己在宇宙坐标中的位置。从这个坐标点出发，才可能去理

研究真实世界的教育

解万事万物。即使是那些在国外已经安居乐业的人,终究也会在某一天的深夜突然坐起,拷问自己的灵魂:我是谁?我身在何处?这并非哲学家的呓语,而是每个人必须直面的人生。归根结底,人还是要在自己的土地上接受自己的教育,找到自己的文化之根。因此,对于我们这一代教育工作者而言,就不能不严肃地回答一个问题:在全球化时代,我们该如何承担起教育的本土责任?

首先,我们必须按照教育的本质为孩子提供最好的教育。家长之所以趋之若鹜地把孩子送出国,无非是认为本土教育不能满足自己的需求。满足不了,他(她)就要向外寻找。对此进行抱怨、批评甚至谩骂都无济于事,最根本的还是要努力提高本土教育质量。我们要认真比较中西教育的优点和缺点,学习优点,改掉缺点,根据实际情况一点一滴地改善我们的教育。

一般说来,好的教育具有两个重要特征:一是帮助孩子更健康地成长。让他(她)们拥有强健的体魄;引导他(她)们正确看待生活中的成功和失败,不要因为一点小事就想不开,尽可能过得开心一点;教育孩子成为一个好人,可以不完美,但一定要善良,不要做坏事,做人有底线,等等。不能让孩子健康成长的教育是不可能被家长接受的。二是要给孩子提供一个好的出路。每一个家庭对孩子的教育都有功利性的考虑,这一点应该得到教育工作者的理解和尊重。如果不能给孩子带来好的出路,任何高大上的教育改革都很难得到家长的支持。现在的困难在于,在高校招生录取单一依赖高考分数的情况下,学校很难把这两个特征结合起来。那些能够帮助孩子健康成长的教育因为不能有效提高考试分数,遭到家长的强烈反对;而那些通过大规模重复性训练有效提高考试分数的做法又因为严重损害了孩子的身心健康,家长也不认可。为什么我们就不能把二者统一起来呢?为什么那些帮助孩子健康成长的教育就不能同时给孩子提供一个好的出路呢?在这些问题上,政府和大学招生机构必须勇敢地承担起自己的教育责任。政府要更好地改革考试招生录取制度,通过政策上的引导改变中学、学生和家长的行为;大学招生机构有责任也有能力支持那些办好教育的中学和校长,为他们的学生提供好的出路;同时抵制那些办坏教育的中学和校长,而不是推波助澜。这样才能让人们看到教育改革的希望。

其次，我们要帮助孩子建立起中华民族的价值观。教育除了解放人本身之外，另一个重要功能是凝聚社会共识。无法凝聚社会共识的教育也不可能实现个人的解放。作为个体的家庭往往重视的是前者，但其实后者对于一个人的长远发展来说更为重要。人总是要在一定的社会环境中生存、生活和发展，就像鱼儿离不开水一样，人也离不开生于斯长于斯的土地。人在异乡，总是异客，对桑梓之地的崇拜与眷恋，是人永远无法割舍的情怀。我们要通过教育，帮助孩子更好地认识社会，认识中国，认识世界，建立起中国人的价值观。这种价值观的建立，绝不能寄希望于诵读几本国学经书就能解决问题，而要通过扎扎实实的通识教育，让学生在不同文化和价值观的比较中，从内心深处建立起对中华文明的自信和信仰。

最后，我们要帮助孩子建立起全球视野。全球化时代，任何封闭的教育都不可能满足家长和学生的需求。随着全球化进程的不断深化和世界经济技术的日益融合，学生们需要更好地观察和理解外部世界究竟发生了什么。越来越多的人到外企和驻外机构工作，他（她）们往往需要站在全球的高度去思考问题并做出决定；同时，对外语的掌握和对他国文化及风俗习惯的了解也必不可少。实际上，全球视野也是衡量一个人受教育程度和质量高低的重要标准。一个人受教育程度越高，所接受的教育越好，他（她）就会表现得越自信，越成熟。这种自信和成熟来源于见识。见多才能识广。在和不同国家不同文化的人交流的过程中，学生逐步克服羞怯、局促和自卑等"社交能力障碍"，在不断适应性、参与性的学习中收获自信、对他人的理解与尊重以及对事物的洞察力。这些其实并不难做到。如果在本土教育中就能够给学生提供更广泛深入的国际交流机会，也许我们就不必万里迢迢地把孩子送出去接受系统的西方教育。

建设这个国家需要我们自己的教育体系培养出来的人。如果建设国家的精英和栋梁全部接受的是国外教育，虽然不是不可以，但总是让人心里不舒服，至少说明中国的教育工作者没有尽到自己的责任，工作没有做好。况且，中国的情况如此复杂，外来的和尚念不了我们自己的经。真正的经存在于我

研究真实世界的教育

们的内心。这绝非夜郎自大,也并非盲目的民粹主义,而是在了解世界的基础上更深刻地把握中国。目前,在一些地方和部门,往往存在着一些不正常的心态,要么不相信我们自己培养的人,总是寄希望于引进人才;要么不相信我们自己的技术和研发能力,总是先问国外有没有同类技术,能不能花钱买过来。这种急功近利的"暴发户"式的鼠目寸光,是不可能从根本上解决中国发展中所面临的实际问题的。美国人会让你毫无障碍地引进人才和技术吗?想一想每隔五六年就爆发一次的华人科学家间谍案就可以看得很清楚了。从根本上说,教育一定是本土化的。实际上,要给效仿行为寻找理由总是比较容易,真正困难的是在一个全球化的时代,如何维护中华文化的独特性,而这些独特性恰恰是中国教育的竞争力和魅力所在。面对全球化的挑战,中国教育工作者应该有勇气和决心独辟蹊径,批判性地从中国传统教育思想中汲取智慧,系统性地研究中国教育所面临的现实问题,勇敢地承担起全球化时代的本土教育责任,为中国的家庭提供能够满足他(她)们需求的好的教育。归根到底,中国的建设终究要依赖于本土教育系统的数量和质量。这是我们的使命,无可逃避。

2016 年 9 月 2 日初稿于无思居
2016 年 9 月 6 日定稿于五道口嘉园

第二部分

考试招生制度改革

判定生源质量的标准[①]

高校招生录取正在进行之中。每年这个时候，社会关注，家长和考生焦虑，高校招生机构也很紧张。紧张的原因有两个：一个是怕断档（实行平行志愿后，断档风险大大降低了，但并没有完全消除）。断档是最严重的招生事故，不仅意味着当年的招生计划无法完成，而且一旦有考生误打误撞填报了志愿，不管分数多低，在现行制度下都必须录取，会把录取分数线拉得极低。另一个是担心录取分数线下滑，特别是在同城的所谓"欢喜冤家"之间，比如北大和清华，复旦和交大，南开和天大，等等。总而言之，这是一场围绕着高考分数展开的竞争——通过录取分数线的高低证明高校的质量，进而影响到大学的声誉。事实上，社会公众也的确是这样看的。填报志愿时，考生和家长总是觉得录取分数线高的大学好，录取分数线低的大学不好；录取分数线高的专业好，录取分数线低的专业不好。选择大学和专业变成了"炒股"：买涨不买跌。至于大学和专业到底好在哪里，不好在哪里，它们之间的差别是什么，很少有人能够说清楚，似乎也没有多少人真正关心。

不要以为录取分数线只会影响招生，它还可能影响到就业。985高校的录取分数线比211高校要高，211高校的录取分数线比非211高校要高，于是，有些用人机构在招聘时注明：非985高校毕业生不录。前些年教育部专门为此下了禁令，禁止在就业招聘阶段对985高校和211高校区别对待。简单

[①] 本文删节版曾发表于《中国青年报》2015年7月27日第10版，题目为《录取分数线是可以被"玩"高的》。

研究真实世界的教育

地下一纸禁令是容易的,也表达了教育部的鲜明态度,但它改变不了用人机构的行为方式和选择方向。对大学来说,就业的影响是致命的。大学固然可以不重视录取分数线,但是,如果社会评价以录取分数线为依据将大学和专业人为地分成三六九等,大学就不可能对此无动于衷——它必须要为自己毕业生的前途负责。这是一个良性循环和恶性循环的选择:录取分数线越高,意味着大学生源质量越高,用人机构就越愿意雇用该校的毕业生,由此形成的传导机制会在未来吸引更多分数更高的学生;反之,录取分数线越低,意味着大学生源质量越低,用人机构就越不愿意雇用该校的毕业生,由此形成的传导机制会在未来进一步减弱对高分学生的吸引力。从这个意义上说,录取分数线不仅是学生的"命根子",同时也是高校的"命根子"——它会影响和改变大学的生态。

然而,这场围绕着分数进行的竞争毫无意义。不仅分数本身没有意义,录取结果也没有意义。分数本身没有意义是因为,在当前基础教育大规模重复性训练的情况下,分数所能够反映出的学生在智识上的信息已经非常有限,它至多只反映出学生在条件反射下的状态,而不一定是他(她)是否具备在大学里进一步学习能力的证明——当然,也不一定不是证明;录取结果没有意义是因为,人们可以通过技术性手段改变结果。

其实,要提高录取分数线并不困难。对于两所招生规模大体相同、质量差异不大的大学来说,招生人数越少,越容易提高录取分数线;招生人数越多,录取分数线越容易下滑。于是,有些大学在公布招生计划时,只在某省投放一个名额——这个学生的分数就是该校的录取分数线。然而,大学不可能只招收一个学生。那怎么办呢?解决问题的障眼法是,将其他录取的学生都列入扩招范围,但对外公布录取分数线时只公布那一个学生的分数。于是,大学一方面可以"自豪"地向社会宣布,本校录取分数线何其高也!另一方面,也"慷慨"地向地方施与了巨大的"恩惠":你看,我增加了500%甚至1000%的扩招名额!其实,不过是招收了五六个学生而已,而且他(她)们本来就应该被录取。

这种自欺欺人的伎俩,未必只是为了糊弄上级和社会公众,而的确会产生某种现实性的效果。高录取分数线对考生和家长产生了强烈的暗示——这是一所好大学(专业),经过几年的积淀,就真有可能把录取分数线整体性地提高了。正如皇帝的新衣一般,不要以为除了皇帝本人,其他人都像那个小孩一样知道皇帝没有穿衣服。因为说的人太多了,许多人就真的以为皇帝穿了一件大家从来没见过的新衣。那些去维也纳金色大厅演出的人难道不知道台下坐的观众是谁吗?但大家心照不宣,彼此拱拱手埋头演戏而已。那些花费重金聘请兼职院士的大学难道不知道事情的真相是怎么一回事吗?但大家都在讲故事,很少有人有动力去戳破那一层虚幻的纸。

社会之所以需要大学,是需要大学培养出来的人能够为机构和社会的发展与进步带来真实存在的价值,而不是一群只会考试的书呆子。多样化是大学的生命线。每一所大学都有自己的独特价值,都在以自己的方式满足社会的需求。如果用录取分数线把大学人为地分为三六九等,中国高等教育将只能呈现出单一的线性结构,却牺牲了对于人类文明和社会进步来说极为珍贵的多样性。录取分数线是一个幻象,它可以说明一部分问题,但却不能说明全部问题。

实际上,美国大学之间的生源竞争也很激烈,但它们所竞争的是真实的人,而不是虚幻的分。美国大学之间也会比较生源质量,评价的依据是录取率,即最终录取学生人数占总申请人数的比例。这个比例越低,说明入学竞争越激烈,生源质量越高;反之,这个比例越高,说明入学竞争越不激烈,生源质量越低。

为什么录取率能够反映大学的生源质量呢?这是因为,在美国,申请大学是要缴纳申请费的。对于大学,尤其是那些顶尖大学来说,并不缺这几个小钱。要求学生缴纳申请费的原因是让学生付出经济成本,以此甄别学生申请的真实性。"天下没有免费午餐"的概念在美国人的文化中根深蒂固。一个人只有付出货真价实的成本,才会对自己的行为负责。如果学生不需要缴纳申请费的话,那么,任何人都可能提交申请,这会严重降低大学招生机构的工作效率。也就是说,一旦学生缴纳了申请费,就表明他(她)的申请是经过深思熟虑的,至少认为自己是达到了所申请大学的入学标准的,否则,他(她)就不会缴纳申请费。因此,录取率说明了一个事实:大学招生机构是在所有可能符合

研究真实世界的教育

标准的潜在学生群体中选择了最适合的那一部分学生入学,这些人当然是极为优秀的。试想,哈佛大学每年的录取率不到6%,这意味着哈佛是在100个自认为可以进入哈佛的顶尖学生中挑选了不到6个人,可以想见其生源质量好到了什么程度!

当然,也不尽然。在美国,有一些质量极高的私立文理学院,招生规模很小,每年不过几百人,其录取率就不一定低。比如,赫赫有名的威尔斯理女子学院2014年的录取率高达30.1%。原因在于,美国人对这些文理学院非常了解,知道进入这些大学的难度极大,所以很多人干脆就不申请,省得花冤枉钱。在招生规模既定的情况下,申请人数越少,当然录取比例就越高,但美国人也没有傻到因为这些大学的录取率高就盲目提交申请——那可是要付出真金白银的申请费的。

历史上,录取率的确可以在很大程度上反映出大学的生源质量。但近年来,由于美国一些大学排行榜将此作为评定大学质量的依据之一,迫使大学也不得不要一些花招来人为地压低录取率。比如,在招生宣传中尽可能地忽悠更多的学生提出申请,其实大学招生机构心知肚明,大部分人只能充当炮灰——许多中国学生就充当了这样的炮灰——但录取率也的确因此而降低了不少,从而有助于大学在排行榜上的排名上升。现在,由于越来越多的人开始意识到这一问题,另一个数字化指标正日益得到重视:新生报到率,即报到人数占录取人数的比例。这一数据显示了大学的受欢迎程度。的确,你录取了,人家不来,却选择了另外一所大学,不恰恰说明,在他(她)的心目中,你的地位不如另一所大学吗?

一般说来,在招生季结束之后,美国大学也会召开总结会,评价当年的生源质量。在开会之前,通常要由专业研究团队对当年的生源构成特别是各类数据进行详细分析,提交正式的研究报告。总结会的主要方式是讨论,往往会花费大量时间对一些典型案例进行分析,以进一步明确大学的招生理念和积累经验;同时,反思当年招生过程中出现的一些问题,以利于下一年度招生工作的开展。从效果上看,这种招生总结会更类似于招生业务的培训会,和中国大学目前以展示录取分数线的"招生政绩"和表彰先进为主题的招生总结会形成了相当大的反差,值得我们思考和借鉴。

大学招生自有其逻辑,判定生源质量也自有其标准。这个标准就存在于大学师生和家长学生的心里。如果大学清晰地知道什么样的学生最适合自己,它当然能够判断出生源质量的高低。其实,评价一所大学的生源质量并不困难,不用看具体的数据,只要看一看中学里公认的好学生——不一定是高考分数最高的学生——选择了哪所大学,看一看学生在大学毕业之后的发展和成就就一目了然。因此,评价一所大学招办主任的工作,不能看他(她)当年招收学生的录取分数线,而要看他(她)所招收的几届学生在二三十年后的成材率。只不过,这种评价等待的时间太长,当下急功近利的中国大学能够等得及吗?我有所怀疑,但充满了期待。

2014 年 7 月 16 日初稿于 Stanford University
2015 年 7 月 15 日定稿于 Princeton University

北大清华的状元之争[①]

北大清华的状元之争是一个典型的囚徒困境。囚徒困境是社会合作面临的最大难题,它深刻揭示了个体理性和集体理性之间的矛盾和冲突:个体按照自身利益最大化的原则采取对自己最有利的占优战略,得到的却不一定是自己最想要的结果,相反可能导致集体的非理性。就生源竞争而言,对于北大来说,无论清华抢不抢状元,抢状元都是北大的最好选择,即最优战略;对于清华来说,也是一样。用博弈论的专业术语来表述,(抢状元,抢状元)构成了北大清华招生博弈的纳什均衡。纳什均衡是一个僵局,给定对手不改变行为,自己就没有激励改变行为,因而无法打破或单独偏离均衡。纳什均衡最深刻的悲剧性在于,北大和清华都意识到抢状元是毫无意义的,但抢状元却是他们必然的选择。即使两所大学都认同不抢状元是最好的,但这个结果却得不到,因为每所大学都不得不采取对自己最有利的行动——抢状元。除非引入第三方力量改变博弈结构,否则囚徒困境就不可能被打破。

这让我想起了武侠小说里的经典桥段:两个绝顶高手比拼内力,谁都知道比拼的结果是两败俱伤,但没有人敢率先撤出战斗。解套的办法通常是两个:一是出现了第三个武功更强的高手,比如扫地僧,从而打破僵局;二是两个人都意识到了危险,不约而同地你一点我一点往回撤,最后相视一笑,罢手言和。

小说虽然是虚构的故事,但打破囚徒困境的原理却和现实生活并无二致。

[①] 本文删节版曾发表于《光明日报》2015年7月7日第13版(高等教育版),题目为《北大清华生源之争背后的"囚徒困境"》。

目前，社会舆论对于北大清华抢状元的做法批评很多，其实两所大学自己也苦不堪言。批评者的目的无非是让大学反省从而改变自己的行动方式，但在囚徒困境中，单靠大学自身的力量无法打破僵局。作为中国最顶尖的两所大学，难道就没有见识和能力认识到抢状元的弊端吗？非不为也，实不能也。问题的关键在于，即使他们认识到了，也无法改变自己的行动。否则，抢状元又不是今年才出现的特殊现象，为什么一年又一年，类似甚至相同的情节一再上演而且愈演愈烈呢？我认为，一味地批评指责无助于问题的解决，关键还是要通过有效的办法帮助两所大学解套。

在囚徒困境中，打破僵局的唯一办法是改变博弈结构。就北大清华的招生竞争而言，破解之道在于，如何使不抢状元成为每所大学的占优战略，或者说，如何让状元对于两所大学没有价值。

如何实现这一目标呢？在回答这个问题之前，我们先来看一看，目前状元对于北大清华的价值何在？为什么两所顶尖大学明明知道状元没有意义，还必须要竭尽全力去抢呢？为什么抢状元会成为他们的占优战略呢？这是因为，在当前以高考成绩为唯一录取依据的情况下，社会对于大学质量和声誉的评价是以高考录取分数为标准的。哪所大学的录取分数线高，社会就认为哪所大学的质量高；哪所大学录取的状元多，社会就认为哪所大学的质量高。因此，大学的录取分数线是高还是低，就产生了非常重要的社会影响。没有哪所大学能够对此掉以轻心。大学当然可以不重视状元，但绝对不能忍受社会评价的降低。有人认为，抢状元反映的是大学对优质生源的渴望。其实，二者之间一点关系也没有，抢状元的本质是对分数的追逐。极端地说，即使这个状元是一个人人皆知的坏蛋，在目前的招生录取体制下，他（她）也一定会成为北大清华的争抢目标。实际上，大学招办围绕着提高录取分数线所做的所有工作，包括对招生计划的技巧性调整，全部与此有关。在"分数拜物教"的统治下，北大清华的状元之争，根子不在大学，而在于现行的高考录取制度和评价机制，是社会合谋的结果。

因此，如果不以高考成绩为唯一录取依据，而代之以大学的综合评价，分数在大学招生录取中的重要性就没有那么显著和单一，也就不会成为社会判

研究真实世界的教育

定大学质量和声誉的标准,大学就没有足够的激励去追逐分数,而会把注意力集中在吸引选拔适合自己的优秀学生。由于每一所大学选拔学生的标准不一样,适合北大的不一定适合清华,反之亦然,人人都是状元,人人又不是状元,还有什么争抢的必要呢?这样,不抢状元自然就成了大学的占优战略。事实上,这正是新高考改革方案的目标和方向。一旦在招生录取中实现了"两依据,一参考"——以高考成绩和学业水平测试为依据,以综合素质评价为参考,大学能够按照自身人才培养的需求和特点选拔学生,北大清华的状元之争就可以迎刃而解。我对此持乐观态度。

让不抢状元成为大学的占优战略,这是解决北大清华状元之争的根本之道。除此之外,还有一种办法可以使状元对于北大清华来说没有价值,也可以同样起到打破僵局的功效。这就是改变现有的录取规则,使状元"消失"。抢状元的前提是知道谁是状元,如果在录取之前不知道谁是状元,即使想抢,又该去抢谁呢?

熟悉中国大学招生录取制度变迁的人知道,北大清华的状元之争只是近年来才出现的,而且主要是伴随着高考后知分填报志愿凸显出来的。至少在2000年以前,在实行高考前和高考后估分填报志愿的时期,这个问题并不严重。那时候,北大清华也会在录取结束之后晒一晒自己的"状元榜",但绝没有出现在志愿填报之前就相互厮打的乱象。究其原因,是因为志愿填报的时间在高考分数公布之前,谁也不知道状元是谁,填报了哪所大学,即使想抢也没有目标。大学只能通过自身学科实力和优势特点去吸引学生,无法去抢学生,更没有用钱收买学生的激励——万一你看走眼了呢?

随着北京改为高考后知分填报志愿,再回到以前的模式是不可能了。那么,在知分填报志愿的方式下,有没有办法可以让状元"消失"呢?我提出一种新的招生录取模式,也许可以为解决北大清华的状元之争提供一些思路。

现代测量与评价的研究表明,当考试分数达到一定程度之后,分数之间的微小差异就不再能够提供关于学生质量差异的有效信息。也就是说,在某一分数线之上的学生,彼此在智力上是无差异的。这也是美国顶尖大学在录取时只提出一个参考性的SAT(或ACT)分数线的原因。他(她)们都是好学生。

同时，我们都知道而且认同的事实是，中国最顶尖的985高校之间的质量差异也不大，而且每所大学都有自己的学科优势和特点。在此基础上，让我们假定某省前1000名学生都属于好学生之列（具体名次可以根据实际情况确定，但不影响分析结果），无论他们被哪一所985高校录取，都是可以被接受的——只要大学愿意录取，他们自己也愿意去。当高考成绩评阅完毕之后，大部分学生会获知自己的成绩和名次，但排名在1000之前的学生只拿到一个通知，表明自己位于前1000名之列——至于具体考了多少分，排名多少，则是一个"黑匣子"——这个名单同时在社会上公布。从成绩公布到志愿填报期间，排名1000之后的学生根据自己的高考成绩选择大学；排名1000之前的学生可以和自己心仪的大学联系，由大学进行测试（或者不测试，反正都是好学生），根据事先公布的招生计划进行录取。录取的依据不再是高考成绩——学生的成绩已经达到了任何一所985高校的录取标准——而是大学和学生之间的双向选择。由于学生肯定会被录取，不用担心掉档风险，他（她）就可以安心地根据自己的兴趣和特点以及对大学及其相关专业的认知去选择大学；同时，大学也不知道学生的成绩和名次，只能根据自己选拔人才的标准去进行判断，当然就不存在争抢状元的问题了。

这个方案的最大优点是在没有破坏现有按照高考成绩录取——从而确保了公平——的前提下，为顶尖大学实施招生综合评价提供了空间。它打破了"唯分数论"的窠臼，使大学和学生能够按照教育本质的规律进行理性的双向选择，促使基础教育从应试训练转向满足大学人才培养的需求。其次，它打破了现行录取制度下，北大清华对高分段学生的事实性垄断，使其他985高校也有机会选拔到适合自己的优秀学生，从而推动中国优质高等教育的整体性发展。最后，它改变了北大清华的行为激励方向，促使两所顶尖大学必须在人才选拔上下功夫，而不用再做无谓的"状元之争"，可谓"一石三鸟"。

北大清华的状元之争，说到底只是两所大学下的一盘棋而已，胜负其实无关紧要。但是，由于北大清华在国内国际上的特殊地位，以及大学招生对于基础教育的影响，从社会角度来看，这盘棋下的不仅没有必要，反而是有害的。招生也是教育，是教育过程的一个有机组成部分。在基础教育阶段，应当及早

研究真实世界的教育

帮助学生发现自己的兴趣和人生目标,认识自己和社会,想清楚未来要成为一个什么样的人,增加对大学及其相关专业的认知和了解,形成选择大学和专业的预期。大学招生人员要帮助学生实现这些目标,引导他们学会选择,恪守诚信和道德底线,而不是相反。这项工作需要大学和中学一起来努力,不能等到高考结束之后立即让学生根据分数做出选择,这是不负责任的做法。事实上,大学招生人员肩负的责任很大,因为学生正是通过对招生人员的接触和了解,形成对大学文化和大学精神的最初和最直观的理解;同时,由于大学在学生心目中的神圣性,大学招生人员的所言所行,会进一步影响到学生对社会的看法和他们的价值观。无论大学之间的招生竞争多么激烈,我们都只能去做正确的事情,去做对学生教育和成长有利的事情,不能为了结果而不择手段,因为我们从事的是教育,而不是其他工作。这是一条不能跨越的底线,对谁来说都一样。

2015 年 6 月 29 日初稿于北京大学经济学院
2015 年 6 月 30 日定稿于北京大学经济学院

顶尖大学需要招收艺术特长生吗?[①]

20世纪90年代初,教育部在全国部分高校启动招收艺术特长生的试点工作,招生人数控制在国家核定的高校年度招生计划总数的1%以内。二十多年过去了,如何评估这一特殊类型的招生政策?按照教育部官方文件的表述,试点工作的初衷是为了"活跃高等学校校园文化生活,推进素质教育"。这一政策目标实现了吗?

首先来看"活跃高等学校校园文化生活"。这句话隐含的前提是,大学校园文化生活是单一贫乏的,需要艺术特长生的存在来加以活跃。如果说,20世纪90年代初期这一条件姑且成立的话——毕竟,那时候具备一项艺术特长的学生可谓凤毛麟角——今天,伴随着中国经济的飞速发展和居民财富的不断增长,家庭对于教育,尤其是艺术教育的投入越来越大,情况已经发生了显著性的变化。

[①] 本文曾发表于《光明日报》2016年1月26日第13版(高等教育版),题目为《顶尖大学还需要招收艺术特长生吗?》。发表时编辑加了"编后语":"艺术特长生作为高校招生的一个项目,存在已久。本文的质疑,的确因为作者曾经担任北大招生办主任的特殊经历,知晓艺术特长生的真实生存状态,所以令人信服。编者也在大学校园中观察到,原本属于大学生群体的文化娱乐,因被艺术特长生'包办',而让大多数学生疏离;另一方面,绝大多数艺术特长生面临着巨大的学业压力。这些都是实情。那么,问题来了,如果大学不再需要艺术特长生,这一招生制度是不是就要取消呢?事实上,答案并不好得出。正如文中所说,'现在大学校园里具备一两项甚至更多项艺术技能的学生越来越多',如果追根溯源,很难说这一现象与大学艺术特长生招生制度无关。其实,这么多年来我们的教育一直在被'应试'牵制着,考试,即使是艺术特长生的考试,本身也是一个'指挥棒',指挥着家长群体从幼儿阶段就开始培养孩子的走向,只是在这个培养过程中,有的孩子发展成为艺术特长生,有的孩子成长为有艺术特长的学生。现在如果假设这一'指挥棒'消失,家长培养孩子的'风向'会有什么转变,真是难以预料。当然,文章的最后,笔者从招生制度改革角度给出的解决方案,也是切中要害——教育要改革,但改革的核心仍是对'指挥棒'的改革。"

研究真实世界的教育

变化在于,由于大学校园里具备一两项甚至更多项艺术技能的学生越来越多——钢琴十级者比比皆是——通过艺术特长生来活跃校园文化生活的基础性社会环境不复存在,校园文化生活的繁荣程度对于艺术特长生的"弹性"降低了。经济学用"弹性"衡量一个变量对另一个变量的敏感性,即一个变量发生1%的变化将会引起另一个变量变化的百分比。如果自变量变动1%引起因变量超过1%的变动,说明因变量对自变量的变动比较敏感,是富有弹性的;如果自变量变动1%引起因变量小于1%的变动,说明因变量对自变量的变动比较不敏感,是缺乏弹性的。大学校园是一个相对封闭的社区。如果绝大多数学生不具备艺术才能,则容易出现"艺术荒漠化"现象,不利于全方位的人才培养。这时候,一两个具备艺术才能的学生就可以使校园文化生活的面貌发生很大的改变——从无到有——从而起到活跃、丰富、繁荣、引导校园文化的积极作用。换句话说,校园文化生活的繁荣程度对于艺术特长生的数量是富有弹性的。然而,如果大学校园里具备艺术才能的学生很多,甚至超过一半的话,校园文化生活的繁荣度就会整体性上升。同时,艺术特长生对于校园文化繁荣度的贡献率也相对下降了,或者说,新增的艺术特长生对于活跃校园文化生活的贡献极其有限。这意味着校园文化生活的繁荣程度对于艺术特长生的数量变得缺乏弹性了。

如果仅仅只是弹性下降倒也无伤大雅,问题在于,艺术特长生还可能给校园文化生活带来负外部性。当一个人从事影响旁观者福利的活动,而对这种影响或者不支付成本(给旁观者带来成本时),或者得不到补偿(给旁观者带来利益时),外部性就产生了。给旁观者带来不利影响的外部性被称为负外部性。当一个社群中的绝大多数人不具备任何才艺而只有极少数人具备才艺的时候,二者之间的关系是和谐的。绝大多数人会接纳、欣赏极少数人的才艺带给自己的感官享受,因为他们自己不会玩,只能看别人玩;然而,一个社群中具备才艺的人多了,他们就可能和极少数人产生矛盾和冲突。因为二者的专业技巧和艺术水准不相匹配——一般说来,艺术特长生的专业技巧和水准要高于普通学生——大家很难玩到一起。多数学生更喜欢草根型的自娱自乐,艺术特长生因为曲高和寡,不接地气,反而容易被孤立起来,不利于大学校园文化生活的整体性繁荣。

这就涉及一个根本性问题:校园文化生活是谁的生活?是全体学生的生活,还是极少数艺术特长生的生活?是所有人一起玩的生活,还是极少数艺术特长生在台上表演,绝大多数学生在台下欣赏的生活?在社会经济文化不发达的阶段,大学校园文化可能更多地体现为后者,但当社会经济文化发展到一定阶段,大学校园文化就可能更倾向于前者。

再来看"推进素质教育"。如果把素质教育界定为和应试教育相对立的教育模式,以实现学生的全面发展的话,坦率地说,通过招收艺术特长生来推进素质教育的目标从来就没有真正实现过。由于参与试点的53所高校几乎涵盖了中国最顶尖的大学,再加上录取名额极为稀缺,使得艺术特长生的招生录取成为事实上的高竞争领域,迫使所有艺术特长生不得不走上一条专业化的训练道路,通过应试训练的方式提高艺术测试成绩,由此产生了以另一种面目出现的"艺术应试教育"。学生及其家庭付出了大量的金钱、时间和精力,通过不间断的重复性训练,不断提高对某一项技能,甚至是某一个具体曲目的熟练程度,却没有相应提高对艺术作品本身的鉴赏力与美的修养。由于学习艺术技能的目的只是为了增加进入顶尖大学的机会,许多学生对于所训练的技能并无真正兴趣,再加上训练过程极其艰苦枯燥,难免会产生反感乃至痛恨情绪。一旦他们借此进入大学——除非要继续履行不得不承担的义务——很快将其束之高阁,有的甚至终身不再触碰。更重要的是,这样的艺术特长生,实际上是凭借家长的金钱和社会经济地位堆砌的产物,当然谈不上对家庭经济条件较差的学生的引导与影响。所谓的素质教育,又在哪里得到"推进"了呢?

对于大学来说,招收艺术特长生的动力之一来自于展示学校形象。一般说来,展示的途径有两个:一个是各级各类大学生艺术展演;另一个是对外校际交流,特别是境外交流。我认为,大学应当对此进行反思。展示学校形象,应当展示的是学生的真实精神风貌,也就是一所大学里绝大多数学生具有的状态。通过极少数艺术特长生的表演所展示的,只能是这些个别学生的状态,而不可能是大多数学生的状态。这是"虚假的繁荣",是将极少数学生当成工具挣得的面子,不要也罢。

研究真实世界的教育

实际上,艺术特长生的定位始终处于尴尬的境地。从艺术水准上来说,他们属于准专业人士——那些在某一艺术领域具有天赋和真正兴趣的顶尖学生仍然会选择专业院校——而且在大学里学习的专业和艺术无关,这意味着毕业之后,他们中的绝大多数人将不可能从事艺术领域的专业性工作。从大学人才培养的角度来说,艺术特长生的后期培养压力很大。一方面,他们都是凭借降分——对于某些顶尖大学来说,降分幅度甚至高达100多分——进入大学的,这意味着和其他同学相比,他们在学业水平上的差距较大,但大学并没有为艺术特长生降低学术要求,因此,他们必须要在学业上花费更多的时间和精力,才能跟得上进度;另一方面,艺术特长生进入大学之前,一般要签订协议,保证在校期间的训练和演出等活动,这意味着他们将不得不为此投入相当多的时间和精力。一个人的时间和精力总是有限的,学业和艺术训练演出之间的冲突使得艺术特长生常常面临比其他同学更大的压力,甚至是无法正常毕业的危险。也许更大的悖论在于,如果一个学生以低于正常录取线100多分的成绩进入大学也可以顺利毕业的话,那说明只要高于这个分数的学生都可以被大学培养成才,大学还有什么必要设置那么高的录取分数线呢?

每一所大学都有自己的使命和独特的人才培养目标,人才选拔要满足人才培养的需求。参与试点的53所顶尖大学不是专业性艺术院校,不承担培养艺术专业人才的任务。培养不出专业艺术人才,对这些大学来说没有任何影响;在大学生艺术展演上排名靠后,也丝毫不会降低大学的声誉和地位。那些在艺术领域有天分的学生,完全可以选择专业院校,那里才是适合他们发展的土壤。但是,如果培养不出杰出的科学家、政治家和企业家,不能对人类文明进步产生贡献,顶尖大学就失去了存在的意义与价值。从这个角度上说,顶尖大学不应当将有限的招生名额用在对其自身和学生发展来说意义不大的艺术特长生身上,而应当尽最大可能发现寻找适合自己培养的学生,并将其培养成为影响世界,甚至是改变世界的杰出人才。

历史地看,艺术特长生可以理解为政府为了打破以高考成绩为唯一录取依据的招生录取模式,增加大学生源多样化的一种努力。这一方向并没有错,但效率太低,成本太高。如果大学能够通过综合评价模式选拔学生,录取与否的唯一依据不再是单一的高考分数,而是看学生的综合素质是否满足大学招生录取的标准,那么,学生是否具备艺术技能就不再是关键性问题——他(她)可以具备,也可以不具备。这时候,也许我们就可以更好地实现理想中的目标:增加生源多样性,活跃大学校园文化,推进素质教育。这恰恰是新一轮考试招生制度改革为之努力的方向。

2015 年 2 月 3 日初稿于北京大学经济学院
2015 年 7 月 20 日定稿于 Princeton University

重点大学里农村学生的比例
为什么这么低?[①]

重点大学里农村学生比例过低的盖子在2011年前后被揭开。随着杨东平、梁晨、李中清、刘云杉等人的研究成果陆续发表,重点大学里农村学生比例不断滑落的现象引起了社会的广泛关注。"寒门难出贵子"的拷问深深刺痛了人们关于教育与社会公平的脆弱神经,进而推动了政府和大学出台相关"逆向歧视"政策,努力提高重点大学里农村学生的比例。然而,和对现象的描述相比,对导致这一现象背后原因的分析却远远不够深入,这可能会在相当大的程度上削弱"教育补贴"政策的实施效果。为什么重点大学里农村学生的比例这么低?现有研究认为,首先是大学"嫌贫爱富",是大学招生政策对城市学生的偏爱造成了对农村学生的不利局面。自主招生更是将农村学生排斥在外,进一步加剧了他们进入重点大学的难度。其次是优质基础教育资源由农村向城市高度集中,"超级中学"像抽水机般吸干了当地和周边县城里最优秀的学生和老师。上游缺水,下游自然就没有水了。

如果重点大学里农村学生比例低的原因是大学招生政策造成的,那么,只要运用行政强制力调整招生政策,就可以改变这一状况。但更深层次的问题则是:为什么大学会偏爱城市学生呢?作为社会中知识密集度最高的群体,大学难道就没有这样的见识和良知,意识到农村学生比例低是对社会公平的威

---

① 本文曾发表于《光明日报》2015年9月8日第13版(高等教育版),题目为《重点大学农村学生比例为何上不去》。因报纸体例,发表时略有改动。《人口文摘》2016年第9期转载,题目为《"寒门难出贵子"的原因》。

胁吗？这不符合逻辑和常识。至于"超级中学"的存在则和重点大学里农村学生比例低并无直接的逻辑关系，虽然我并不支持这样的存在。原因很简单，学生进入"超级中学"并没有改变他们的户籍身份。如果农村学生能够被吸纳进"超级中学"，反而可能会因为接受了更有效率的训练而提高他们进入重点大学的比例。问题远比看上去的要复杂得多。

从教育社会学的观点来看，大学，尤其是名校招生从来就不仅仅意味着人才选拔和教育，而是一系列社会变迁的深层次反映。它就像一面镜子，折射出社会阶层和社会秩序的运动映像。这一点在美国大学招生历史上体现得最为明显。[①] 一百多年来，美国民权运动的每一步发展，几乎都伴随着大学招生的变化。性别、种族和宗教信仰等社会歧视的突破，往往滥觞于大学招生，进而蔓延至其他领域，并最终凭借法律从根本上改变了整个社会的结构和秩序。为什么美国社会对大学招生极为关注，原因就在于此——它和每个人的生活及切身利益息息相关。实际上，今天处在剧烈社会变迁中的中国同样面临着类似问题，重点大学里农村学生比例低只是其中的一个方面。

从这个角度出发，我们其实不难理解，为什么重点大学里农村学生的比例会不断下降。因为伴随着城市化的发展，城市人口比例不断上升，农村人口比例不断下降了。20世纪80年代大学里农村学生比例高达30%—40%，是因为那时候农村人口占总人口的80%，城市人口的比例为20%；今天城市人口比例已经接近50%，仅略低于农村人口比例。人口结构的变化自然会反映到大学招生结构的变化之中。

当然，如果仅仅只是数据比对还不能就此得出结论。北京大学教育学院刘云杉教授曾对比了农村城市化的进度与农村生源考入重点大学几率下降的速度，发现前者的速度远低于后者，由此说明农村人口的减少并不是重点大学里农村学生比例下滑的主要原因。数据当然没有错，但我们要同时注意到另一个事实：农村人口转化为城市人口之后，并不会在当期立即转化为他们的子

[①] "耶鲁怎样招生，关系的已远不止耶鲁本身。因为录取过程的公平性将反映整个系统的公正性——而这事关这一系统的合法性。"参见杰罗姆·卡拉贝尔：《被选中的：哈佛、耶鲁和普林斯顿的入学标准秘史》，中国人民大学出版社2014年版，第477页。

研究真实世界的教育

女进入重点大学的比率,而是会有一个滞后期。之所以有滞后期是因为学生必须先接受基础教育,然后才能通过高考进入大学。随着第一代大学生从农村进入城市定居,组建家庭,他们的子女将会享受到更好的教育,由此进一步拉大原本存在的城乡基础教育差距,使还没有进入城市的农村学生处于更加不利的地位。也就是说,农村人口占总人口比例的下降导致了重点大学里农村学生的比例下降,但二代学生基础教育城乡差距的进一步扩大加快了农村学生比例下降的速度,相当于在原有的下滑速度上施加了一个加速度,使其斜率变大了。这个加速度解释了为什么农村城市化的进度要远低于农村生源考入重点大学几率下降的速度。

更根本的原因在于考试招生制度。在中国现行招生录取制度下,大学没有招生自主权——它无法根据自身对人才选拔和培养的需求决定录取或不录取谁。决定一个学生是否被某所大学录取的唯一依据是他(她)的高考分数:达到了大学录取分数线就可以被录取,否则就不能被录取,无论考生是男是女,高矮胖瘦,家长有权没权或者有钱没钱,当然,也包括是城市户籍还是农村户籍——这是现阶段区别城市和农村学生的唯一标志。也就是说,为了实现分数面前人人平等的绝对公平,大学招生机构不能根据学生的户籍身份来决定录取与否,又怎么可能谈得上对城市学生的偏爱呢?因此,重点大学里农村学生比例低只能说明一个残酷的事实:农村学生的高考分数整体性地低于城市学生的高考分数。当然不排除个别学生的例外。然而,这是一个在招生录取工作开始时显示出来的结果,而不是在招生录取工作开始之前刻意导致的原因。

有人把重点大学里农村学生比例低的原因归结为自主招生,认为它提高了学生进入重点大学的门槛,从而剥夺了农村学生的机会。我不同意这样的观点。首先,自主招生的比例极低——只占高校当年招生计划的5%,不影响招生计划分布的整体格局。如果农村学生在95%的招生计划竞争中处于劣势,那么即使取消自主招生,加上这5%的招生计划也不可能逆转局面。其次,自主招生候选人资格的确定依据仍然是考试成绩——主要是笔试成绩,面试成绩产生的影响因子很小。在实际操作过程中,为了尽可能提高自主招生候选人的命中率,避免浪费名额,大学不得不努力提高笔试试题与高考试题的契合度。自主招生候选人所获得的只是一定程度的降分,至于他(她)是否能够被大学录取,最终还是要依据其高考成绩。最后,与高考录取时一样,大学在自主招生时同样无法区别学生是城市户籍还是农村户籍,但高校普遍设计了救济机制,例如免收学生考试费用,提供交通和食宿补贴等,尽可能避免农村学生因为家庭经济困难而无法参加自主招生考试。因此,自主招生政策不一定是导致重点大学里农村学生比例低的原因。

于是,在大学招生以高考分数为唯一录取依据的条件下,为什么重点大学里农村学生比例低的问题就转化成了另一个问题:在绝对公平的高考考场上,为什么农村学生的成绩竞争不过城市学生?

导致这一结果的根本原因在于,在现行高考制度下,能够取得高成绩的唯一途径是大规模重复性训练,以提高熟练程度和反应速度。实现这一途径的基础是教育投入和家庭经济条件,而和户籍身份无关。那些经济条件优越的家庭,可以把子女送到师资力量更强的学校和培训机构,可以雇用更富有经验的教师进行更有针对性的强化训练,以提高考试成绩,而那些经济条件差的家庭,能够让子女接受教育已经勉为其难,又怎么可能提供额外的辅导与训练呢?这个事实正是恢复高考三十多年来所体现的社会变迁:三十多年前,农村学生和城市学生的高考成绩的整体性差距并不显著,甚至农村学生的成绩会高于城市学生,因为那时候几乎所有人面临的教育投入是大体相当的;三十多年后,农村学生和城市学生的高考成绩的整体性差距已经相当显著,因为除了政府教育投入存在差异之外,家庭之间的教育投入差异也越来越大,并直接影响了分数生成。

实际上,这不只是中国高考出现的现象。只要是考试,只要大学招生和考试成绩高度相关,就会衍生出这一社会结果。新加坡、韩国和我国港澳台地区的经验已经充分证实了这一点。即使在美国,也出现过类似情况。统计分析显示,SAT考试成绩与家庭经济条件的相关性要远远高于与族裔的相关性。这意味着,一个家庭经济条件优越的黑人,很可能会取得比家庭经济条件差的白人更高的考试成绩。因此,美国顶尖大学在招生录取时,不光看重考试成

研究真实世界的教育

绩,更看重学生是在什么样的家庭条件和社会环境下取得的考试成绩。因为,在社会贫富分化加剧的情况下,表面上看起来绝对公平的考试成绩,很可能从生成成绩的那一刻起,就已经被深深地打上了不平等的烙印了。

农村学生高考成绩低的另一个原因在于师资。事实上,20世纪90年代以前,农村中学的师资并不比城市中学差,甚至可能要更好。原因很简单,20世纪60年代,在当时的社会背景下,一大批知识青年响应号召上山下乡,以及大批知识分子被下放劳动,许多人就此成为当地农村学校的教师,为当地学生提供了优质的教育。1978年恢复高考后的前几届大学生之所以能够顺利进入重点大学,很大程度上是这些高级知识分子教育出来的结果。然而,20世纪80年代后期和90年代初期,随着国家落实知识分子政策,这批人陆续返回城市,造成当地农村优秀师资的流失;进入21世纪后,由于"超级中学"的崛起,又有一大批优秀的农村教师被高薪和其他优厚条件吸纳进城市,进一步削弱了农村的师资力量和教育质量。优秀师资"只出不进"的结果必然导致农村学生在高考竞争中处于整体性的劣势。

重点大学里农村学生比例不断下滑是伴随着社会经济和人口结构变化产生的结果。如果把农村学生群体替换为家庭经济条件差的弱势群体,那么,这也是世界各国教育发展史上都曾出现过的必然现象。由于每个家庭都会竭尽全力为子女提供更优质的教育条件,随着收入的增长,那些家庭经济条件优越的学生,就会在一系列考试中取得更高的成绩,从而在大学入学竞争中获得更大的优势——如果大学招生高度依赖于考试成绩的话——这将不可避免地带来社会公平、正义和稳定的巨大挑战。从根本上解决这个问题,不仅需要从道德上树立教育公平的理念,更重要的是,要从技术上根据家庭经济困难学生的特点,有针对性地设计出利于展现他们优秀素质的有效的大学招生录取制度。否则,如果只是简单化地调整招生政策,农村学生的入学比例从数据上看是快速上升了,但却可能在未来产生更多更复杂的社会问题。

2015年8月3日初稿于Princeton University
2015年8月20日定稿于MIT

高考改革与综合素质评价[①]

2014年9月,国务院颁布《关于深化考试招生制度改革的实施意见》,明确将综合素质评价作为"学生毕业和升学的重要参考"。同年12月,教育部发布《关于加强和改进普通高中学生综合素质评价的意见》,要求2015年起"各省(自治区、直辖市)要提出高中学生综合素质评价基本要求,制定具体办法",为高校招生录取提供重要参考依据。可以预期,在未来的几年中,综合素质评价建设将成为高考改革的重点和难点。为什么(Why)要选择这样一条改革路径?综合素质评价到底是什么(What)?谁(Who)来进行综合素质评价?怎样(How)进行综合素质评价?这些都是不可回避的重要问题。

一、为什么高考改革会选择综合素质评价路径?

自1977年恢复高考以来,这一现代中国社会最重要的制度之一就始终处在不断改革之中。迄今为止,高考改革可以分为三个阶段:第一阶段从20世纪80年代至2003年;第二阶段从2003年至2014年;第三阶段从2014年起至今,预计将持续到2017年至2020年,甚至更长的时间。

第一阶段改革的中心是考试,解决的是"考什么"和"怎么考"的问题。与之配合的是两个基本点:一个是科目;一个是题目。科目改革试图解决的是考

[①] 本文曾发表于《中国大学教学》2015年第7期。合作者为北京大学招生办公室副主任兼考试研究院副院长林莉。

试范围。考哪几科？是一门一门分开考,还是组合搭配考？由此出现了"3＋X"以及类似的"3＋X＋1""3＋3＋基础会考"等形式,其中,江苏省的改革最为频繁,实行"3＋学业水平测试＋综合素质评价",几乎一年一变,但无论变出多少花样,依然还是在围绕科目做文章。实际上,科目改革从恢复高考之后就没有停止过,直到今天仍然在持续。可以说,其花样已经变化殆尽,几乎穷尽了人类智慧。为什么要把改革的重点放在科目变化上？此举令我十分不解:中学生的精力有限,能够学习的科目就那么几种,无论外在形式如何变化,其本质和内容基本上是一样的。就好比做菜,无论是醋熘白菜,还是炝炒白菜,抑或是水煮白菜,最终端上来的不还是一盘白菜吗？难道它就变成了一盘红烧肉？因此,我始终认为,科目改革毫无意义,最根本的还是大学招生录取的方式。如果大学招生录取方式改变了,即使仍然采用1977年的考试科目,大学也仍然能够选拔出自己需要的学生；反之,如果大学招生录取方式不发生变化,即使考试科目翻新出再复杂的花样,大学依然不可能招收到自己需要的学生。

题目改革试图解决的是考试内容。是考对知识点的熟悉和掌握,还是要考能力？表面上看,人们似乎都认同应当考能力,但这句话说起来容易,做起来难。因为考察能力必须要通过对知识点的考查来进行。脱离知识点的纯粹能力考查,例如美国的SAT,在实际运行中也遇到了相当大的困难,不得不进行相应的调整。

在我看来,高考命题改革至少面临着三方面的挑战:首先,是整体统一和个体差异之间的矛盾。"一个盖子盖不住所有的锅",对于中国这么大的国家来说,每年参加高考的近千万考生的差别极大,招生录取的大学之间的差异极大,各地基础教育之间的差异极大,一张卷子的试题怎么可能覆盖所有人的需要呢？这超越了人类能力的极限。原来的分省命题试图解决这一问题,但在社会舆论关于公平的巨大压力下,不得不再次改回"全国一张卷"的局面。"旧账未还新账又来",可以想见,这一矛盾将会更加突出。其次,题目被出尽了。知识点就那么多,经过近四十年的历程,可以说所有的知识点都被高考覆盖过,有的还不止一次。在培训机构如此强大的研究力量下,在中学如此强大的集中训练下,一个学生的确可以做到"做尽天下的试题"。一旦学生做到了这一点,在考场上比拼的就是反应和速度,也就是你看到试题后能不能立即和你曾经做过的题目之间建立起有效的联系。在这种情况下,通过考查知识点考察能力就变成了一个理论上的表述,现实之中很难做到。最后,也是我认为最严峻的挑战在于,直到今天为止,中国还缺乏足够数量的专业化命题人员。我们仍然采用的是一千年前科举时代的古老方式:入闱。遴选一批大学和中学老师,入闱后封闭命题,考试结束后放出来。且不说这种方式的非人道性——我相信,几个月的入闱生活,对他们而言,绝对不会是一个愉快的经历和体验,因而,他们所提供的试题也不会令人有多么愉快——最关键的问题是,命题是一项高度专业化的工作。命题人员不仅需要了解相关学科知识,更重要的是,他(她)必须具备测量和评价的专业知识。但中国目前的命题专家,极少出身于这一专业领域,甚至没有接受过足够的专业培训,又怎么可能保证命题的科学性和稳定性呢?正因为此,虽然国家花费了巨大的人力物力,但题库建设迟迟见不到理想效果。我认为,从长远计,题库建设可以暂缓,应当把主要精力投入到培养训练一批以命题为终身职业的专业化命题人员,他们应当接受过严格的心理学、测量和评价以及学科专业知识的系统训练,热爱教育事业,具备较高的人格操守,如果辅之以完善的激励监督制度,可以使中国的命题事业面貌出现根本性的变化。

第二个阶段始于2003年。这一年春季,在教育部的统一部署和领导下,部分高校开始进行自主选拔录取改革试点工作。试点工作的初衷是意识到传统的大一统的高考录取模式存在一定弊端,希望在一个比较小的范围内,比如,各高校当年本科招生计划总数的5%,"积极探索以统一考试录取为主、与多元化考试评价和多样化选拔录取相结合,学校自主选拔录取、自我约束,政府宏观指导、服务,社会有效监督的选拔优秀创新人才的新机制",目的是要"进一步深化高等学校招生录取制度改革,进一步扩大高等学校招生自主权"。[《教育部办公厅关于做好高等学校自主选拔录取改革试点工作的通知》(教学厅〔2003〕2号)]

为什么要启动这一改革试点工作?我们千万不要因为走得太远而忘记了

研究真实世界的教育

为何出发。改革并非为改革而改革,而是因为,进入21世纪初,经过二十多年的历程,围绕第一阶段的两个基本点而进行的各项改革措施都不同程度地遇到了极大困难。随着时间的推移,统一高考录取模式的僵化弊端日益显现和严重。这使得决策层意识到,如果不对大学招生录取体制进行根本性变革,高考改革就没有希望。然而,由于高考制度在当代中国社会的特殊重要性,决策层投鼠忌器,顾虑重重,特别是,由于高校普遍不具备自主选拔学生的能力,虽然"必须改"是明确的方向,但到底"怎么改",无论是政府还是高校心里都没有底。在这种情况下,政府再一次祭起中国经济改革成功的两大法宝:"摸着石头过河"和"试点推广",在小范围内试点高校自主招生改革,不断积累经验,总结教训,逐步扩大范围和推广。也就是说,自主招生在改革初期缺乏成熟完善的顶层设计,也没有切实可行的具体方案,改革就是给高校一个方向和政策,充分发挥基层单位的改革精神和创新活力,试图从中探索出一条适合中国国情的大学招生之路。

现在回过头来看,历时12年的自主招生改革有两点值得特别关注:第一点是,当初改革,的确是要给一部分在高考中发挥失常但平时特别优秀的学生提供一次机会,通过增加一次测试,在一定程度上打破高考的"一考定终身"。因为在现实中,确有一部分优秀学生,因为生理等各方面的原因,在高考中发挥失常,没有进入本该能够进入的大学。无论对于大学还是对于学生,就人才选拔和培养而言,这不能不说是巨大的遗憾和损失。自主招生在一定程度上弥补了这一缺陷。至于社会舆论特别关注的"偏才""怪才",决策层虽然将其列为自主招生的选拔范围,但未必给予足够关注。因为他们也清楚地知道,这样的"偏才""怪才",在现实中可遇而不可求。自主选拔录取试点工作的真正目的在于第二点,就是通过让高校在5%的范围内试点自主招生,逐步扩大比例,增加试点高校数量,最终实现以高考统一考试为主的高校全部自主招生总目标,从而落实高校自主权改革的第一步——招生自主权。以时间换空间,通过"干中学",使高校逐步具备自主选拔学生的能力。

这一进程本来进展得非常顺利,高校在这一过程中也积累了很多经验教训,特别是丰富的笔试和面试经验。然而,始于2009年的"五校联考"以及随后的自主招生"三大联盟",使得这一进程突然加速,吸引了社会公众的高度关注,并随后引发了对公平的巨大质疑,再加上2013年个别高校和地区出现的招生腐败和丑闻,迫使决策层不得不收紧自主招生政策,以应对外部巨大的社会压力。这再一次使我们意识到,改革之路不会一帆风顺,有险滩,有逆流,有回潮,有些甚至是不得不付出和承担的代价。

12年的自主招生探索,使决策层和高校都充分意识到,大学招生招的只能是人而不能是分。如果以高考分数为大学招生的唯一录取依据,因为"高考指挥棒"的巨大影响力,应试教育的局面不可能得到根本改观,中华民族未来的创新人才培养终将是一句空话。考试招生制度改革是整个教育改革的龙头和牛鼻子,不对考试招生制度进行根本性手术,教育改革就没有希望。然而,如果不以高考分数为唯一录取依据,那应当以什么为依据呢?答案只能是综合素质评价。这不仅仅是向美国学习的结果,也是从中国实际出发不得不走的一条道路。由此,以2014年9月《国务院关于深化考试招生制度改革的实施意见》的颁布为标志,高考改革进入到第三阶段。我称之为"综合素质评价阶段"。

二、综合素质评价是什么?

到底什么是综合素质评价?这是一个仁者见仁,智者见智的问题,很难给出统一的标准答案。让我们换一个思路,先来回答:综合素质评价不是什么。

一提起素质和素质教育,人们脑海里首先想到的就是钢琴和芭蕾,似乎素质一定要和某种非考试的技能,特别是艺术技能联系在一起。因此,在高考改革方案提出要参考综合素质评价作为大学招生的录取依据时,社会舆论一窝蜂地质疑道,这样一来,农村娃不是更没有希望了吗?他们连钢琴都没有见过,拿什么来和城里孩子竞争?显然,这会导致更大的不公平。

这完全是自我循环论证的误读,不但具有相当大的迷惑性,更暗含了某种危险的挑斗性,因为它假定决策者设计这项制度的目的就在于让城里人垄断上好大学的机会。恰恰相反的事实是,我的研究证明,在社会财富分配不均的

研究真实世界的教育

外部环境下,如果单纯以考试成绩作为大学招生的唯一录取依据,将会使农村学生处于更加不利的地位。只有实行综合素质评价,农村学生才可能出现更多的机会。这就要求大学在建立综合素质评价体系时,不能把素质等同于弹钢琴一类的技能,而是要统筹考虑农村学生成长的环境,设计出既符合他们的实际情况,又能考察出他们未来发展潜力的评价指标体系,寻找他们的潜在优势,为农村和家庭经济困难的学生提供上好大学的更大可能性。

其次,综合素质评价不是不考虑学业成绩。恰恰相反的是,综合素质评价首先要考虑学业成绩,只不过,这个成绩不再是一次性的高考成绩而已。在这一点上,社会舆论也曾经一窝蜂地质疑道:既然大学招生要实行综合素质评价,为什么录取的学生还是成绩很高的"学霸"呢?那些学习成绩不好的"偏才""怪才"何时才能有出头的机会呢?

这又是一个自我循环论证的误读,同样具有相当大的迷惑性,因为它假定综合素质评价就是要排斥对学业成绩的考察。大学招生,当然要招收能够适应大学学习生活,具备未来发展潜能的学生,对学习能力的考察必然是第一位的。如果大学不招收成绩好的学生,难道要招收成绩不好的学生吗?这在任何国家都是荒谬的事情。我们必须对关于高考改革的批评性意见保持清醒的认识。高考是一个高利害领域。无论何种改革措施,持批评性意见的总是居于大多数——在优质教育资源稀缺的情况下,能够进入顶尖大学就读的一定是少数,进不去的多数人就会不满意。如果高考改革完全以社会舆论为导向,就会无所适从,不知所措。

最后,综合素质评价不是科技创新、社区服务、特长技能等非学业成绩项目的简单叠加,特别是对社会公布的大学招生标准中不宜明确罗列指向过于清晰的具体名录。那样的话,将很可能引发中国教育史上最大的灾难,比没有改革还要恐怖。原因很简单,改革之前,学生所受的只不过是一茬罪,无非是那几门文化课的重复性训练而已;改革之后,学生将不得不去学习掌握无穷多的各类技能。在"不能让孩子输在起跑线上"的错误口号指引下,学生接受技巧训练的时间将提前到婴幼儿时期。多个"应试训练"取代了一个"应试训练",学生和家长将永无宁日,甚至会被累死。

理解了综合素质评价不是什么,可以帮助我们更好地理解综合素质评价是什么。教育部在《关于加强和改进普通高中学生综合素质评价的意见》里对综合评价作了如下界定:"综合素质评价是对学生全面发展状况的观察、记录、分析,是发现和培育学生良好个性的重要手段,是深入推进素质教育的一项重要制度。"同时,将评价内容分为五个方面:思想品德、学业水平、身心健康、艺术素养和社会实践。我认为,作为一份指导性文件,它对综合素质评价起到了引导和规范作用,但由于过于原则和抽象,实际上很难在实践中具体执行。也许正是因为这个原因,在文件的最后,教育部要求各省(自治区、直辖市)要提出综合素质评价的基本要求,并制定具体办法。

我的观点是,教育部的这份文件写得恰到好处,各省(自治区、直辖市)不宜再进一步提出过细的明确要求和办法,要求高中去执行。教育行政机关的职能是明确方向,制定政策,加强监督,保驾护航,最好不要亲自上阵,动手操刀,更不能越俎代庖,去做本该由教育机构自己去做的事情。这时候,政府官员特别要抑制自己的"创新冲动",去设计制定一个"放之四海而皆准"的行动计划,在政绩清单上写下浓重的一笔。实际上,即使是中学,也并不需要去制定具体的综合素质评价指标体系和内容,它只需要遵循教育的本质和规律,启发引导学生发现自己的兴趣,树立正确的价值观,保护学生的好奇心和对科学的探索精神,提高对艺术的鉴赏力,强健体魄,并且把学生的经历和生活完整准确地记录下来就足够了。至于建立综合素质评价体系,那是大学招生机构的事情。大学自然会根据自身人才选拔和培养的需求与特点,通过完善的综合素质评价体系去解读这些记录背后蕴含的含义,从而做出录取与否的判断。

理解这一点的关键在于,综合素质评价本身不是目的,而是要通过综合素质评价过程,从学生的经历中发现他(她)是一个怎样的人。也就是说,综合素质评价是一个过程和手段,其重要意义并不在于罗列一个学生具备了多少素质评价的内容,而是要通过这些内容,对学生的整体素质形成一个综合性判断。因此,综合素质评价的着力点,一定不能放在具体的内容上,而是要引导学生去发现自己的兴趣,做自己最喜欢的事情,发掘出自己身上特殊的闪光点和潜力,从而帮助学生从单纯的考试训练中解放出来,实现自身的全面发展,

> 研究真实世界的教育

同时,在这个过程中推动实现中学教育的多样化和个性化。

这就涉及一个根本性的问题:谁来进行综合素质评价?

三、谁来进行综合素质评价?

一提起评价,人们首先想到的是"评语"。从小到大,我们不停在接受各种各样的评语。上学期间,有老师提供的操行评语;工作之后,有单位和上级领导的工作鉴定等。我们生活在一个由评语构成的世界。

上周我去幼儿园接女儿,女儿一见到我就兴高采烈地扑过来,一边跑一边嚷嚷:"爸爸,今天我得到表扬卡了!"这是女儿第一次得到表扬卡,我也很开心。在这张粉红色的桃形表扬卡上写着:"你是一个聪明、懂事、有礼貌、乐于助人的好宝贝!"欣喜之余,我不由得陷入了沉思。虽然我为女儿得到幼儿园老师的表扬而高兴,但这些抽象的词汇并不能让我对女儿的表现有什么直观的认识。女儿到底做了什么事情让老师觉得她是聪明的呢?女儿又是怎么表现出她是一个懂事、有礼貌、助人为乐的小朋友呢?

事实上,我女儿得到的表扬卡上的"评语"体现的是一个普遍性问题。长期以来,我们习惯于用一些抽象性的"大词",尤其是形容词来给人做定性的评价,诸如热爱祖国、志存高远、心地善良、坚韧不拔、气质优雅等。在北京大学"中学校长实名推荐制"实施的几年中,我们接到了大量充斥此类形容词的推荐信。坦率地说,我们从中得不到多少有价值的信息,也不能增加我们对于被推荐学生的认识。实际上,大学招生机构并不需要知道一个学生是否"富于创新精神",我们需要知道的是他(她)做过哪些事情,有过哪些特别的经历,从这些事情和经历之中我们自然而然可以判断出他(她)是不是具有创新精神。换句话说,大学招生机构并不需要接受中学(或其他机构、个人)对一个学生的综合素质评价结果。对学生做出综合评价的主体,一定是大学招生机构本身,而不是中学校长或老师,以及其他各类推荐人。

自从国务院和教育部出台相关文件之后,目前,许多中学都积极开展了学生综合素质评价工作。在各地教育行政机关的大力支持下,有些地方和中学已经开发建立了"学生综合素质评价系统"。这些努力值得称道,但在我看来,如果这些"学生综合素质评价系统"没有完整、准确地记录学生的成长历程,只是由老师填写"操行评语",或者由学生之间互评的话,它们将不可能得到大学招生机构的认可,因而不可能成为对学生升学提供有价值信息的重要参考依据。原因很简单,在中国目前的社会环境下,大学招生机构不相信这些评价的真实性,它只会相信自己的分析和判断。这就导致综合素质评价处于一个尴尬的两难境地:如果学生综合素质评价不和大学招生录取挂钩的话,对于中学老师和学生来说,它就是一个额外负担——要为之投入时间和精力,却不能对升学有任何帮助。与其这样,还不如把有限的时间和精力投入到考试培训之中。于是,综合素质评价就变成了一个应付上级教育行政机关素质教育检查的摆设——看上去挺美,却没有任何实际教育效果。反之,如果学生综合素质评价和大学招生录取挂钩,它立即变成一个高利害的"标的物",老师、学生和家长都会千方百计围绕它"做文章",使自己的利益最大化。如果老师的评语可以发挥作用——无论作用大小——老师就会成为家长拉拢和请托的对象。在法律监督尚不到位的情况下,一些老师很难抗拒这种诱惑,很难对学生做出客观的评价,由此将导致教育环境的极大恶化。如果允许学生互评,且评语可以发挥作用的话,产生的问题会更大:每个学生都会尽一切努力压低对别人的评价,以提升自己评价的相对位置,从而增加自己入学的几率。当所有学生都这样做的时候——从个人利益最大化的角度出发,他们一定会也必须如此选择,学生互评的结果一定是"洪洞县里无好人",综合素质评价就失去了其存在的价值。实际上,尽管教育部在基础教育领域推行多年"学生综合素质评价系统"平台建设,为之投入了大量人力、物力和财力,却始终难以得到大学招生机构的认可和使用,原因就在于此。不是大学不用,而是不敢用,也用不了。

解决这个问题的唯一办法,是中学在进行综合素质评价时,只记录不写评语,不承担评价的主体责任。这样,中学老师就不会成为综合素质评价的利益相关者,他们只需要对记录本身承担责任。对这一点的监督成本相对较低,因为老师一旦做了虚假记录,其他利益相关者——学生和家长——为了维护自身的根本利益,一定会有强烈的动力去举报和纠正,这反过来又会形成强大的威慑,迫使老师不敢进行虚假行为。对于承担了评价主体责任的大学招生机构来说,因为必须要对所招收的学生负责——招收学生质量不高会影响大学办学质量,所以会尽最大可能维护评价的公正性。同时,由于责任主体明确,监督成本同样较低。一旦出了问题,不但大学的声誉会受到巨大损失,做出招生录取决策的个人也同样必须承担相应的法律责任。

四、怎样进行综合素质评价?

既然综合素质评价的主体在大学,那么,大学招生机构怎样进行综合素质评价呢?

第一步,大学必须明确自身人才选拔的目标和定位:你需要招收什么样的学生。尽管所有的大学都希望招收优秀学生,但对于不同的大学来说,"优秀"的内涵和外延是不一样的:适合北大的学生,不一定适合清华;适合复旦的学生,也不一定适合上海交大。不同的学生适合不同的土壤和环境。对于大学来说,人才选拔、人才培养和校友支持是环环相扣、相互影响、不可割裂的阶段。只有把最合适的人在最合适的时间放置在最合适的环境中,才有可能造就出未来出类拔萃的创新人才。

这是真正具有战略意义的工作,而且没有任何其他人可以替代。从事测量和评估的专业人员可以提出专业性的咨询建议,但即使最顶尖的专业团队也不可能代替大学去定位,因为他们不了解实际情况。最了解大学的还是大学自身。既然这是绕不过去的一道坎儿,那么,做比不做好,早做就比晚做好。我的建议是,每一所有理想的大学,都应当动员起全校师生员工的智慧和力量,尽早开展对自身人才培养的目标、特点和需求的讨论与研究,在此基础上,进而提出自身人才选拔的目标与定位。这是最艰难的起步,实现了这一目标,剩下的技术性工作相对比较容易开展。

第二步,大学必须根据自身人才选拔的目标和定位,建立一套完善的招生综合素质评价系统。大学已经意识到,应当招收适合自己的学生而不是分数最高的学生。但是,什么样的学生才是"适合"的,什么样的学生又是"不适合"

的呢？这就需要通过一套科学严谨的系统进行分析判断，而不能凭感觉"拍脑袋"。借鉴美国顶尖大学的招生录取制度，我认为，这套系统至少应当包含以下五个方面。

第一，它应当是一整套可以量化以及不可量化的全面指标体系。不能认为综合评价就一定是非量化的主观评价，它同样建立在大量量化的指标基础上。量化与非量化的指标应当有机结合在一起。有些学校片面追求量化指标，对于不能量化的部分也采取赋分的办法，这是完全错误的。你无法判定获得两项奖励的学生就比只获得一项奖励的学生更加优秀，同样，你也无法判定参与社会公益活动100小时的学生就比只参加了90小时的学生更具有社会责任感。因此，在综合素质评价系统中，量化指标只能起到基础性的作用，不能完全依赖和迷信量化指标。

第二，在学生提交申请材料时，系统就开始启动综合素质评价程序。也就是说，系统必须包含学生报名时的信息采集。不同的大学对学生的要求不同，因而，对信息的偏好也就不同。有些大学会要求学生提供一些特殊方面的材料。对于学生和家长而言，必须对大学的信息需求给予高度重视并予以满足。在这方面，需要特别注意的是信息的真实性。也就是说，你不能轻易去迎合大学的偏好，因为你并不知道它做出最后决定的依据。如果大学认为你所提供的信息是为了迎合大学的招生而不是你真实状态的反映——即使这些信息是真实的——它也会选择拒绝。

第三，通过特殊算法，系统可以就申请学生提供的信息和材料进行综合判断。信息采集完成后，通过后台大量的计算，系统对学生进行初步分类和评价。此举的目的在于节约搜寻成本，提高筛选效率。需要注意的是，即使在这一阶段，也仍然不能忽略人工阅读材料。因为有可能出现个别优秀学生仅仅因为某一方面的成就达不到要求而被系统排除在外的情况。这时候，人工阅读可以起到很好的弥补作用。在这一阶段，人工阅读的投入有多大，取决于系统的成熟度和不同大学的需求。如果系统足够成熟且大学认为优秀学生"漏网"的几率不高，人工阅读的速度和进程就会加快；反之，人工阅读的投入就会较大。这是一个积累经验的过程。在系统运行初期，一般需要将系统和人工

研究真实世界的教育

阅读结合,以观察两者的弥合度,进而对系统进行修改和完善。

第四,所谓系统,并不意味着仅仅只是一套计算机程序,事实上,综合素质评价系统指的是一套完善的招生决策机制。这套机制包括:如何搜寻和发现适合自己的有价值的学生,通过何种程序和组织对学生进行评价,评价者的构成,以及最终决策由谁通过何种方式做出等。因此,招生委员会的建设和有效运行将在系统构建过程中居于重要地位。

第五,系统应当具有较强的自我监督功能,以确保招生过程的公平公正。通过研究,它需要预见到招生过程中可能出现的突发事件和漏洞,并提前做出反应和提供解决方案。因为最终决策依据的往往是主观判断,因此,需要通过组织程序的设计将人为干扰因素的影响降到最低。

第三步,围绕综合素质评价系统,大学必须培训相应的专业化招生人员。这些专业人士应当具有教育学、心理学、测量和评价等专门知识,接受过专业化训练,能够熟练操作这套系统,具有发现"千里马"的眼力和经验,具备做出正确判断的能力。和世界一流大学相比,目前中国大学——包括北大、清华等最顶尖大学——在这方面的人才储备不足,缺乏必要的专业训练,也没有积累起足够的识人选人经验。对于大学招生而言,这不能不说是一个严重的制约因素。实际上,即使有了综合素质评价系统,如果没有专业人士的操作,其效率和结果也会大打折扣。

建立成熟完善的招生综合素质评价系统是一项极其复杂和艰难的工作,对于招生能力已经严重退化的中国大学来说,尤其是一项艰巨的挑战。即使在大学招生综合评价系统最完善的美国,也经历了一个漫长的探索阶段。但无论多么艰难,第一步总要迈出,才可能有后来的发展。而这一步,对于中国教育改革,对于大学和基础教育的发展,都具有特殊重要的意义,也是我们不得不迈出的关键一步。

2015年4月20日初稿于北京大学经济学院
2015年5月27日定稿于澳门飞往北京的CA732航班

"深改元年"的自主招生

——如何理解2015年高校自主招生新政[①]

2014年9月,经国务院常务会议、中央全面深化改革领导小组会议、中央政治局常委会议、中央政治局会议审议通过,国务院发布了《关于深化考试招生制度改革的实施意见》(国发〔2014〕35号,以下简称《实施意见》),标志着新一轮考试招生制度改革正式拉开帷幕。这是自改革开放以来关于中国教育事业改革发展的规格最高、力度最大、影响最为深远的纲领性文件。一般说来,从文件发布到启动实施会有短暂的时滞,因此,我们可以把2015年视为考试招生制度的"深改元年"。作为考试招生制度的重要组成部分,这一年的高校自主招生政策出现了一系列有别于以往的重大变化,鲜明体现了以习近平总书记为核心的党中央以考试招生制度改革为突破口深化教育体制改革的顶层设计和战略意图,也成为今后高校自主招生政策制定的参照系和基础。那么,这些变化的意味是什么?如何理解这些变化?这些变化对于大学自主招生的影响是什么?高校自主招生的未来发展趋势是什么?这些都是值得研究思考和必须面对的重要问题。

[①] 本文删节版曾发表于《中国考试》2016年第6期,题目为《关于高校自主招生新政的思考》。社会科学文献出版社2016年4月出版的《教育蓝皮书:中国教育发展报告(2016)》收录本文。

研究真实世界的教育

2015年高校自主招生的政策变化

2014年12月,和往年一样,教育部公布了《关于进一步完善和规范高校自主招生试点工作的意见》,作为2015年高校自主招生工作的指导性文件。虽然从名称上看,这份文件和以往并没有什么不同,但其具体内容却发生了相当大的变化。文件公布之后,社会舆论普遍认为是高校自主招生政策的"大变脸";也有一些媒体和专家总结了五大或六大或八大变化。在我看来,无论有多少种变化,最核心的变化主要体现在以下方面。

第一,教育部再次明确了高校自主招生的定位,即招收具有学科特长和创新潜质的优秀学生。这一点明白无误地告诉社会:自主招生和高考招生的对象不是一回事。自主招生旨在选"特";高考招生旨在选"优"。这就给多年争论不休的自主招生定位问题画上了一个句号。

第二,高校不得在高考前举行任何形式的测试,自主招生考核统一安排在高考结束后、高考成绩公布前进行。这是自2003年教育部启动高校自主招生改革试点工作以来最重大的政策变化。在此前的12年里,高校一般在高考前通过不同形式的测试确定候选人,给予其一定幅度的加分(或降分),待高考结束后根据学生高考成绩确定最终候选人。此次取消高考前的测试,与第一点结合在一起,基本上切断了大学通过自主招生提前"掐尖"的路径。

第三,取消中学推荐,改为学生自荐。在此前的12年里,大多数高校通常采用中学推荐和个人自荐相结合的报名办法。此次明确规定,"试点高校不得向中学分配推荐名额",意味着所有学生都有机会参与自主招生,是体现教育公平的重要举措。

第四,严格控制自主招生规模,现阶段不扩大试点高校范围和招生比例。高校自主招生规模早有限定,但在实际操作过程中常常因各种因素被突破。此次明确规定自主招生规模是一个"硬约束",高校必须严守5%的比例限制。

第五,考核由试点高校单独组织,不得采用联考方式。"北约""华约"和"卓越联盟"等自主招生联盟悄然解散。这一点和第二点结合在一起,主要解决的是社会普遍质疑的"小高考"问题。

除此之外,北大、清华、复旦和上海交大依据教育系统综合改革的要求,分别推出了"博雅人才培养计划""领军人才选拔招生"等以综合评价为特点的特殊自主招生类型。这也是2015年的一个重要变化。

那么,为什么会发生这些重大变化?这些变化的意味是什么?我们又该怎样理解这些变化呢?

理解当下必须追溯当初

我们不能因为走得太远就忘记了为何出发。2003年,教育部启动高校自主招生改革,并非心血来潮,为了改革而改革,而是为了解决高考发展到当时出现的由于僵化所带来的一系列弊端不得不迈出的一步。这些弊端主要是什么呢?概括来说,一是基础教育领域越来越严重的"应试教育"倾向;二是"唯分数论"对教育生态越来越严重的损害;三是高考统一录取对高校人才培养的负面影响越来越大,等等。对高考体制必须要"改",已经成为社会的共识,但受制于当时的历史现实,到底应该怎么改,大家心里是没有底的。

这种历史背景和1977年有很大的不同。1977年恢复高考时相对容易,从没有到有的成本相对较低,因此,领导人的决策可以起到相当大的作用;但2003年面临的情况就变得相当复杂,再加上高考制度在中国社会的影响不仅仅局限于教育领域,而是政治经济社会问题的综合反映,使得高考改革步履维艰。在这种情况下,决策层自然而然选择了在经济体制改革中屡显神威的"摸着石头过河"的办法,在原有体制内切割出一部分进行探索性试点,总结经验后进一步推广,以实现"渐进式"改革的目标。这正是自主招生名额只占高校当年招生计划总额5%的原因。

然而,有限的自主招生名额应该用于何处?到底应该怎样开展自主招生试点工作?在自主招生的起步阶段,无论对于决策层还是对于试点高校而言,既缺乏成熟完善的顶层设计,也没有切实可行的具体方案。改革,实际上是在大一统的计划体制下撕开一个口子,给大学指出一个方向并提供一定的政策

> 研究真实世界的教育

激励,鼓励基层单位充分发挥改革精神和创新活力,在发展中逐步总结经验。至于改革的彼岸在哪里,似乎没有人能够说清楚。

显然,渐进式改革避免了"休克疗法"所带来的巨大震荡,也为大学学会如何不单纯依赖高考成绩选拔学生提供了宝贵的时间和空间。既然不能只看高考成绩,面试自然而然成为重要的参考性因素。但即使在今天,对于面试的科学性、有效性和稳定性依然存在着巨大的争议。为了提高人才选拔的有效性和准确度,高校自行组织的笔试就成为决定学生是否能够获得自主招生资格的决定因素。实际上,开展自主招生试点工作的13年来,大学在招生方面所积累的最重要的经验就是笔试和面试。这一点和西方顶尖大学的做法完全不同。直到最近几年,大家才慢慢意识到只有考试不行,还要对学生的综合素质提出要求,这样才开始探索综合评价。

总之,我们要准确理解今天的自主招生方案,就必须认识到过去13年的探索是有价值和有意义的。尽管我们走了许多弯路,但总体而言,自主招生政策的方向是正确的。现在,我们的确在一定程度上解决了僵化性问题,同时,也有力地扩大了高校的生源多样性和办学自主权。许多大学的实证研究表明,通过自主招生进入大学的学生在各方面的表现要整体优于通过高考录取的学生。我们也逐步理清了自主招生乃至高考改革的目标,就是高校通过综合评价模式选拔适合自己培养的学生。这些经验无论在国家层面公布的高考改革方案还是各高校的招生简章中都有体现。对于学生和家长来说,了解当初的这些"为什么"是非常重要的,因为这会帮助大家把握住改革的核心,从纷繁复杂的招生细则中走出来,规划好未来的学业和发展。

探索综合评价体系的建立与完善

随着自主招生为社会上越来越多的人所知,对其的批评之声也日益高涨。最严厉的批评有两个:一个是自主招生联盟的出现,被看成是"小高考";另一个是自主招生成为高校"掐尖"的工具。这两点也成为教育部进一步完善和规范2015年高校自主招生试点工作所要着力解决的问题。

这两种批评不无道理,但也要认真加以分析。首先,自主招生应不应该有考试?我认为,对于考试在大学招生中的定位和作用还应当持肯定态度。说到底,无论采取何种方式,大学招生必须要有一定的评价标准和评价方式。考试作为最重要的评价手段,能够对学生的学术能力进行量化的测量,可以增强人才选拔的有效性和准确度。为什么一定要将其排除在外呢?真正需要关注的问题在于,自主招生考试和高考的关系应当如何界定?性质、内容和形式如何区别?由于缺乏对考试和招生的深入研究,只是凭借感觉和经验开展工作,大学招生机构对于上述问题的回答是不清晰的,再加上自主招生联盟的出现,自然会被社会上看成是"小高考"。至于"掐尖",由于自主招生在高考之前进行,获得自主招生资格的学生又享有一定程度的降分优惠,没有任何学生会放弃这一机会,由此形成提前"割韭菜"的现象,难免被认为是"掐尖",从而弱化了自主招生的意义。应当说,这些都是在实践中出现的问题,只能在发展的过程中,通过深化改革加以解决,千万不能因为出现了某些问题,就把孩子和洗澡水一起倒掉。

2015年高校自主招生简章中出现的一个高频词是"竞赛",它也几乎成为学生报名的一道"硬槛"。这主要是因为,教育部明确规定严格控制高校自主招生规模,同时不允许在高考前进行任何形式的测试,也不允许中学推荐,这意味着高校要在海量的自荐学生中,完全凭材料来确定候选人,而且是按录取和候选人的一定比例进行,这就要求高校的头一道选人必须精准。但大学招生机构一方面缺乏通过阅读学生申请材料进行选拔的经验;另一方面,在目前的社会环境下,又对学生申请材料的诚信度缺乏信心,在没有更具说服力的"硬通货"的情况下,不得不采用"奥赛"成绩等相对靠谱的办法。从教育改革的角度来看,"奥赛"应该是被淡化的,但高考这个强大的指挥棒,可以想象会将这种淡化重新引向强化。当然,政府可以下令禁止这种行为,但大学现在迫切需要的不仅是"不能干什么",而且还有"能干什么"。

2015年自主招生新政中,教育部允许北大、清华、复旦和上海交大四所高校实行"综合改革试点",实际上是在90所高校自主招生之外,给四所顶尖高校留出一个口子,探索招生综合评价体系的建立与完善,并为今后进一步深化

研究真实世界的教育

改革预留一定的空间。从单纯依赖单一性的高考成绩录取学生到通过综合评价体系选拔学生,大学招生机构还有相当长的一段路要走。因此,社会要理解这一改革,不要仅仅认为这些学校又在"掐尖",要给高校空间,让其探索怎么去行使、用好招生自主权。

自主招生改革要为考试招生制度改革探路

如何定位13年的自主招生改革?我认为,自主招生就是高考制度改革的一个过渡,通过在一定时间内的小范围试点,最终目标是让大学招生机构学会招生——不仅仅通过考试成绩,而是要通过一整套的综合评价体系,对学生做出全方位的整体性评价。归根结底,招生本身不是目的,它是对未来的投资,而非奖励过去的成绩。招生的终极目标,不是挑选高中成绩的拔尖者,而是选拔那些未来能够改变世界的优秀人才。

按照"摸着石头过河"的逻辑,当摸出一定经验的时候,就可以总结出"过河"的规律,方向明确、措施得当地顺利"过河"。难道大学招生机构不会招生吗?招生难道不是他们的本职工作吗?遗憾的是,时至今日,大学的确普遍没有学会怎么去招生。恢复高考三十多年来,大学充其量所做的,只是"录取"而非"选拔"。高校既没有接受过严格专业化训练的招生人员,也没有基于数据和统计的科学的招生方案。四所顶尖大学针对综合素质优秀学生出台的招生简章,虽然罗列了平时学业成绩、课外研究、公益活动等评审点,但感觉还是徒具其形,离真正的综合评价还有很大的距离。在进行综合评价的探索过程中,我认为高校招生机构不宜迫于明确招生标准的社会压力而轻易罗列各类招生名目,因为高考指挥棒的作用是非常强大的,如果大学列出的名目只是将学生课内的负担转化为课外的负担,最后比拼的仍然只是学生得奖和参加活动的数量,那将会催生另一种形式的应试教育,造成中国教育的另一场灾难。中国大学一定要探索出这样的综合评价体系——能考查学生在学习和做事的过程中体现出来的与众不同的特质。而发现这样的特质,对于大学招到适合自己培养的学生非常关键。

如果发现问题,就立刻从一个极端走向另一个极端,像烙饼一样,是无益于改革本身的。"一放就乱,一乱就收,一收就死,一死就放",这样的治乱循环不应当在教育改革中重演。直面改革中出现的问题,用耐心和务实的态度,采取富于针对性的措施,可能更有益于改革。进入深水区的改革并不容易,教育系统的综合改革尤为复杂。"深改元年"的自主招生新政,为今后一段时间的大学招生指明了方向。现在需要做的,是按照《实施意见》的精神,一步一步扎扎实实地推进,不断总结经验,为抵达考试招生制度改革的彼岸奠定更为坚实的基础。

2016 年 1 月 13 日初稿于无思居

2016 年 1 月 30 日定稿于 The University of Auckland,New Zealand

北京考生如何应对知分填报志愿？①

今年是北京市恢复实行高考后知分填报志愿的第一年。之所以说"恢复"，是因为15年前，北京市曾采用过这一方式，但一年之后旋即废止，改回原有的考前填报志愿方式。② 对于考生和家长来说，第一年最难熬，因为没有参照系。我曾在多篇文章中详细分析过高考后知分填报志愿的风险，其根源在于信息不对称。因此，除了在高考成绩榜单上位于北大和清华在京招生总名额之内的考生外，其他考生报考任何一所大学都会面临不同程度的掉档风险。当然，平行志愿会在一定程度上缓解这种风险。

根据我多年指导北京考生填报志愿的经验，如果北京考生在填报志愿时能够理性思考如下三个问题，将会有效地帮助你选择一个理想的大学。

第一个问题是，出京还是不出京？这是北京考生在填报志愿时面临的最重要的抉择。遗憾的是，多数考生在这个问题上做出了在我看来是错误的选择，因为他们往往死守北京，宁可上一所一般性的京内大学，也不愿意选择一所高水平的京外大学。做出这种选择的原因不外乎：离家近，未来在京就业，日后婚姻对象的选择，等等。这些理由并非没有道理，但考生和家长常常忽视了一个基本的事实：上大学本身不是你上大学的目的。上大学是为了接受好

---

① 本文曾发表于《高考志愿填报一本通》2015年5、6月中旬刊（《北京考试报》协办），北京大学考试研究院公众微信号"北大考试"2015年第2期（总第2期）。

② 实际上，高考前估分、高考后估分、高考后知分三种志愿填报方式，北京市都曾经实行过：1989年高考后知分填报志愿；1999年高校扩招，实行高考后估分填报志愿；2000年实行高考后知分填报志愿；2003年因为"非典"，临时改为高考后知分填报志愿。除此之外的大多数年份，北京实行的都是高考前填报志愿。

的教育，为未来的人生发展奠定坚实的价值观和能力基础。一个人未来的发展并不取决于你在哪里上大学，而在于你上的是哪所大学。即使从最现实的就业角度考虑，也是如此。不同的大学所提供的教育质量是有差异的。当你能够有机会接受好的教育的时候，为什么你要选择拒绝而去接受不那么好的教育呢？这难道不是一个很荒谬的选择吗？

考生和家长容易忽视的另一个基本事实是，人的成长是一个发展的过程。上大学不是终点，它只是学生求学过程中间的一个阶段。我们要用发展的眼光看待填报志愿。这意味着，你完全可以采取"曲线救国"的方式——在京外上大学，将来读研究生时再回北京。在目前的就业环境下，许多学生不会选择本科毕业就参加工作，而是需要继续攻读研究生。你在京外上大学，不意味着你将来就回不了北京，甚至回北京的几率更高，因为许多京外大学的教育质量很高；反之，你在京内上大学，不意味你将来一定能在京内大学读研究生，甚至成功的几率更低，因为许多京内大学的教育质量可能比不上京外大学。和打仗一样，填报志愿也要"出奇制胜"，如果死守着"马其诺防线"，不懂得随着形势的变化进行必要的调整，最终的结果可能是一败涂地。

第二个问题是，大学往年的招生录取数据的参考价值几乎为零。因为原有数据是在考前填报志愿的情况下产生的，这和知分填报志愿的情况完全不同。一个可以推断的结果可能是，大多数高水平大学的录取分数线都会提升。如果以自己已经明确知道的分数和排位去套用往年的数据，极有可能出现的风险是掉档。也就是说，在知分填报志愿的情况下，考生和家长原来积累起来的关于志愿填报方式的知识不再起作用，必须采用新的知识。如果知分填报志愿的方式已经实行了一段时间，后来者就可以参考前几年的数据进行分析和判断。问题是，在第一年实行的情况下，又该依据什么来做出判断呢？

一个可靠的参考性数据是排位。也就是说，你在所在中学参加当年高考的学生中的排序，以及你所在的中学往年考上某一所大学的人数。这个数据呈现出相当高的稳定性。一般说来，一所中学的教育质量基本上是保持稳定的；一个学生平时的学习成绩基本上也是稳定的；高考的发挥程度是基本稳定的，不大会出现超常发挥和发挥失常的情况，二者都是小概率事件；一所大学

研究真实世界的教育

在京招生名额基本上也是稳定的。这四个稳定性因素叠加在一起，就使得一个学生在全体考生中的排位变得更加稳定。从表面上看，高校录取学生的依据是分数，但从本质上来说，高校录取学生的依据是排位——高考录取是排序性竞争。因此，如果一个学生的高考分数排位和他（她）平时成绩的排位高度吻合——这是最有可能出现的情况——那么他（她）填报志愿的准确率就会相当高。如果不吻合，无非是两种情况：一种是高考成绩排位低于平时成绩排位。这时就要以高考成绩为准。因为最后录取的依据是高考成绩排位。另一种是高考成绩排位高于平时成绩排位。这时就要以平时成绩排位为准。因为你在填报某一所高校时，由于信息不对称，你并不知道全市有多少学生也要填报这一所高校。因为大家填报时的依据都是已经非常明确的高考成绩排位，很有可能会抬高该所高校的分数线。在填报人数超过高校招生名额的情况下，考生的掉档风险就大大增加了。这时候，如果你依据的是平时成绩排位，由于你的实际高考成绩排位是高的，你就会处在所填报高校的考生中靠前的位置，这样就降低了掉档风险。也就是说，在知分填报志愿的方式下，考生和家长千万要避免的选择是"就高不就低"，理性的选择是"就低不就高"。

第三个问题是，考生和家长必须要运用博弈论的知识进行志愿填报。博弈论的专门知识过于复杂，非专业的考生和家长很难具备，但你一定要运用博弈论的基本思维来进行分析和做出判断。博弈论思维的关键是，个人决策的结果不仅仅依赖于个人的行动，还必须依赖于其他人的行动。个人决策的结果受到利益相关者的决策影响。打一个简单的比方，下班回家时，有两条从单位到家的道路。一条路堵车，另一条路不堵。那么，你会选择哪条路线呢？最正常的选择是那条不堵车的路。但如果所有人都这么想，那条平时不堵车的路最后一定会堵车，而平时堵车的那条路反而会很畅通。也就是说，你走那条路出现的结果要依赖于其他人选择走哪条路。之所以出现这种现象是因为信息不对称：你在决定走哪条路的时候并不知道其他人要走哪条路。当你决定要走哪条路的时候，你必须知道其他人会选择哪条路，其他人也必须知道更多的其他人会选择哪条路。正因为如此，对于行车者而言，路况信息通报就变得极为重要——它通过技术手段降低了信息不对称。

高考志愿填报是典型的博弈。除了北大和清华之外,你在填报任何一所大学的时候,都不知道其他考生是否也填报了这所大学。其他考生也不知道你和更多的其他考生是否填报了该所大学。由于每一个人都根据自己确定的高考分数和排位进行填报,因此,在实行知分填报志愿的方式下,可以预料的一个结果是,很多大学都会出现"大年"——录取分数线暴涨,掉档的考生很多;但第二年,大家会害怕,又会出现"小年"——录取分数线暴跌,甚至出现断档。怎样避免这种情况呢?只有一个办法:你猜别人会怎么选择,然后根据你所猜测的别人的选择做出你的选择。在大家相互猜测的过程中,有一只看不见的手会引导考生的决策进入到一个均衡状态。但坦率地说,这只能在一定程度上缓解掉档风险,但不能从根本上解决掉档风险。这就是我为什么始终强调,知分填报志愿并不会降低而是会增大考生掉档风险的原因。那么,有没有什么技术性手段能够实现类似路况信息通报的功能从而减少信息不对称呢?内蒙古自治区招生办公室曾经探索了"实时动态志愿"的填报方式,企图解决这一问题。但正如我已经分析的那样,这种"炒股模式"依然不能从根本上解决信息不对称的问题,因为毕竟最后有一个确定的填报时点,在这一点上,你依然不知道其他人的决策是什么。

高考志愿填报是一项具有专门知识的工作,既需要对大学和专业本身有足够的了解,同时,个人的实力和胆识也是决定成败的关键性因素。此外,不得不承认,运气有时也会起到相当大的作用。

2015年4月16日初稿于北京大学经济学院
2015年4月20日定稿于北京大学经济学院

关于考试招生制度改革的三个观点[①]

我们生活的世界正在发生深刻的变化。和历史上的某些情形类似,有时候人们也许能够感知到这种变化,但更多的时候,除了极少数智者之外,绝大部分身处其中的人们对此一无所知。我们甚至不能准确地预测到明天会发生什么。也许一切如常,但也许就是翻天覆地的变化。谁知道呢?据我所知,经济学家和算命先生是最喜欢对未来进行预测的人,但遗憾的是,他们的预测往往和天气预报一样不准确。

面对生活中如此巨大的不确定性,教育也许是唯一的救赎之道。如果孩子们能够接受好的教育,在受教育的过程中能够学会更深刻地理解社会和世界,更深刻地理解他人和自身,消除彼此的偏见,克服自己的局限,掌握解决问题的方法,那么,无论未来面对的是何种变化,他们都不会感到恐惧和慌张,自信乐观,勇敢前行。

我们能够提供满足这种需求的教育吗?今天,全球的教育机构都在思考:我们要让学生学习什么?如何学习才能效果最好?教育理论层出不穷,教育技术日新月异,但面对真实教育世界里的一些基本问题,人们非但没有形成共识,有时分歧还相当大。的确,教师在课堂上传授知识,学生按部就班地上学、放学,取得一个又一个学历证书。做到了这些,我们就算完成了教育的使命了吗?在学生所接受的各种各样的教育活动中,哪些是有效的?哪些是无效的?

[①] 本文根据作者于 2016 年 4 月 24 日在哈佛大学教育学院举办的"哈佛中国教育论坛"上的演讲整理而成,曾发表于《中国考试》2016 年第 7 期。

哪些甚至产生了反教育的效果？我们发明了数不清的教育术语、标语和口号，除了把它们印在纸上和墙上，又有多少印在了学生的心中，并对他们的行为产生了实际的影响？对于这些问题，我们并没有想透，有些甚至根本就从未想过。实际上，当下的教育活动存在着相当大的浪费现象。有限的教育资源并没有被完全投入到那些能够真正启迪学生心智，对他们的成长产生实际效果的活动上——无论这些效果是短期的还是长期的。为了进一步提高教育质量，我们需要更集中的力量和更有效的资源配置。

也许更大的挑战在于，面对日趋严重的社会不平等，顶尖大学如何在不断提升教育质量的同时，为弱势群体提供更多的优质教育机会，从而实现卓越与公平的平衡。

在担任北京大学招生办公室主任期间，我所做的最重要的一项工作，是研究探索在中国的现实国情下，如何不完全依赖高考分数，而根据北大人才培养的特点和需求去选拔适合的优秀学生。因为我觉得，让一个经济学博士按照数字排序去录取学生，是对教育的嘲弄和人力资源的浪费——一个小学生就可以完成这项几乎不需要任何智力活动的工作。至少我应该设计出一个看起来复杂无比的数学模型。我必须干点更有挑战性的事。

我必须承认，在中国这件事的挑战性的确有点大。当这样做的时候，我遭到了激烈的批评。批评来自中国社会最根深蒂固的"不患寡而患不均"的思想。最具普遍性和号召力的观点是，只有看得见的分数才是确保公平公正的唯一手段。由此衍生出的两个批评是：只有在"真刀真枪"的考场上，农村孩子才能和城市孩子站在一条起跑线上；如果大学录取的标准是弹钢琴、跳芭蕾等所谓的综合素质，农村孩子怎么可能竞争过城市孩子？他们连钢琴长什么样都没见过！如果不按照看得见的分数录取，顶尖大学将很快成为权贵子弟的"俱乐部"。

这些也许代表了大多数人的观点说明，我们对大学招生的认识，还停留在一千年前古人对科举制选人做官的理解层面上，我们还没有从为国家、社会和人类培养能够产生推动作用的人的高度来认识现代教育。

在大学招生问题上，卓越与公平一定是对立的吗？让我们想象这样一个

研究真实世界的教育

社会：人们被分成数量差不多的两部分，一部分住在 100 层的摩天大楼里，另一部分住在只有 3 层的低矮建筑里。摩天大楼里的一层和 100 层距离很大，但由于配置了高速电梯，人们可以很方便地自由流动；低矮建筑里一层和三层没有什么差别。[①] 假如要你投票，你愿意住在哪里？

答案并没有那么简单，这取决于你是谁以及你对公平到底作何理解。看得见的分数一定是公平的吗？那只是人们的一种幻想，而且只有在极其严苛的条件下才能实现。人们只看到了分数的结果，却没有看到分数的生成。我们必须清醒地认识到，和三十多年前恢复高考时相比，今天的中国社会已经发生了根本性的变化。那时，几乎所有家庭在教育的投入上相差无几，今天，家庭经济状况的不平等已经深刻地影响到家庭对子女的教育投入——那些富裕的家庭可以雇用更有经验的教师，为孩子提供更富针对性的训练。所谓看得见的公平的分数，从生成的那一刻开始，就已经被深深打上了不平等的烙印。

有一种观点似乎很流行：只有考死记硬背的知识点，农村孩子才会有机会，因为和城市孩子相比，他们更能吃苦。这种观点很容易煽起人们在道德上的共鸣，却没有什么说服力。不要以为进了大学就万事大吉。这只是学生脱离父母，独立走上社会的第一步。为了实现未来的目标而牺牲当下在很多时候是必要的，但在教育上，有些牺牲永远无法弥补。我们应当抛弃"吃得苦中苦，方为人上人"的教育观念——有些苦是吃不得的，特别是那些可能摧毁孩子好奇心与创造力的苦，吃了就会中毒，终身无药可救。况且，人之所以上大学，是为了发现自我，追求社会的平等与进步；成为"人上人"，把别人踩在脚下这种事，还是少想少做些为妙吧。

谁说大学招生只能选拔会弹钢琴和跳芭蕾的学生？对大学招生如此简单化的理解是对大学使命和招生人员智慧与德行的侮辱。现代教育是一个如此复杂的系统，社会对人才的要求日益多元和丰富，为什么不能根据每个人所生存的环境和特点进行有针对性的考察呢？每一所伟大的大学都有伟大的使命，这样的使命必然折射到招生上。伟大的大学要培养引领未来，推动人类文

---

① Jerome Karabel, *The Chosen: The Hidden History of Admission and Exclusion at Harvard, Yale, and Princeton*. Houghton Mifflin, 2005, p.560.

明进步和社会发展的领袖人才，必须要求他们具有对社会深刻的洞察力，勇于承担自己的责任，敬畏和热爱生命。这些品质，并不依赖于你出身于哪个家庭，也不取决于你在上大学之前掌握了哪些令人炫目的技能。

的确，每个人的出身无法选择，但使命与生俱来。面对不同的分数，大学招生机构要区别：你的成绩不高，是因为本身缺乏资质，还是没有学习的机会。如果是前者，就没有必要一定要挤进顶尖大学——并不是每个人都必须接受高等教育，勉强接受反而害了自己；如果是后者，大学就要尽可能为你提供受教育的机会，因为你一旦得到了与资质相匹配的教育资源，就会像鱼儿游入大海一样，前途将不可限量。

其实，困扰今天社会和教育的，并不在于我们能够选拔出多少天资聪颖的学生，并教会他们更多的知识和能力，而是在于，那些从顶尖大学里走出的能力非凡的毕业生——能够进入顶尖大学本身就是对他们能力的肯定——当他们手握大权，掌握丰富的资源，能够影响社会的时候，却往往做出令人发指的愚蠢之事，非但没有推动社会的进步，反而给社会带来了巨大的损害。越是能力非凡的人，产生的危害越大。一个令人深思的问题是，许多为社会做出巨大贡献的人，反而没有接受过高等教育。因此，顶尖大学必须回答这样一个问题：如何确保从你这里走出的每一个毕业生，都能够对社会有所贡献而不是带来危害？

这是大学最重要的使命。要做到这一点并不容易。这意味着，招生机构并不是为哪一个个人负责，它要为大学的使命负责，更要为国家和社会负责。否则，仅仅把一定数量的学生按照分数高低录取进大学，这只是完成了必须完成的任务，却是彻头彻尾的不负责任。归根到底，顶尖大学要把那些具有非凡潜质的学生选拔出来——无论这些学生出身何种家庭——并把他们培养成为引领未来的人。你可以批评我过于理想化，但大学的确需要把负责任的人放在招生的位置上。大学是社会的良心。它只能净化，它必须净化。

事实上，中国政府已经深刻认识到了这个问题的严重性。2014年国务院发布的《关于深化考试招生制度改革的实施意见》中，明确提出未来考试招生制度的改革方向是实现综合评价，促进学生健康成长成才，但社会对此观望情

研究真实世界的教育

绪浓厚，总是担心一个不完全依赖于看得见的分数的招生录取制度会引发大面积的腐败和不公平。让我再次明确关于这个问题的三个观点：第一，看得见的分数不一定保证得了公平，因为家庭教育投入存在巨大差异；第二，包括分数在内的综合评价不一定保证不了公平，因为顶尖大学有选拔适合自己培养的学生的标准；第三，一个不完全依赖于看得见的分数的招生录取制度并非一定会引发大面积的腐败。实际上，是否会产生招生腐败完全取决于大学希望自己成为一所什么样的大学，以及分散的招生录取决策权和严厉的惩罚机制，等等。教育界、知识界和新闻界有责任把这个问题阐释清楚，从而发起一场21世纪的人才选拔的思想启蒙运动。

一千八百多年前，当整个社会以出身门第选拔人的时候，一位伟大的政治家鲜明地提出了"唯才是举"四个字，从此开创了一个新的时代。他的名字叫曹操。一千八百多年后，一个美国人说，"对像我这样背景的人来说，进入哈佛改变了我。而现在，当我知道自己有机会能让哈佛对有才华的人敞开大门——不管性别、种族、经济状况——这是一件让人振奋而有成就感的事情"。这个人叫威廉·菲兹西蒙斯（William Fitzsimmons），他重新定义了哈佛。

今天，就在这一刻，就在这里，请允许我向这位在大学招生界奉献了四十多个春秋的大师致敬，并以这种敬意结束今天的演讲。

2016年4月21日初稿于北大新太阳学生活动中心
2016年4月25日定稿于芝加哥飞往北京的UA851航班

第三部分

大学人才培养

你最需要的是知道自己未来要成为什么样的人[①]

2016年上半年,我去上海面试学生。学生们做了非常认真的准备,一个个光鲜亮丽,就像他们提供的申请材料一样。无一例外,每个学生都是学习成绩优异——至少位于年级前5%;艺术特长突出——至少会一种乐器;获得过各级科技创新奖励——至少是市级二等奖;热心公益事业——至少去敬老院给老人洗过一次脚,等等。在慨叹上海学生综合素质高的同时,我也隐隐有一丝遗憾:他们看上去太完美了,似乎看不出有任何缺点;他们看起来也太像了,就像是一个模具打造出来的一组"家具"一样。

包括他们在面试中的表现也很相像。一个个正襟危坐,面带微笑而不露齿;说话时吐字清晰,抑扬顿挫,仿佛在深情地朗诵一首诗。一个学生上来就说"子曰……"我打断他,问他叫什么名字,他告诉我之后,接着说"子曰……"我再次打断他,告诉他我不关心子怎么曰,我关心的是你想说什么。他却涨红了脸,一句话也说不上来。还有一个学生自信满满地坐在我面前,等着我问各种可能的问题,仿佛一切尽在掌握之中。我说:"我没有什么问题问你,你有什么问题要问我吗?"她完全没有料到我会提出这种问题,顿时惊慌失措,张口结

[①] 本文曾发表于《中国青年报》2016年8月15日第10版,题目为《这些"牛孩"的人生方向呢?》。编辑加了肩题:北大考试研究院院长面试学霸。《作文与考试》2016年第36期同题转载;《影响孩子一生的经典阅读》2017年第3期同题转载;《教育家》2016年第36期转载,题目为《秦春华:这些"牛孩"的人生方向呢?》;《云南教育》2016年第9期转载,题目为《北大考试研究院院长面试"学霸"后引发的思考——这些"牛孩"的人生方向呢?》;《教育文摘》2016年第11期转载,题目为《这些学霸缺少什么》。

研究真实世界的教育

舌,几乎要哭了出来。显然,所有的学生在来之前都经过了某种程度的面试培训,至少看过一点儿如何应对面试的"宝典",但可能没有人告诉他们,我并不感兴趣他们表现出来的是谁,我感兴趣的是真实的他们是谁。

最令我吃惊的是,当我问他们,"你希望自己未来成为什么样的人"时,没有一个人能答上来。学生们告诉我,他们压根儿就没有想过这个问题。

真的从来没有想过吗?其实不是。这个问题他们曾经想过的,只不过那是在很久很久以前,久到连他们自己都忘记了而已。小时候,每当大人问孩子,你长大了想当什么呀?孩子们总是兴高采烈地回答:科学家、宇航员、飞行员、警察叔叔(阿姨)……然而,当孩子们上学之后,这些问题就再也不曾被提起了,仿佛从来就没有出现过。上课听讲,回家做作业,上辅导班,这些才是学生生活的全部。至于孩子的兴趣是什么,长大后要成为一个什么样的人,过一种怎样的生活,似乎并没有人关心,即使孩子自己也不关心。几乎所有的老师、家长和学生只关心一件事:考了多少分,能上什么学校。

一个被公认为好学生的成长轨迹,或者家长想象中的完美教育路线图看起来是这样的:上当地最好的幼儿园;在上小学之前已经认识很多汉字,会做复杂的数学题,能够大段背诵很多经典名篇,讲一口流利的英语;之后上当地最好的小学和中学;考上中国最好的大学——北大、清华;本科毕业后去世界最好的大学哈佛,等等。当然,也有不少人从中学开始就瞄准了伊顿、埃克塞特等名校。且不说这些目标不是每一个人都能实现的,即使全部都实现了,那之后呢?人生的目标又在哪里?

这不是我的想象。这些年来,我在世界各地见过很多优秀的孩子,他们个个天资聪颖,勤奋刻苦,一路过关斩将,从未失手,总是处于同龄人中最顶尖的群体之中,挑选最好的学校和最好的班级,是其他人艳羡的"人家的孩子"。然而,几乎很少有人能体察他们内心深处的痛苦和迷茫。有不少北大或哈佛的学生告诉我,上北大或哈佛是他们从小树立的目标,但有一天当他们真的置身于无数次在梦中出现的校园时,却常常会陷入深深的焦虑之中:接下来又该做什么呢?仿佛一个登山运动员在珠穆朗玛峰上的困惑:下一座山在哪里?

人生需要目标,但社会、学校和家庭都没有教会孩子如何去寻找树立自己的目标。我们对人生和教育的理解太过单一,而且缺乏想象力。我们总是要求孩子要成功,要比别人强,要考上最好的学校,但很少告诉他们成功意味着什么,生活的幸福源自何处,什么是最适合自己的。教育被简化成了一条升学直线。所有的过程只为那个最后的结果而存在:上北大或上哈佛。没有人告诉这些孩子,上了北大或哈佛之后怎么办。难道自此之后人生皆成坦途,再不会遇到诸般烦恼困厄艰难?1923年,鲁迅先生曾经发人深省地问道:"娜拉走后怎样?"我也很想问一句:"考上北大以后怎样?"

上学是为了接受好的教育,但正如储蓄不能自动转化为投资一样,上学也并不意味着一定能接受到好的教育。我们之所以送孩子上学,并不是因为孩子必须要上学,而是因为他们要为未来的生活做好充分的准备。上学是一个人为了实现人生目标而必须经历的过程。在这个过程中,最重要的一件事是:认识到你未来会成为一个什么样的人。

做到这一点并不容易。每个人来到世间,都肩负了一个独特的使命,这是独立的个人之所以存在的价值。区别在于,有的人能够发现自己的使命,最终成就一番宏图伟业;有的人没有发现自己的使命,最终碌碌无为,苟且一生。就像婚姻一样,"一个萝卜一个坑",冥冥之中每个人都有自己的"唯一"。有的人找到了和自己相匹配的"唯一",婚姻就幸福;有的人没有找到,婚姻就不幸福,至少不快乐。人的一生虽然漫长,可做的事情看似很多,但其实真正能做的,只有一件而已。这件事就是一个人来到世间的使命。发现使命不能依靠"天启",虽然很多人的确是在梦中或灵光一闪之间突然意识到自己的使命,教育是最重要也是最根本的手段。教育的价值就在于唤醒每一个孩子心中的潜能,帮助他们找到隐藏在体内的特殊使命和注定要做的那一件事情。

这是每一所学校、每一个家庭在教育问题上所面临的真正挑战。和上哪所学校,考多少分相比,知道自己未来将成为一个什么样的人是更为重要和根本的目标。回避或忽略这个问题,只是忙于给孩子找什么样的学校,找什么样的老师,为孩子提供什么样的条件,教给学生多少知识,提高学生多少分数,这些都是偷懒的做法,也在事实上放弃了作为家长和教师的教育责任。实际上,一旦一个孩子认识到自己未来将成为什么样的人,他(她)就会从内心激发出

研究真实世界的教育

无穷的动力去努力实现自己的目标。无数的研究结果已经证明,对于人的成长而言,这种内生性的驱动力远比外部强加的力量大得多,也有效得多。我们应该清醒地认识到,人生不是一场由他人设计好程序的游戏,只要投入时间和金钱,配置更强大的"装备"就可以通关。一旦通关完成,游戏结束,人生就会立即面临无路可走的境地。人生是一段发现自我的旅程,路要靠自己一步一步走出来。认识到自己未来会成为一个什么样的人,就像是远方的一座灯塔,能够不断照亮前方的道路。

那么,怎样才能知道自己未来会成为一个什么样的人呢?换句话说,如何才能发现自己生命中的特殊潜质呢?每个人的方法可能都不同,但最重要的是要像那个只为"苹果"而生的乔布斯一样,倾听自己内心深处的声音,找到自己的真正兴趣所在,意识到你的一生将为何而来。一般来说,但凡优秀的人,做任何事的结果都不会太差,真正困难的是要辨别这件事是不是你真正喜欢的事情。判断真喜欢还是假喜欢的方法很简单,就是看你是否为之痴迷,是否能够心甘情愿、不计功利地为之付出时间和精力并始终坚持。真的痴迷是一种相思之态,白天想,夜里想,连做梦也在想,想到他(她)就情不自禁地笑起来,见到任何东西都会想起他(她),和别人说话的内容也全都是他(她),为之兴奋,为之发狂,甚至为之疯魔。那是一种沉浸在幸福中的状态。"不疯魔不成活",如果达不到这种状态,就算不上痴迷,也就不是真正的兴趣所在。

我建议,每一个学生,无论课业有多么繁重,每天一定要抽出一点时间来独处,给自己的心灵留出一点温柔的空间,在完全放松的状态下,听听内心深处的渴望。有时候,也可以拿出一张白纸,把自己的想法写下来。无论这些想法看上去多么幼稚,多么可笑,甚至骇人听闻都没关系,反正这是写给自己看的,与他人无关。

有人说,我就是对任何事情都没有感觉,不知道自己喜欢什么,甚至不知道自己不喜欢什么。那该怎么办?一个好办法是试错。不停地尝试所有的事情,在尝试的过程中不断去掉那些不喜欢的事情。给自己列一个负面清单。不要害怕失败。对于学生来说,失败的成本很小,只要没有被开除或退学,大不了还可以重新回到课堂,一切从头再来。

对自己要有足够的耐心。不是每个人都一定能够找到自己的"真命天子",那需要花费时间和心力。找不到的时候不要着急,慢慢来,但必须要坚持不懈地不停地寻找。找了不一定能找到,但不找就一定找不到。同时,还要对自己充满信心。既然你为这件事而来,那就谁也偷不走它,早一点晚一点找到都没关系,重要的是你要发自内心地喜欢。还记得美国那位77岁时才拿起画笔的摩西奶奶吗?她的故事告诉我们:只要你真正喜欢做一件事,那么在任何时候开始都来得及,哪怕你已经80岁了。

人生不仅仅是一段生命,还应当是一段有质量的生命。判断一段生命是不是有质量,就看每一天是不是你真正想过的日子。"朝闻道,夕死可矣。"只要找到了你真正喜欢的事情,即使只有一天,那也是幸福的和有质量的生命。

2016年8月6日初稿于Sudbury,MA,US

2016年8月10日定稿于MIT

中国大学教育质量下降了吗?[1]

近日,关于"中国大学教育质量下降"的讨论再度引起社会的广泛关注。这不是一个新话题。自20世纪末大学扩招以来,类似的声音不绝于耳。一个流传甚广的说法是:"今天的博士不如五年前的硕士,五年前的硕士不如十年前的本科。"这似乎不只是用人机构的评价,就连学生自己,底气恐怕也不足,不知道自己在大学里到底学到了多少有用的知识。然而,中国大学教育质量下降了吗?答案必须建立在一系列实证研究的基础之上,至少要提出诸如衡量大学教育质量的标准是什么、测算的数据是什么,以及统计分析结果的含义是什么等关键性问题。缺乏基于数据的实证研究,只是凭感觉就得出"中国大学教育质量下降"的结论,不仅草率,也无法形成有效的知识积累。

但有时候感觉也的确反映了部分事实。一方面,本科毕业生的就业形势越来越严峻,不得不选择继续攻读硕士和博士学位,不断推迟就业的时间节点;另一方面,用人机构迫切需要各类人才,但放眼望去,几无可用之人,寻找合适的员工变得越来越困难。劳动力市场上供需之间的矛盾,尤其是结构性矛盾正在加剧。

这说明大学的产品——本科毕业生——没有满足社会对人才的需求,至少没有充分满足。为什么会出现这种现象呢?我认为,除了快速扩招,盲目扩大规模和大学对教师的考核评价方式等原因之外,至少还有三个更为根本性

---

[1] 本文曾发表于《光明日报》2015年10月13日第13版(高等教育版),题目为《三个弊端严重影响高等教育质量》。《新华文摘》2016年第一期全文转载。

的弊端——我称之为"刻舟求剑""陪太子读书"和"纸上谈兵"——正在严重影响中国大学的教育质量。如果不能克服这些弊端,建立起全新的教育模式,大学教育质量的实质性提高就是一句空话。

"刻舟求剑"是指当前本科教育严重滞后于外部世界的快速发展。从国际来看,发达国家,尤其是美国正在引领新一轮技术变革的浪潮,互联网以及其他新兴技术开始颠覆整个传统社会的结构和运行;从国内来看,经过三十多年的高速增长,中国已经进入工业化后期阶段,正在步入后工业化时代。当代社会的一个显著特征是,技术变化的速率远远超过了历史上的任何一个时期。这使得自19世纪以降以培养专业化人才为目标的大学教育体系遇到了越来越严峻的挑战——它根本跟不上步伐。正如谷歌公司高级副总裁罗森堡所说:"不要成长为一个专才,因为工作会变。当下科技的脚步变化太快,专才会无所适从。"

更大的麻烦在于,二十年后,世界也许会变成一个用我们今天的知识和眼光根本无法理解的世界。那时候人们所面临的问题,可能和今天的完全不同。这意味着大学毕业生将不再可能从已有的"知识储备箱"中去寻找问题的答案,而只能根据新的变化了的情况,通过合作和协调,共同解决面临的难题甚至是危机。这就要求大学教育必须摒弃"以知识传授为中心"的专业化教学模式,建立以激发学生的潜能,培养合作精神,理解不同文化和价值观,提高他们发现问题、提出问题和解决问题的能力为主要目标的新的教育模式。

然而,自1952年按照苏联计划经济模式相应建立起以高度专业化为特征的高等教育体系以来,专业化思想就在中国大学里根深蒂固。不只是大学,社会的认识也大体如此。如果学生不学点看得见摸得着的实用性技术,就像南方人没吃米饭一样,心里没底儿。大学抛弃了古代中国教育中"重道不重术"的优良传统,正在退化为职业技术培训所——不是说职业技术培训所不重要,而是它们和大学承担着不同的使命——使得通识教育的推行在大学里往往会遭到强烈反对,分外艰难。一个危险性的信号似乎还没有引起人们的足够重视:面对变化速度如此之快的外部世界,学生在大学里接受的专业化训练程度越高,毕业之后适应、调整、转化的余地可能就越小。就好像那个在船舷上刻

研究真实世界的教育

下记号的楚国人一样,又怎么可能找到自己的剑呢?

"陪太子读书"是指大学教育的资源配置不合理,浪费现象严重。本科教育的培养目标到底是什么?这个根本性问题我们还没有想清楚。按照现行的组织结构和管理体系,大学是由各个专业院系组成的。它们是大学里的"诸侯",各自有自己的特殊利益,未必和大学的整体利益相一致。院系的管理者和教师,最关心的是专业教育。这不仅因为这是他们的偏好,也是其利益所在。由于长期专业训练的影响,在教学过程中,他们往往容易习惯性地按照培养专业科研人员的思路和模式去设置课程,组织教学——就像其老师曾经做过的一样——力图使每一个学生的专业基础更扎实,专业能力更强。实际上,这是研究生的培养模式,而不是本科生的培养模式。

但问题在于,不是每一个进入大学的学生未来都想从事专业领域的科研工作,社会也不需要所有大学毕业生都从事科研工作。更显著的事实是,绝大多数学生不想也不会从事科研工作,同时,社会能够提供的科研就业岗位非常有限。统计数据显示,一般说来,各专业本科毕业生最终从事本专业科研工作的比例不超过10%。即使在科研领域内部,根据一项对近年来诺贝尔奖得主所学专业的研究,大约85%的生理和医学奖获得者也不是生物学专业毕业的。既然超过90%以上的人毕业后都不会从事专业科研工作,为什么要按照培养不到10%的科研人员的模式去组织本科教学呢?大学和院系为什么要把全部的资源和精力投入到不足10%的人身上呢?为什么要让超过90%的学生成为不足10%的学生的"陪读"呢?这不是巨大的浪费吗?看来,更合理的资源配置模式应当是,"你走你的阳关道,我走我的独木桥",将学校的大部分本科教育资源按照不是培养专业科研人员的方式投入到超过90%的学生身上,而将小部分资源按照培养专业科研人员的方式投入到不足10%的学生身上,各尽所长,各得其所。

历史上,美国顶尖大学也曾出现过类似的争议:本科教育应当采取和研究生教育同样的模式吗?大学所要招收和培养的学生,到底是以成为学者、科学家、大学教师或研究博士为目标,还是成为未来在各行各业取得成功的领导者?如果是前者,招生时就应当尽可能挑选那些学业成绩最优秀的学生;如果是后者,招生时除了要考虑学业成绩之外,还必须参考那些对于取得成功而言更为关键性的素质:动机、热情、坚韧、道德责任感和社会活动参与能力,等等。20世纪60年代,当美国受到苏联航天科技最强有力的挑战,对科技人员的需求超过历史上任何一个时期时,对此的争议也达到了白热化的顶点。但即使是那时,哈佛、耶鲁、普林斯顿和斯坦福等最顶尖的私立大学也没有选择前者,而是坚定地以培养各行各业的领导者为大学的根本使命。后来的事实证明,它们当初的选择是正确的。

本科阶段,大学不仅要教给学生具体的知识,更重要的是,如何通过有效的教学活动,激发他们的好奇心、热情、勇气和坚韧不拔的意志,培养他们独立思考的习惯和对不同文化的尊重与理解,提高他们对事物的敏感度、洞察力以及对自己和他人的责任感,等等。对于今天的大学教育而言,这是更为基本的挑战,也是社会对于大学毕业生素质的要求。当学生走出校门时,大学给予学生的到底是什么呢?是毕业证书、成绩单,还是别的东西?我曾经请几位大公司的CEO列出企业在招聘员工时最看重的素质,其中重合度最高的是:人品好、身体好、人缘好和想法多。至于大学和学生最看重的考试成绩、英语熟练程度和艺术特长等,他们根本就不在意。面对如此之大的差异,大学又该做出怎样的努力去满足用人机构的这些需求呢?

"纸上谈兵"指的是书本理论知识——许多实际上已经过时——过多,缺乏与实践生活的系统性联系。学生背诵了大量用来应付考试的理论、名词和术语,却缺少对真实世界的认知、理解和同情,甚至漠不关心。以经济学教育为例,许多学生对帕累托改进、柯布—道格拉斯生产函数、勒拿指数和精炼贝叶斯均衡等模型和术语滚瓜烂熟,却看不懂一张基本的企业财务报表。这不是令人奇怪的现象吗?一学期18周的教学计划中,至少有17周是在教室里度过的,学生又怎么可能有机会了解到真实世界里到底发生了什么呢?

脱离实际的教学严重损害了学生的创造力,使他们只会根据现成的理论、知识和数据去做外围性的辅助工作,却很难独辟蹊径、无中生有地进行开创性的领导工作。学生的学习、模仿能力很强,但提不出独创性的思想、方法和模式,一旦面对一个前所未有的新领域或危机,则茫然不知所措。这是中国社会

研究真实世界的教育

缺乏自主创新成果的根源,也是面对重大灾害时行动效率低下、损失巨大的重要原因。的确,在全球化的互联网时代,我们可以很快把欧美的新东西引入国内,甚至因为中国市场的广大而取得比欧美国家更大的成功和商业利益,但为什么我们自己就不能提出一个全新的东西——比如 Google、Uber、Twitter,等等——让欧美发达国家来模仿中国呢?

美国顶尖大学本科教育的一个重要特点是千方百计提供各种机会,增加学生与社会的接触。以 MIT(麻省理工学院)为例,它的核心理念是"关心真实的科技与世界"。教授鼓励学生提出各种各样匪夷所思、稀奇古怪的想法,并动手把它做出来。有时候,教授会把学生丢到印度一个穷乡僻壤中,在没有网络、没有数据、没有资料、没有任何前人研究成果的情况下要求学生研究真实的事件和问题。有趣的是,美国顶尖大学的课堂对笛福笔下的鲁滨孙特别感兴趣,常常要求学生设想如果自己处在鲁滨孙的环境下,应当怎样解决面临的各种问题。许多经济学、社会学、法学和政治学的理论就是从对鲁滨孙的讨论开始的。

因此,和"中国大学教育质量下降了吗"相比,更有价值的问题也许是,每一所大学应当根据自己的特点,反思如何改善自己的本科教育,以更好地满足学生和社会的需求。这是大学赖以生存和发展的根本。毕竟,在一个全球化竞争的时代,如果你不能满足学生的需求,他(她)可以"用脚投票",选择自己满意的教育。社会机构也是一样。

2015 年 8 月 6 日初稿于 Princeton University
2015 年 9 月 19 日定稿于 Princeton University

本科教学面临的挑战①

中国教育正呈现出一个显著的吊诡现象：一方面，在"不能输在起跑线上"的焦虑心理作用下，学生开始学习知识和掌握技巧的时间一再提前，小学中学化，幼儿园小学化，勇往直"前"，恨不得提前到娘胎阶段，留给孩子们用于玩闹的时间越来越少；另一方面，大学对招进来的学生评价越来越低，不得不下大力气去补基础教育落下的"功课"，纠正基础教育的偏差，重新培养学生的兴趣和好奇心，提高他们的认知能力和科学素养。教育是一个连续的接力赛，前一棒的任务没有完成，后一棒就不得不先把前一棒的"旧账"还上，才能启动自己的赛程。但现实往往是"旧账未了，新账又来"，高等教育自身所面临的困境和挑战也需要大学提供更强有力的解决方案。在前后两方面作用力的夹击下，中国大学的人才培养质量与社会需求的预期渐行渐远，由此导致了目前中国社会另一个显著的吊诡现象：一方面，企业和各类机构迫切需要能够开拓事业，承担责任的各类人才，但放眼望去，几无可用之人；另一方面，每年数百万的大学毕业生急于落实工作单位，却发现很难找到愿意雇用他们的机构，就业压力越来越大，迫使政府不得不一再出台各类治标不治本的激励措施。市场是最敏感的。如果用人机构愿意支付给大学毕业生的薪水低于农民工，那只能说明它们对大学毕业生的评价或者说大学毕业生为它们提供的价值低于农

---

① 本文曾发表于《中国大学教学》2015年第12期，题目为《学生评价与本科教学面临的挑战》。合作者为北京大学招生办公室副主任兼考试研究院副院长林莉。删节版转载于《中国教育报》2016年2月29日第2版，题目是《本科教学面临的挑战》。《青年教师》2016年第4期转载，题目为《基础教育真正的价值》。

研究真实世界的教育

民工。劳动力市场上供给和需求之间的非均衡,根本原因在于大学人才培养质量的事实性下降。

这种现象并非中国独有。即使在当今教育最发达的美国,情况也并不令人乐观。高等教育的成本直线上升,但社会对大学人才培养质量的评价却并未随之提升。延续了数百年的"学历＝能力"公式似乎受到现实社会越来越强有力的挑战,也迫使美国顶尖大学开始重新思考和定位本科教育教学的形式与内容,以更好地满足社会需求。一个看起来正在发生的事实是:我们生活的这个世界已经出现了一些根本性的变化。

的确,我们正处在一个飞速变化的世界,其变化的速率正在超越人类想象力的边界。大学的根本任务是人才培养,但大学并不完全为当下的现实世界培养人,更重要的是,大学所培养的人将要面对未来的世界——一个可能和现在完全不同的世界。二十年前的人能够想象到我们今天所生活的世界吗?不能,正如今天的我们也同样无法想象二十年后的世界将会怎样。因此,本科教学的本质,不在于教给学生过去的具体知识和技能——这些知识和技能即使不会过时,也很难应对未来世界的变化——而在于激发学生的潜能,提高他们处理复杂资讯的能力,启发他们探索未知世界的勇气和好奇心,使学生能够面对未来一个完全不同的世界,帮助他们解决未知世界面临的难题。

要实现这些目标,需要具备一系列条件。然而,中国的本科教学正面临着相当严峻的挑战,无法适应正在发生的深刻变化。

首先,学生越来越不提问题,不会提问题,也提不出有价值的问题。学生很少有提问题的欲望,不知道问题在哪里,即使勉强提问,提出的也很难称其为问题。[①] 在传统的"演讲式"课堂里,学生不提问题尚可蒙混过关——他们只需带着耳朵来听即可,甚至不听也没有关系,因为教师无法进行有效监控。在新的"研讨式"课堂中,不提问题就会产生非常严重的后果:一是无法组织教

[①] 我曾经做过一个实验。有一门经济学专业课我讲授了十年。在第二年的时候,当我讲授一个原理时,一个学生打断了我,指出我可能忽视了一个条件,因此结论是不完整的。他说的是对的。后来,当我再讲到这个地方的时候,我故意按照原来的内容讲,看看学生们是否还能够提出相同的问题。第四年和第五年都有学生指出了这个漏洞。但在最近的五年里,没有任何一个学生能够发现问题的所在。

学。"研讨式"教学要求学生在课堂上讨论,讨论就要提出问题,提不出问题讨论就无法开展。二是教学质量降低。课堂时间极为宝贵,如果学生不提问题,时间就会在沉默中飞速流逝,学生不能在课堂里接受必要的训练,其结果将比原先的"演讲式"教学还差——在那里至少他(她)还接受了一些信息。三是无法产生实际的教育效果。由于无法组织有效的课堂教学,学生在课堂里接受不到对他们而言极为重要的批判性思维训练。事实上,如果教师和学生都没有做好充分准备和接受过良好训练的话,"研讨式"教学就只会变成一个吸引眼球的教育改革措施,却起不到任何实际的教育效果。

其次,学生正在丧失极为宝贵的思考能力。他们习惯于跨越过程,直奔结果。问题的关键在于,只要是结果,就一定是确定的,无非是好的结果和不好的结果而已。但全球化带给我们最重要的挑战在于,我们现在和未来所面对的世界,具有越来越大的不确定性。在最极端的情况下,我们甚至不知道明天会发生什么。如果学生不能从过程入手去思考、分析、研究问题,而只追求结果的话,他们一旦面对巨大的不确定性时,将会手足无措,陷入迷茫和恐惧之中。反之,如果学生不断养成思考的习惯,特别是形成了批判性思维的话,当他们面对一个不确定的世界时,至少他们心里不慌,知道该从哪里入手去解决问题。

最后,学生花费了大量的时间上课、上网,却很少读书。由于思考能力的丧失,学生对未来产生了深深的迷茫和恐惧。他们不得不选修大量课程,企图通过学习知识使自己充实起来,用课程填充时间。在他们的意识里,无论外部世界如何变化,只要有一技之长在手,心里就有底儿。然而,当面对未来一个完全不同的世界时,你现在所掌握的技能性知识也许不能帮助你有效地解决未来面临的难题。于是,一个奇怪的现象出现了:学期开始时,学生拼命地选课修课,力图使自己充实起来;学期结束时,却发现自己陷入了更深的迷茫和空虚之中——除了拿到了一个分数外,还剩下些什么呢?再加上互联网和智能手机的普及,学生基本上没有时间去读书,因而更没有时间去思考,导致思考能力进一步退化。

这一切是如何发生的?现在看起来,问题可能主要出在考试招生制度的

研究真实世界的教育

评价上。长期以来,由于大学招生的唯一依据是高考成绩,学生进入好大学的唯一路径是尽可能提高自己的分数,迫使中学、家长和学生不得不将全部精力投入到旨在提高分数的大规模重复性训练中,由此逐步形成了上述三方面的挑战。

第一,学生不需要提出问题,只需要回答已知的答案。所有的笔试都不需要学生提问题,也没有给学生提供提问题的机会。因而,在围绕考试所进行的训练中,当然不会给培养学生的"问题意识"留出任何时间,只会在不断的重复中提高学生填写唯一答案的技巧。在长期的应试训练中,学生逐步丧失了提问题的兴趣和能力。

第二,学生不需要思考,只需要熟练和准确。经过近四十年的高考,围绕知识点的题目几乎枯竭。在"减负"的压力下,高考题目越出越简单——这一点集中体现在北大清华的录取分数线逐年攀升上。能够在考试中拿到高分的唯一办法是提高对试题的熟练度、准确度和反射速度。思考过程被省略了。换句话说,在这样的考试中,学生已经不需要思考,只需要在最短的时间里反应出唯一的正确答案。据说,最新的互联网技术已经可以通过人工智能将反射训练做到极致,甚至可以将学生眼球停留在某一知识点的时间精确到毫秒,以监测其对知识点的纯熟度,并进而提供针对性的解决方案。这已经不是在教育人,而是在训练毫无感情可言的冷冰冰的机器。

第三,学生不需要读书,只需要搜索和获取答案。对于实验室里的小白鼠而言,是否理解面前的符号已经无关紧要,重要的是看到了符号之后生理上的条件反射。因此,在大规模重复性训练模式下,读书和思考不仅没有必要,反而会带来副作用——在读书和思考上花费的时间越多,就意味着花费在做题训练上的时间越少。在学习总时间既定的情况下,学生的选择当然是不读书。

这种旨在提高学生对已知答案的敏感度的高强度训练的确可以有效提高学生的考试成绩,但问题的关键在于,未来没有任何人会给你提供确定的答案,所有的答案都需要你自己去探求和追索。当教育机构不断提高学生对已知答案的熟练程度的时候,社会和用人机构却要求离开校园的毕业生自己去寻找解决问题的方案——没有任何人知道的答案——甚至需要他们自己去寻找问题。南辕北辙的两个目标又怎么可能实现匹配呢？

那么，该如何解决这些问题呢？首先，必须下决心改变大学招生录取的"指挥棒"。这似乎是一个老生常谈，但现在我们面临的形势更加严峻。经过近四十年的高速增长，中国经济的后发优势几乎消耗殆尽。如果不能从创新性人才培养出发从根本上实现中国人的自主创新，我们陷入"中等收入陷阱"只是时间早晚问题。更重要的是，缺乏自主创新核心技术将会延缓经济增长速度，进而影响就业岗位的提供，最终体现为失业率的上升，影响宏观经济稳定。我们必须清醒地意识到，经济增长和社会发展是相互影响、相互制约的整体，谁也不能独善其身。教育机构不能只满足于让学生毕业就万事大吉。如果毕业生的质量不能满足社会需求，最终也会影响教育机构自身的生存和发展。值得庆幸的是，政府已经意识到这个问题的严重性，在2014年9月出台的国务院《关于深化考试招生制度改革的实施意见》中，明确提出了未来考试招生制度改革的方向是实行"综合素质评价"，力求打破应试训练的"魔咒"，为解决这一问题指明了方向。现在的关键是不宜在枝节问题上纠缠不清，而要充分发挥微观教育单位的积极性和创造力，加快研究和落实具体方案。

其次，基础教育阶段要加强对学生思维和思考能力的训练。中学和大学只是教育的不同阶段，这意味着，尽管在两个阶段里学生学习内容的广度和深度有所不同，但学习方法应该是大致相同的。因此，完全可以在中学阶段引入大学的学习方法和教学方法。现在的问题是，不是大学在影响中学，而是中学应试训练模式由于惯性作用在侵蚀大学的教学。在这方面，我们应当借鉴美国教育的成功经验，通过大学先修课程和研究性课程等方式，提早帮助学生形成正确和有益的学习思维习惯。

最后，要通过课程激发学生兴趣，引导他们养成终身阅读的习惯。现代社会的飞速发展早已使人们意识到，学习是终身的使命。没有任何人能够一劳永逸地用在学校里掌握的知识和技巧应对复杂的社会问题。因此，大学会为社会提供各种各样的继续教育机会，企业和机构也会为自己的员工提供进一步的职业和非职业的培训，目的都在于使人们能够保持"不断充电"的状态。但无论何种培训，都无法替代终身阅读习惯带给人的价值。终身阅读习惯不

研究真实世界的教育

仅为解决未来面临的难题提供了思路和方法,更重要的是,它可以帮助人克服在人生发展历程中可能面对的各种各样的挫折和困境。在最艰难的时刻,在走投无路的时候,那些前辈先贤的经典会带给人智慧、勇气和信仰。这样一种宝贵的习惯,如果到大学再去培养,显然是太迟了。最好是在中学阶段,通过课程本身的学习,就可以使学生在不知不觉中喜欢阅读,勤于思考,这才是基础教育真正的价值。

2015 年 5 月 26 日初稿于珠海北大附属实验学校
2015 年 6 月 16 日定稿于北京大学经济学院

在课程中实现本科教育目标[①]

一、对"三个课堂"的批评性反思

大学需要为本科教育设立一系列目标,如培养学生的创新精神、实践能力、批判性思维和国际视野,等等。传统的观点认为,这些目标主要通过三个途径实现:第一课堂、第二课堂和第三课堂。第一课堂指课程,包括各类必修课和选修课。课程的主要特征是具有特定的教学内容,特定的场所,特定的时间,以及特定的人。第二课堂指校园文化,包括党团组织、学生社团和各种各样的文体活动等。校园文化的主要特征是"润物细无声",强调"以空气养人"和潜移默化的熏陶。第三课堂指实践,包括暑期社会实践、勤工俭学和实习等。实践的主要特征是将学生置身于真实的生活之中,增加他们接触社会的机会,理论联系实际。"三个课堂"共同发生作用,促进学生成长,实现本科教育的多重目标。

这种分类固然有一定道理,但立足于本科教育发展的新视角,它在解决了一部分问题的同时,却带来了更多的问题。从表面上看,"三个课堂"非常强调对学生素质和能力的培养,但实际上,它们往往停留在口头和文字上,大学很少为本科教育目标的实现真正采取多少实质性的主动措施。如果继续沿袭这种陈旧的思维,非但不能实现理想中的本科教育目标,甚至会在相当大的程度上降低本科教育的质量。

[①] 本文曾发表于《中国高等教育》2016年第9期(总第564期)。

研究真实世界的教育

第一,它严重降低了课程本身的价值,使课堂退化为仅仅只是传授知识的场所。课程是本科教育最重要的元素,课堂是学生接受教育最重要的载体,上课是学生上大学最主要的行为方式。大学的组织运行,主要的根据是课程和课堂;学生的大学生活,主要围绕着课程和课堂开展;判定大学的质量,师资力量是最重要的评价指标。学校什么时候开学,什么时候放假,要根据教学计划来安排;学生能否顺利毕业,要看课程成绩是否合格;不同专业之间的区别,主要是不同的专业课程设置,等等。如果没有课程,大学就失去了存在的价值和意义。

然而,奇怪的是,无论是社会还是学生,最不重视的就是课程。这一点在用人机构招聘员工时看得最为清楚。学生在求职时发现,几乎所有的用人机构都不重视甚至不在意他们的课程成绩单。用人机构在筛选简历时最感兴趣的,是他们的学校背景——只要是名牌大学的毕业生,专业和成绩都不重要;其次,是他们是否担任过学生干部或某个学生组织的"头儿";最后,是他们是否具备在某一领域的专业背景和工作经验。在做出录用与否的最终决定时,要依据包括学生面试表现在内的一系列综合素质。在所有的招聘环节中,大学课程成绩都不在考虑清单之列。只有在两个关键节点上课程成绩才会起到作用:首先,它决定了学生是否能够毕业——成绩不合格,必须重修;不合格的课程达到一定数量,必须退学。其次,它决定了学生是否能够顺利进入下一阶段的学习,比如保研和出国。即便如此,在这两个环节中真正涉及的只是少部分学生——比如,前5%和后5%——对于大多数学生而言,课程成绩高低对于他们而言几乎无任何影响。

学生也普遍不重视课程学习和成绩。由于他们从用人机构的行为中观察到课程成绩对于其就业和未来发展毫无作用,与课程学习相比,他们更愿意把时间和精力投入到那些能够增强其就业竞争力的技能上,例如,英语、各种能够证明其能力的资格证书,以及课外活动,等等。由于无法从课程中获得足够的动力和目标,他们常常在思想上处于困惑和迷茫之中:一方面,不知道课程学习的价值和意义何在;另一方面,作为学生,学习难道不是他们的天职吗?十多年的学习生涯,已经使他们养成了不得不上课的"习惯"。然而,为什么要上课？上课意味着什么？上这些课有什么用？不上课又能干什么？对于这些问题，学生并没有一个清晰的答案，甚至根本就没有思考过。实际上，当代大学生对于课程学习的态度——比如大量的"60分万岁"现象——都可以从这里找到原因。

第二，它严重扭曲了人们对于本科教育本应有的正确认识，本末倒置，并造成了事实上的思想混乱。课程是大学之本，本立而道生。没有人会否认大学教育应该培养学生各方面的素质和能力，但这些素质和能力应该通过何种途径获得，却存在颇多争议。我认为，课程教学是培养学生素质和能力最重要的手段和途径，不能把希望完全寄托在校园文化身上。充其量，校园文化只能起到有限的补充作用。我们要清醒地认识到，那些经过千锤百炼的课程体系的系统性、严谨性和科学性是任何其他载体所无法比拟的。一方面，在长期教学相长的实践中，在大量科学研究的支持下，学生在课程学习的过程中，通过阅读、思考、练习和讨论，逐步领会教师是如何从平平无奇的现象中发现和提出问题的，又是如何思考和解决问题的，以及他们做人做事做学问的风范。这种"老母鸡带小鸡"的修行，是开阔学生视野，训练学生思维，培养学生素质，提高学生能力的最主要的方式，是本科教育的"正规军"，校园文化只能作为"游击队"。另一方面，课程体系的系统性、严谨性和科学性，恰恰是校园文化最缺乏的。校园文化的特点刚好与课程体系相反。它是松散的、无序的和随意的，看不见，摸不着，人们无法把这团"气"通过有意识的行为聚拢在一起。事实上，如果真那样做了，校园文化也就失去了灵魂和活力。

当然，我无意否认校园文化在学生成长过程中所发挥的重要作用。大量的研究已经证实，学生从课堂之外学到的东西要远远多于在课堂中学到的；学生从同学身上学到的东西也要远远多于从教师身上学到的。但这恰恰说明，大学课程没有起到应有的作用，没有满足学生的需求，质量还需要进一步提高。如果"正规军"无法承担起有效的责任，当然不得不依靠"游击队"，但现代社会对大学教育的要求和期望如此之高，单靠"游击队"已经不可能完成任务，必须让"正规军"承担"正面战场"的"作战"，而让"游击队"在侧翼进行呼应和补充。

研究真实世界的教育

第三,它加剧了理论和实践的脱节。大学有其自身的局限性,从"象牙塔"这一略带嘲讽的称谓就可见一斑。教授们只关心自己感兴趣的领域和研究,往往脱离现实。此外,知识分子的清高,大学为了保持自身的独立性而有意识地和社会保持一定距离,都在一定程度上阻碍了大学融入真正的现实生活。原本实践教学是课程的重要组成部分,对于工科院校来说更是如此。但现实情况是,多数课程没有重视实践环节,或者仅仅把实践作为点缀,没有使实践产生实际效果。"第三课堂"概念的提出,表面上看似乎是强调了实践的地位,实际上是把实践教学这个最重要的环节从课程中抽取出来了。问题的严重性在于,由于"第三课堂"缺乏有效的组织和管理,使得对于学生成长极为关键的实践在本科教育中处于事实上的边缘化状态,除了少数专业之外,社会实践只是学生大学生活的"调味品"而非"必需品",没有起到帮助学生更好地理解社会,提高解决实际问题能力的作用。

事实上,课程,只有课程才是本科教育的核心和魅力所在。几乎所有的本科教育目标——批判性思维也好,表达能力也好,公民意识也好,甚至是就业竞争力——都完全可以通过课程实现。只要大学能够把主要精力投入到一门一门课程的建设上,只要教授能够负责任地把每一门课程上好,就可以在课堂内满足学生对于本科教育的基本需求。当然,校园文化和社会实践在人才培养过程中仍然会起到巨大的作用,但它们的价值在于"锦上添花",是补充品而不是替代品。

二、在课程中实现教育目标

从 2006 年秋季学期开始,我为北京大学经济学院本科生开设了专业选修课——信托与租赁。① 这是一门融合了经济学和法学的基本原理,理论与实践有机结合的具有交叉学科性质的课程。我借鉴了世界一流大学通行的授课方法,综合小班教学、启发式教学、案例式教学和实践教学的特点,以课堂讨论

---

① 《启发式教学与学生自主学习的探索——信托与租赁成果报告》获 2012 年北京大学教育教学成果奖一等奖。

为主要形式,强化学生的参与意识,激发他们的自主学习动力,取得了显著效果。在十年的教学过程中,我深深体会到,课程教学本身完全可以实现本科教育的多重目标。

团队合作 团队合作是现代社会最重视的能力。无论学生未来从事何种职业——即使是学术工作——他(她)都需要和其他人合作来实现某个目标。在用人机构的评价清单上,团队合作能力排在第一位。但认识到团队合作能力的重要性是一回事,怎样训练、培养和提升学生的团队合作能力是另一回事。传统的观点认为,团队合作能力主要是通过校园文化获得的。的确,学生在某个学生社团里或组织某个学生活动的过程中,会逐步学会和他人的相处与合作——他(她)不得不这样做,否则无法完成任务。这当然没有错,但这种观点忽视了本科教育在培养学生团队合作能力中的主动性,不负责任地将这项社会最重视的能力培养置于消极、自发和被动的状态之中,没有使全体学生获益。既然团队合作能力在本科教育中的地位如此重要,大学就必须采取更加积极的态度和措施,通过富于针对性的课程设计,使每一位学生都能不同程度地获得这项对他们而言具有重要意义的能力,提高他们在未来的竞争力。

之所以认为课程不能承担培养学生团队合作能力任务的主要原因,是传统课堂的组织形式和教学模式。在几百人的演讲式大课堂里,教授一个人在台上讲,学生在台下被动地听,当然不可能有任何机会去体会和锻炼团队合作能力;但如果是十几个人的小组研究式小班课,则完全可以实现这一目标。四五个学生组成一个小组,围绕一个问题进行研究,查找资料,分析问题,寻求解决方案,彼此之间既有分工,又有合作,在共同完成一项具体任务的过程中,能够学会如何尊重他人观点,协调不同意见,实现和他人的合作。

即使是学生做报告,也可以培养他们的团队合作能力。报告是新教学模式中常见的一种形式,可以有效锻炼学生的口头表达能力。有意思的是,几乎所有的学生都喜欢独立做报告,即像教授一样在台上一个人演讲。当我要求他们必须采取小组报告——至少是两个人——的形式时,所有的学生都表示反对。这一点并不难理解,因为他们怕麻烦,独立报告要简单得多。但如果学生有机会多参加一些国际会议,就会发现,两三个人一起就某个问题做报告是

研究真实世界的教育

更常见的现象。

有一次,学生甲代表小组做主报告,由其他同学进行补充。甲围绕一个问题介绍了两个方案。其中,方案一介绍得比较详细,方案二则一笔带过。结果,他的报告还没结束,小组里的其他同学马上打断他,把方案二又做了详细解说。为什么会出现这种情况呢?原来,甲平时很少在课堂上发言,为了照顾他,小组决定由他来做主报告。但他的方案和其他同学的不一致,而他又坚持不放弃自己的方案,于是大家决定将这两个方案都呈现出来。谁知甲在做报告时,只重点介绍了自己的方案,几乎没提其他同学的方案,这下犯了众怒,课堂气氛一度非常紧张。在对这两个方案做了点评之后,我说了一段话:其实,这两个方案孰优孰劣并没有太大的关系,关键是在这个过程中,你们要学会如何处理不同的意见,协调彼此的分歧;当不能达成一致的时候,如何寻求妥协,找出解决问题的办法;当所有办法都已穷尽却依然不能解决问题的时候,如何制定有效的议事规则,通过民主的方式实现目标;还要学会如何遵守规则,尊重他人和集体的意见等。我相信,学生们通过亲身经历所体会到的团队合作价值,要远远超过他(她)们在课堂上学到的知识。

实际上,通过课程来有意识地主动培养学生的团队合作能力,是近年来世界一流大学本科教育改革的核心内容。大学进一步降低演讲式大课的比例,提升小班课教学的比例,组建小组研究式课堂和跨学科教育项目,通过各种方式把学生置身于团队学习的环境之中。比如,在杜克大学的"Bass Connections"(Bass 连接)项目中,不同专业的本科生、研究生和教授打破专业背景限制,组成团队,共同应用知识、研究和技能,基于一个具体项目开展学习和研究,极大地提升了学生的团队合作能力和本科教育质量。

表达 有效表达能力是用人机构最看重的能力之一。之所以招聘时要进行面试,主要考察的是表达能力。表达不仅是指能够清晰阐明自己的观点,还要求这些观点能够被他人正确地理解,不会引起误解。有效表达能力在一个人的一生中作用巨大,不仅在工作和交往中需要,即使在婚姻家庭生活中,也扮演了重要角色。事实上,夫妻吵架很多时候不是感情原因而是表达出了问题,彼此都误解了对方言语中的含义。

然而，对学生成长如此重要的表达能力，却在本科教育中没有得到丝毫重视。学生对锻炼表达能力的需求非常旺盛，这一点只要看看大学校园里演讲和辩论比赛的受欢迎程度就可见一斑。除此之外，大学很少为学生提供公开表达自己观点的机会和舞台，也没有提供相关的课程。即使是演讲和辩论比赛，能够亲身参与说上两句的也只能是少数人。对于大多数学生而言，在大学四年中，可以在公众面前侃侃而谈的机会寥寥无几。

有效表达能力不仅指口头表达能力，也包括书面表达能力。大学在后者的表现更为糟糕。据我所知，几乎没有大学为提高学生的书面表达能力提供过任何帮助和训练。学生除了在中学阶段为了应付考试不得不写一些空话套话连篇的"八股文"外，在整个大学四年里，很少接受过写作能力的专业训练——许多大学已经取消了本科毕业论文的规定——导致大学生的写作水平处于事实上的下降状态。刚参加工作的毕业生不会写简单的会议通知和会议纪要，博士论文错别字连篇，这样的现象比比皆是，令人啼笑皆非。

解决这个问题的根本之道在课堂。课堂是最重要也是最好的训练学生表达能力的场所。要做到这一点就必须对课堂教学进行改革，把课堂还给学生。在传统的演讲式大课堂里，往往是教授一个人在唱独角戏，学生很少有机会当众发言。这是"百家讲坛"而不是教学。必须让学生成为唱戏的主角，系统性地训练他们准确流畅地表达自己的观点，同时，还要训练他们学会倾听，准确理解他人的观点和反馈。此外，在教学过程中，还必须要求学生撰写读书报告和小论文。教师要切实负起责任来，不能听任学生在网上摘抄一通了事，而是要认认真真，逐字逐句地修改学生的论文，帮助他们在一篇篇小文章中逐步提高自己的写作水平，这是训练学生有效表达能力最有效的方式。

思想政治 思想政治教育是本科教育的核心目标之一。传统模式下的思想政治教育主要通过两个途径进行：一是独立成体系的思想政治课；二是"支部建在班上"的各级党团组织。这两种途径在传统教育模式下是成功的，但在新的教育改革背景下遇到了越来越大的挑战。首要的问题是多元文化背景下思想政治教育的实效性。教材有了，课程有了，组织有了，形式有了，但怎样才能让思想政治教育真正深入学生的头脑和内心，内化为他们的人生观、价

研究真实世界的教育

值观和世界观,而不是学生上完课,背诵一些知识点,参加完考试之后就将其丢在一边,大学还需要相当多的探索。另一方面,伴随着本科教育改革的逐步深化,特别是通识教育和跨学科教育项目的飞速发展,传统的以专业和班级为基础的建制已经逐步瓦解,党团工作的立足点和着力点成为新的难题。

解决这个问题的关键在于课程。无论本科教育如何改革和变化,课程始终是最核心的元素。只有以课程为中心,把思想政治教育内化在课程体系内,使其成为像英语和各类就业技能一样对学生有用的东西,学生才不会将其视为外部强加之物而心生抵触。归根到底,采用什么样的形式并不重要,重要的是思想政治教育是不是收到了实际的效果。我认为,课程,尤其是社会科学领域的通识课程,可能会有力地增强思想政治教育的实效。

比如,马克思主义理论的精髓是实事求是,也是中国特色社会主义取得成功的法宝。它既是方法论,也是价值观。在传统的思想政治教育模式下,学生背诵了"实事"是什么,"求"是什么,"是"是什么,考试过后很快就会忘记。但实际上,实事求是不仅是中国特色社会主义理论体系的基石,也是一切科学研究必须采用的方法。在"信托与租赁"这门课中,学生需要了解世界各国信托业的发展史,分析中国信托业发展面临的挑战。而在世界各国信托业的发展历程中,实事求是的观点无处不在。因为信托制度之所以产生,就是为了满足人类社会的需求。信托虽然起源于英国和衡平法,但在美国和日本却实现了创造性转化。尤其是日本,作为一个既没有信托传统,又和英美法律体系完全不同的国家,根据信托原理,结合本国实际国情,成功地在一个大陆法系国家建立了完善的信托制度。从日本信托业的发展历程中,学生深刻领会了实事求是,一切从实际出发的魅力。许多学生说,过去在思想政治课上,一听到"实事求是"四个字就想睡觉,没想到在专业课上却领略到了它的妙用。的确,学生感兴趣的是信托而不是思想政治教育,但在学习信托的过程中,让学生自然而然地接受了实事求是的思想和方法,不是两全其美的妙事吗?

道德教育 道德教育普遍被视为当代世界本科教育的难题之一。之所以困难的原因在于,道德教育常常不被认为是学校应该履行的责任,而更多应当由家庭来承担。而且,早在学生进入大学之前,他们已经形成了初步的道德观念。这些观念和家庭以及社会环境结合在一起,会对学生的行为方式产生相当大的影响。大学又能在多大程度上改变学生的道德观念呢?许多教授因此质疑道德教育的必要性和合理性。另一方面,道德教育的开展方式也是一个挑战。目前,世界一流大学主要通过道德推理课程来进行道德教育,但收效甚微。令大学感到头疼的是,学生们在课堂上学习了大量的道德推理内容,但走上工作岗位后仍然会做出各种各样的蠢事。①

中国大学的情况更不容乐观。由于高考志愿填报方式的变化,学生学会了凭借高考分数与高校就专业和奖学金问题进行谈判,不讲诚信的行为时有发生。进入大学后,由于外部环境单一,除了作弊、偷窃等显而易见的行为外,学生很难面临复杂的道德性问题的挑战,更不用说那些更为棘手的道德两难问题。大学也没有为学生提供更多思考道德问题的机会。理想信念教育铺天盖地,却很少有人告诉学生哪些事情该做,哪些事情不该做,以及在面对诱惑和压力时应该采取何种行为。学生熟练掌握了会计法则,却不知道不应该做假账;学生可以在实验室里完成高难度的实验,却不知道不应该把有毒的化学品用在同学身上。

一所伟大的大学,不应该对道德教育听之任之。事实上,多数本科生仍然处于"确定自我身份"的人生阶段,尚不知道自己应该如何诚信处世。而且,研究发现,学生之所以会做错事,往往并非因为他们不讲道德或意志薄弱,而是因为他们要么意识不到道德问题的存在,要么不能完全明白为什么要讲道德,不讲道德的后果是什么。② 对此大学不能推卸责任。联系到最近出现的复旦投毒案和一系列官员腐败案例,学生在大学期间缺少必要有效的道德教育也许是一个重要因素。如果能够在安全的课堂环境中思考道德问题,学生就有可能不必为可能的错误付出过多的代价。正如德里克·博克所指出的:"与那

---

① "The College's disciplinary committee saw little evidence that taking Moral Reasoning courses made students less likely to cheat or steal." Harry R. Lewis, *Excellence Without a Soul: Does Liberal Education Have a Future?* New York, Public Affairs, 2006, p.59.

② 德里克·博克:《回归大学之道——对美国大学本科教育的反思与展望》(第二版),侯定凯、梁爽、陈琼琼译,华东师范大学出版社 2012 年版,第 104 页。

研究真实世界的教育

些工作后才遭遇道德问题的学生相比,经过道德思考训练的学生更能保证自己行为的道德性——面对来自客户和上司的双重压力,未经道德训练的人更可能忘记思考工作中的道德问题,更可能对不道德行为视而不见。"①

因此,大学有必要在课程体系中增加有关道德教育的内容,至少应该在商学院、法学院、新闻传播学院、生命科学学院、化学学院、物理学院和医学院等院系中,将相关的应用伦理学课程列为必修课。此外,在校园里广泛开展廉政教育,能够有效预防未来腐败行为的发生——今天的本科生走上工作岗位后很可能会面临类似的境况,他们需要提前知道做蠢事的后果。教师也应当在课程教学中,结合具体内容,随时对学生进行道德教育。例如,在"信托与租赁"课程中,我结合美国的"盲目信托"和我国台湾地区的"公职人员强制信托"②,从另一个角度向同学们介绍了预防和遏制腐败的措施,给他们留下了深刻印象。

教养 和道德相类似,教养也属于家庭教育的范畴。一个人的行为方式、习惯和修养其实早在幼儿和少年时期就已经形成。因此,在世界一流大学本科教育目标中本无教养这一条。但目前由于长期的独生子女政策以及社会大环境的影响,中国学生普遍缺乏基本的教养,大学有必要在本科阶段主动加以干预。"腹有诗书气自华",如果经过四年的大学教育,一个学生的教养和行为举止发生了显著变化,那么无论从何种意义上说,都意味着本科教育的成功;反之,如果经过四年的大学教育,一个学生仍然满口脏话,举止粗鲁,那么无论从何种意义上说,都恐怕不能说是本科教育的成功。

许多大学已经注意到这一问题,并采取了多种措施来引导、纠正学生的行

---

① 德里克·博克:《回归大学之道——对美国大学本科教育的反思与展望》(第二版),侯定凯、梁爽、陈琼琼译,华东师范大学出版社2012年版,第104页。

② 现代政府对经济事务拥有巨大的干预权,而且往往直接控制庞大的经济资源,为了防止政府决策阶层的私人事务与其政府职能产生利益冲突以致影响决策的公正性和客观性,美国发明了"盲目信托"业务。盲目信托的委托人——往往也是受益人——被禁止告知信托财产管理处分的详情,也不得保留对信托的干预权,因而对信托的实施情况一无所知。一般说来,信托都是自愿的,但出于相同的考虑,我国台湾地区设立了"公职人员财产强制信托",要求重要的公职人员必须将个人、配偶及其未成年子女的股票和不动产,转移或设定于经认可、有管理能力的信托机构代为管理处分,旨在避免主导或影响决策的公职人员,在拟定政策过程中牟取不当利益。

为,提高他(她)们的修养。但传统上这项工作主要由思想政治队伍通过举办各种校园文化活动来完成。比如,近年来在高校蓬勃开展的"文明修身工程",号召学生上完厕所要冲水,不要在公共场所赤膊和大声喧哗等,收到了一定的效果。

校园文化在提升学生教养指数方面的努力值得肯定,但还远远不够。实际上,在中国古代教育中,教养是最重要的教育目标,而且主要是在课程学习中实现的。比如,在上课之前要向老师行礼,儒家经典中的大部分内容都和"礼"有很大的关系,等等。学生在诵记经典的过程中,以圣人为榜样,自觉地用"礼"约束自己的行为,修身养性。

现代本科教育仍然可以发扬中国古代教育的这一优良传统,在教学中规范学生的行为。比如,守时是一种美德。如果老师上课迟到,那么学生就自然而然对迟到行为视而不见。传统的观点认为,只要教师准时上课,学生就会受到好的影响,实际上并不一定。教师应当有意识地对学生的守时进行引导和训练,这也会提升他(她)们的严谨性。在第一堂课时,我对学生提出了按时上课的要求。第二堂课时,有一个学生迟到了两分钟,于是我从头开始讲,学生们都笑了;但当另一个学生迟到更长时间,我又开始从头讲时,同学们都意识到了问题的严重性。第三堂课之后,就再也没有人上课迟到了。

再比如,第一堂课结束后,我发现同学们上完课抬腿就走,座椅七零八落地散落在课桌周围,只有我和一位日本留学生把座椅塞回了原处。在第二堂课时,我向同学们指出了这一细节,告诉他(她)们之所以要把座椅塞回原处是为了不给他人添麻烦,而养成了这一习惯将会如何改变他(她)们的性格,又会如何影响他(她)们的命运。结果,整个学期所有学生都养成了这样的好习惯。

创新 对于任何一所顶尖大学来说,培养学生的创新能力都是终极目标。但这一点说起来容易,做起来难。坦率地说,大学的创新教育更多体现在了口头和文件上。很少有人认真地评估,经过大学四年的培养,学生的创新能力和上大学之前相比是更强了还是更弱了。创新能力培养之所以困难在于它缺乏有效的着力点。教师讲授具体的知识是容易的,但让学生的头脑中生出一个

研究真实世界的教育

有意义的新想法却往往非常困难。

实际上,如何在已有的知识和创新的想法之间建立有机联系,将"储蓄"转化为"投资",对教师而言是一个巨大的挑战。"授人以鱼"不如"授人以渔",教师要想法设法在教学过程中培养学生的创新思维。例如,北大物理学院的一些教授在讲授普通物理学时,不是简单地告诉学生某个定理是什么,而是给学生提出一个物理问题,将学生还原到当初这一物理原理产生的现象之中,让他(她)们自己探索,尝试并穷尽自己所掌握的所有方法去思考和研究如何处理这一问题,如何解释这一现象,等等。让学生自己去找出并建立规律,有时甚至要求学生去查阅18世纪之前的原始文献,有效地激发了学生自主学习的兴趣,锻炼了他(她)们的创造性思维。反过来,如果教师只是告诉学生定理是什么,学生只是背诵了定理的内容,很快就会在考试之后忘得一干二净,对于创新思维的培养起不到任何作用。在"信托与租赁"课程中,我在很短的时间里向同学们介绍了信托的基本原理之后,要求同学们组成研究小组,按照信托原理自行设计信托产品。这一方法极大地挑战了学生们运用理论去实际应用的能力,也激发了同学们的好奇心和兴趣,迫使他(她)们"去做自己不会做的事",绞尽脑汁去解决各种可能出现的问题,并进一步加深了对有关原理的理解。

批判性思维 批判性思维是世界一流大学最强调的教育目标,近年来在国内大学也日益受到重视,一些大学和学院甚至开设了专门用于培养学生批判性思维的课程。这些努力值得称道,但效果并不显著。毕竟,一门批判性思维课程的质量无论有多高,受益者也只能是很少的一部分学生——这门课只可能是小班课程,不可能面向所有学生。所以,传统的观点认为,批判性思维的培养实际上和校园文化氛围有更直接和更紧密的关系:大学校园文化越是活跃的、宽松的、自由的,就越容易培养学生的批判性思维;反之,大学校园文化越是封闭的、僵化的、专制的,就越难让学生形成批判性思维。

这种观点直接把对学生来说最重要的思维训练的主动权交了出去。事实上,课堂才是最好的培养学生批判性思维的场所。在传统演讲式的大课堂里,学生没有提问和发言的时间和机会,当然很难去质疑教师的观点;即使自己有观点,也没有机会提出,更不用说在同学之间进行观点的相互辩论和比较了。在新的教学模式下,教授应当鼓励学生大胆地提出自己的观点,甚至有意识地"诱惑"学生挑战自己的观点,以培养他(她)们挑战权威的勇气。

由于目前基础教育普遍围绕考试进行应试训练,导致学生迷信老师和书本上的唯一"正确"答案,很少有自己的独立思考,所以批判性思维训练的第一步,就是要破除老师和书本在他(她)们心目中的神圣地位,让他(她)们意识到,老师和书本——即使是权威——都有可能是错的。第二步,要破除学生关于"唯一正确答案"的单一性思维,鼓励学生形成自己的观点,无论对错,只要能够言之成理,自圆其说就可以,让他(她)们意识到,并不存在唯一和正确的答案,只有从不同角度出发的解释和观点。一般来说,教师在实现了第二步之后往往会止步,但好的教师还应当做到第三步:训练学生在不同的观点之间进行比较,挑选出最好的观点,做出自己的判断。这样的课堂最难驾驭,因此应当由最富有经验的教授来进行,以避免课堂陷入漫无边际的混乱境地。

国际视野 许多大学将"国际视野"列为本科培养目标,但为此所做的工作往往很少。最主要的限制因素来自资金和影响力——国际化不仅要花很多很多钱,而且和大学在世界高等教育界的地位与影响直接相关。传统的观点认为,开阔学生的国际视野一般通过三种途径实现:一是短期交流项目。通过到其他国家的大学学习交流,能够有效拓展学生的国际视野和提升他(她)们的语言能力。但实际情况是不是真是这样,目前还存在着很大的争议,至少缺乏严谨的实证研究的支持。而且,除了极少数顶尖大学和学院外,有能力把大量学生送出去的可谓凤毛麟角,即使像哈佛大学这样的全球顶尖大学也不例外。萨默斯担任哈佛大学校长期间,曾大力推行本科生的国际交流,但受制于一系列复杂因素的影响,似乎并没有显著提升哈佛学生的全球意识和对他国文化的理解能力。二是本国学生和留学生的交流,可以在不同文化背景的学生之间搭建相互理解和认同的平台,但这类交流的问题在于规模不大,范围和影响有限。三是来访的外国友人和学者所做的演讲和报告,为学生提供了相关国家的文化和信息。但这种"快餐"的局限性也很突出:一方面,具备一定国

研究真实世界的教育

际影响力,可以大规模邀请高水平外国人的大学数量并不多;另一方面,这类演讲和报告的随机性很强,缺乏系统性和稳定性。

可以看出,在开阔学生国际视野方面,大学的主动干预还远远不够,缺乏有效的规划和措施。实际上,开阔学生国际视野并不一定必须把学生送出去交流,也未必只能被动地等待。如果大学的留学生具有一定规模,同时,在课程设计上进行必要的调整,完全可以在课堂教学中有效地实现这一目标。首先,必须把留学生培养整体性地纳入到全体本科生的培养体系中,内外一致,统一标准,不宜因为语言等因素的限制,单独为留学生编班,降低培养质量。为了扩大来自不同国家、不同文化之间的学生交流,应当让所有学生在一个课堂上课,在一个食堂吃饭,在一个教室自习,在一个宿舍休息,在日常生活中为他(她)们尽可能创造更多的交流机会。其次,如果选课的学生中有留学生,教师应当鼓励留学生结合课程具体内容,向国内学生分享自己国家的相关情况。例如,在"信托与租赁"课程中,关于信托业的国际比较这部分内容,我不再自己讲授,而是请来自美国、日本和韩国的留学生与国内学生组成小组,分别介绍自己所在国家的情况,课堂气氛十分活跃,教学效果显著。

三、结语

课程是学生完成本科教育的必要条件,但大学对于课程建设并没有给予足够的重视,因而严重阻碍了大学实现自身的本科教育目标。实际上,认真建设好一门课程,就可以实现几乎所有的教育目标。这样的课程多了,学生的能力和素质就能够得到有效提升。但大学现在把本科教育目标和课程割裂开来,只赋予课程单一的知识传授功能,而把大量的教育目标交给了系统性、稳定性、严谨性和科学性都很差的所谓"第二课堂""第三课堂",不但严重降低了本科教育质量,也打击了人们对于本科教育的信心。

大学要将本科教育目标主动融入常规性的课堂教学当中,把课堂作为实现本科教育目标的"主战场",顶层设计,周密规划,系统实施。对于教师而言,教学不能只是一项工作,把五十分钟的课堂时间应付完了事,而必须要对学生负责,在教学过程中,时刻提醒自己关注教育目标。归根到底,如果不能实现教育目标的话,学生为什么要上课?要教师干什么?教学还有什么意义?大学又有什么意义呢?

2016 年 2 月 12 日初稿于南宁荔园山庄

2016 年 3 月 2 日定稿于北京大学新太阳学生中心

我们需要什么样的通识教育?[①]

自20世纪80年代起,以北大为代表的一批国内顶尖大学开始进行本科教育教学改革。改革的方向是从以专业教育为主要特征的苏联教育模式转向以通识教育为主要特征的英美教育模式。进入21世纪以来,通识教育渐成气候。无论赞成与否,它都成为本科教育改革无法回避更无法忽视的一个存在。有些大学的改革相当彻底,打破专业壁垒,成立了本科生院;也有些大学仿照英美和我国香港模式,建立了住宿学院;近期部分大学还成立了通识教育联盟。一场轰轰烈烈的通识教育革命似乎就在眼前。然而,一拥而上的改革似乎带来的只是浮躁,形式上的模仿在没有解决多少问题的同时产生了更多的新问题。当最初的皮毛——本科生院、住宿学院、核心课程,等等——被移植之后,随着时间的推移和改革的深入,一些深层次的矛盾逐渐暴露出来。在一些大学,通识教育改革遭到了院系和师生强有力的抵制,甚至出现了专业教育的反弹和回潮。人们开始怀疑:通识教育是有效的吗?通识教育究竟提升还是降低了本科教育质量?通识教育是中国本科教育改革的方向吗?对于这些问题,任何简单的"是"或"否"的回答都是不严肃的。我们必须追本溯源,理解什么是真正的通识教育,厘清我们为什么需要通识教育,以及明确如何建设中国的通识教育之路。

[①] 本文曾发表于《中国大学教学》2016年第11期(总第315期)。感谢北京大学教育学院陈洪捷教授对本文初稿提出的宝贵意见。《国内高等教育教学研究动态》2017年第9期同题转载;删节版发表于《光明日报》2017年4月11日第13版(教育思想版),题目为《通识教育还需创造性转化》;《新华文摘》2017年第13期同题转载;《新华月报》2017年第9期同题转载。

一、源自翻译的困扰

通识教育源于英美,这个词汇从翻译而来,与之对应的英文是"General Education"。另一个大家耳熟能详的词汇是"Liberal Arts",中文翻译是"博雅教育"。还有一个与之类似的词汇是"Liberal Education",中文翻译为"自由教育"。[①] 在理论上,许多文献力图对这三个词汇进行学理上的探究,但似乎越研究越糊涂;在实践中,多数大学采取了模糊的做法,将这三个词汇混为一谈。实际上,我们之所以在通识教育上无法达成共识,一方面固然源于它本身的复杂性,另一方面也源于翻译带来的困扰。

人们的认识并不是一张白纸。在接触一个新概念之前,他(她)们对这个概念所解释的问题已经有了自己的理解和认知。一旦一个新概念进入人们的意识,它就会和人们心中原有的概念相互竞争,或者同时存在。人们总是会自觉或不自觉地在两个概念之间建立千丝万缕的联系。尤其是当我们引入一个外来文化的概念时,这种现象就更为显著了。

因此,如果我们翻译的中文词汇是通识教育,当我们这样表述时,它就和中国文化以及中国人的思维联系在一起了。在中文语境中,"通"是和"专"相对立的。"通"意味着"博",意味着"广",甚至意味着"驳"和"杂"。[②] "诸子百家,无所不通","通"意味着什么都懂一点,但什么都不深入。相反,"专"则意味着在一个领域内达到了精深的地步。在中国文化和中国人的意识中,"专"的价值要远远高于"博"。[③] "伤其十指,不如断其一指"[④],什么都懂一点意味着什么都不懂,"一瓶子不满,半瓶子晃荡",那是要遭人耻笑的。

另一个容易引起误读的词是"识"。在古汉语中,"识"意味着"器识""见

---

① 实际上还有更多的翻译,如普通教育、通才教育、通人教育,等等。
② 其实,"通识教育"中的"通"是融会贯通之意,也即老子所说"吾道一以贯之"的意思。然而,现实中人们要么不这么理解,要么即使这样理解也很难做到,最终走上"博"的道路。
③ 请注意不是"通"。后文将对此展开分析。关于"专"和"博",金庸在其武侠小说中屡次谈到这个问题。例如,在《天龙八部》中,慕容博名叫"博",其武功招数虽然层出不穷,却比不上萧峰一套"降龙十八掌"。
④ 毛泽东:《中国革命战争的战略问题》,人民出版社1975年版,第89页。

研究真实世界的教育

识",是指对事物内在属性的深刻理解和把握,意味着智慧,能够预见未来。然而,在通识教育中,我们往往把"识"简单地等同于"知识"。"知识"这个词从日文 Chishki 而来,是对英文单词 Knowledge 的翻译。① 按照《韦伯斯特大辞典》的解释,Knowledge 是指人们从经验或教育中所获得的信息、认识或技巧,是被"知道"的事实或状态。② 显然,在这种对"知识"的认识中,是只见"知"而不见"识"的。

实际上,今天中国大学通识教育所面临的种种困境,都和我们对"通识"二字的上述理解直接相关。③ 一方面,大学投入了巨大的人力、物力、财力开设了门类齐全,旨在拓展学生知识面的"通识课程"。这些课程多数属于专业知识领域内的导论课或科普课,的确在一定程度上扩大了学生的兴趣点和知识面。但问题是,在一个知识大爆炸的时代,学生怎么可能在大学里学完所有的知识呢?当通识教育=开拓学生视野=知识普及性课程时,大量"自助餐"式的"水课"就出现了。学生上完这些知识快餐性质的课程,参加完考试之后,除了得到学分和成绩,并迅速忘记考前背诵过的知识之外,剩不下什么有价值的东西。另一方面,学生和社会都更加看重专业教育所提供的知识和技能。人们不相信那些什么都知道一点儿的"通识教育"有什么看得见的用处,反倒是专业知识甚至专业名称至少在找工作时是有用的。专业才是看得见的"硬通货",是就业和安身立命的本钱。大学教授出于对专业的信仰和维护,也反对这种浅尝辄止的教育。他(她)们相信,学生只有在本科阶段打下了扎实的专业基础,才能在研究生阶段的学习和未来的科研道路上取得成功。即使将来不从事科研工作,也可以胜任毕业后的专业工作岗位。教授们不一定反对通识教育本身——虽然他(她)们未必清楚通识教育意味着什么——但一定会反对浪费时间却不能促进学生成长成才的教育。

与其说今天中国大学里根深蒂固的专业思想是苏联计划经济体制下的产

---

① 感谢北京大学中文系漆永祥教授、张辉教授对此问题的指点。
② 事实上,关于对"什么是知识"的回答极为困难,至今也没有一个统一而明确的界定。
③ 这种理解往往和学者在理论上的解释没有太大的关系——无论学者怎样解释,人们都会按照自己所认为的那样去理解。

物,倒不如说是中国文化对"专"的高度认同的结果。① 只不过,这种认同一旦与苏联专业化教育模式相结合,则产生出更为强大的力量。要克服这种"专业至上"的思想和观念并非易事。你可以改变形式,改变管理,改变系统,改变课程,甚至改变体制,但很难改变人们内心深处的想法和认知。因此,如果我们把通识教育中的"通"理解为和专业教育中的"专"相对立的概念,为了"通"而影响甚至牺牲"专"的话,这样的改革就很难得到支持,也不可能顺利推行,失败的可能性要远远大于成功的可能性。

通识教育并非和专业教育天然对立;通识教育也不仅仅意味着一系列"通识课程"。那么,到底什么是真正的通识教育?当我们在说"通识教育"这个词的时候,究竟指的是什么?要回答这个问题,就不能不提到被誉为西方教育圣经的《哈佛通识教育红皮书》。

二、通识教育是西方文化的产物

1945年,哈佛大学委员会发表了划时代的经典文献《哈佛通识教育红皮书》。很多中国读者在关注、推崇这份重要报告的同时,往往忽视了它的英文标题:"General Education in a Free Society"(自由社会中的通识教育)。在呈送给哈佛大学校长科南特的报告函中,委员会明确提出:"美国教育的要务不是使少数幸运的年轻绅士学会欣赏'美好生活'。它是要将自由的和人文的传统灌输到我们整个教育系统之中。我们的目的是培养最大量的未来公民理解自己的责任和利益,因为他们是美国人,是自由的人。"②我认为,这段话是理解西方或美国通识教育的"总纲"。也就是说,通识教育并非放之四海而皆准的普世真理,而是深刻根植于"自由社会"——也即美国社会——的教育。通识教育既是西方自由和人文传统的延续,也是西方社会为解决实际问题而开

---

① 19世纪末,痛感于传统儒家知识的"无用"和西方科技的"有用",更加强化了社会对专业知识的追求。

② Harvard Univ. Committee on the Objectives of a General Education in a Free Society, *General Education in a Free Society: Report of the Harvard Committee*, Cambridge, Massachusetts: Harvard University Press, 1946, pp. 14—15.

研究真实世界的教育

出的教育良方。通识教育的所有理念、目标、内容和方法等，全部都是为了克服英美社会发展中出现的危机，为培养"自由的美国人"和为美国利益服务的。这是通识教育的出发点和归宿点，是通识教育与生俱来的本质属性。脱离了这个极其重要的社会背景，我们就不可能准确深刻地理解什么是真正的通识教育。

通识教育，或者说自由教育的理念和思想源于古希腊的雅典。在奴隶社会，人们被分为两个群体：自由人和奴隶。其中，自由人是统治者，奴隶是被统治者。这两个群体所接受的教育是不同的。作为统治者的自由人接受的是"理智的"教育，思考与追求美好的人生，没有任何实用色彩，既是非专业化的也是非职业化的，其目的是"培养出一个对于自身、对于自身在社会和宇宙中的位置都有着全面理解的完整的人"①。而作为被统治者的奴隶恰好相反，他们接受的不是教育而是"实用的"训练，通过专门化职业化的训练而具备某种实用性的技能，可以为自由人提供仆佣性质的服务。由此，基于阶级和社会分工等不同，从而形成"自由文艺"和"卑贱工业"之间、自由和职业之间以及接受具体的事务性训练的下等人和为统治国家而接受宽广的高级教育的上等人之间的对立和鸿沟。

这种区分到了文艺复兴时期，深刻地影响了学院教育和大学教育。学院教育恰好是一种统治者的教育，追求非专业化和非职业化，旨在培养全面发展的"全人"。所谓"Liberal Arts"，指的就是学院中的通识教育，其主要特征是，一个导师带一群学生，以师傅带徒弟的方式，研究讨论不带有任何实用色彩的形而上的终极问题。这种建立在住宿学院基础上的教育适合于小规模的学院，对于规模较大的大学来说几乎无法推行。学院教育的这一传统到了20世纪，就深刻地影响了美国顶尖大学以培养领导者为主要目标的通识教育，也就是"General Education"。它吸收了"Liberal Arts"的优点，同时又适应了向德国研究型大学的转变。凡是在本科阶段强调通识教育的大学，无一不是以培

---

① Harvard Univ. Committee on the Objectives of a General Education in a Free Society, *General Education in a Free Society: Report of the Harvard Committee*, Cambridge, Massachusetts: Harvard University Press, 1946, p.52.

养能够引领美国和全球的领导者为其办学使命。这种旨在培养领导者的通识教育其实和古希腊、文艺复兴时期以培养统治者为目标的学院教育并无二致。

与之相比，大学的传统是专业教育，可追溯至中世纪以培养神父和律师为目标的专业主义。随着工业革命所带来的劳动分工的日益专门化，以及伴随着科学技术发展所带来的学科专业化，专业主义传统的力量在大学教育中越来越强大。大学希望其所培养的每一个学生未来都能成为领导者，但学生进入大学的目的，却并非总是如此。谁能肯定自己一定会成为领导者呢？对于大多数学生而言，看起来更现实的选择是，通过专业化的训练获得一技之长，在毕业后可以借此获得一份高收入的工作。随着越来越多的非精英家庭的孩子进入大学，大学里的专业化和职业化倾向也越来越显著。那些深受古典教育思想影响的学者对此十分不满，强烈抨击这种"短视"和"急功近利"的行为，但他们很难改变甚至影响学生的思想、行为和选择。事实上，自20世纪初期以来，所谓"通识教育之路"在美国顶尖大学推行得并不顺利，通识主义和专业主义之间的斗争此消彼长，十分激烈。

因此，通识教育从本质上来说就是一种自由教育。哈佛大学本科学院前院长哈瑞·刘易斯将这一点说得非常清楚："通识教育中的'通识'一词就意味着'自由'。拥有人的自由；通过通识教育让人的思想更自由、心灵更高贵，这一直是哈佛教育的基本原则。"[1]通识教育的核心目标，是为了让学生树立起对美国自由民主社会的信念，认同美国自由民主社会的价值观，推动美国自由民主社会的发展和进步。一句话，通识教育就是美国社会的教育，带有鲜明的美国烙印，是为美国利益服务的教育。

从这个角度出发，其实我们不难理解，为什么《哈佛通识教育红皮书》这样一份讨论大学通识教育的报告，开篇谈的却是中学教育，并且大部分篇幅都在讨论通识教育目标如何得以在高中落实。这是因为，通识教育的首要目标是凝聚美国人对自由民主社会的共识。在20世纪40年代，上大学还只是少部分人的特权。如果只是在大学阶段开展通识教育，那么，就不可能使社会中

---

[1] Harry R. Lewis, *Excellence Without a Soul: Does Liberal Education Have a Future?* New York: Public Affairs, 2006, p.60.

研究真实世界的教育

的大多数人建立起对自由民主价值观的信仰。这项工作只能而且必须从中学阶段就开始进行。那些撰写报告的学者们深刻地认识到,通识教育并非只属于大学,而是教育本身。如果不能在中学阶段在学生心中播下通识教育的种子,那么,要想在大学阶段实现通识教育的目标几乎是不可能的。

从这个角度出发,其实我们不难理解,为什么通识教育最重视的是价值观教育。刚刚经历的第二次世界大战使美国社会相信,如果没有好的价值观——也就是他们所认同的自由民主价值观——的指引,人类就将走上邪恶之路。专业教育本身不会或很难提供这种价值观。具有相同专业知识的科学家在不同价值观下往往会做出截然相反的行动。因此,必须通过通识教育帮助学生建立起关于美国社会的自由民主价值观,为专业教育戴上一顶装了灯泡的安全帽。否则,学生掌握的专业知识越多,对社会造成的危害可能就越大。

从这个角度出发,其实我们不难理解,为什么通识教育特别强调培养学生的表达交流能力。因为在自由民主社会中,说服——而不是权威和命令——是最重要的获得他人认可的方式,而说服主要依赖于口头演讲和表达。

我们必须回到美国通识教育产生时的社会背景和实际情况去理解什么是我们所接触到的通识教育。这个通识教育绝不是一群教育学家坐在书斋里想象出来的美好概念。就在第二次世界大战刚刚结束,全世界都在欢庆胜利的时候,哈佛那些伟大的学者们已经预见到了美国和世界未来可能出现的分化、分裂、动荡和冲突等种种危机。为了克服这些危机,他们选择了通识教育之路。事实上,围绕通识教育的所有设计和工作,都是为了解决一个核心问题:为了建立起人们对自由民主社会的信仰和共识,教育应该教给学生什么?怎样教效果才能最好?英美社会普遍推行通识教育,绝不仅仅只是因为通识教育本身具有价值,也不仅因为它是英美教育传统中的精髓,而是为了解决英美社会发展中面临的实际问题,在教育领域所做出的扎扎实实的努力。这种努力虽然极为艰难,也充满了曲折,但却不能不承认其效果显著:它的确帮助美国成功度过了20世纪60年代的社会动荡,并起到了支撑英美资本主义社会发展的作用。

那么,我们该怎么做呢?

三、我们为什么需要通识教育?

人是社会性的动物。任何教育都是具体社会中的教育。教育不仅要让学生掌握知识,也不仅要让他们获得能力,更根本的是,教育和文化及价值观紧密相连。通过教育,一个人可以更清晰地认识到自己是谁,以及他(她)在世界和宇宙中的位置。教育的目标是让一个人在具体的社会环境中更好地生存、生活和发展。教育的社会、文化和意识形态属性现在常常被人忘却,但它是客观存在的。不承认或忽视这一根本因素,就会对孩子的教育造成巨大且难以弥补的伤害。①

从通识教育在美国的产生和发展历程来看,为美国利益服务固然是通识教育的终极目标,但通识教育的措施的确有效提升了美国高等教育质量,并在事实上提高了受教育者的能力。看清楚通识教育的意识形态属性并不意味着通识教育思想不能为我所用,恰恰相反,如果通识教育能够有效解决美国社会面临的具体问题,那么,只要我们能够实事求是地从中国社会所面临的具体问题出发,实现创造性转化,也一定可以改善和提高中国的教育质量。特别是,虽然通识教育的思想和理念根植于西方文化,但其具体措施却和意识形态关系不大。通识教育在英美社会的发展历程可以帮助我们更好地思考:为了解决中国社会的实际问题,我们中国人为什么需要通识教育?

凝聚社会共识 通识教育最重要的功能是凝聚社会共识。这一点常常被人忽视。人们往往关注通识教育的实现模式和具体措施,却忘记了通识教育的目标。美国顶尖大学之所以在第二次世界大战之后大力推行通识教育,是因为这些大学的领导者们深刻地意识到,第二次世界大战后的重建所面临的最重要的威胁是多元化的社会思潮所导致的自由民主价值观的分裂和社会的

---

① 一个典型例证是低龄儿童出国留学。做出这一选择的家长重视的往往是知识和技能,却忽视了教育的文化属性,其结果是孩子失去了文化之根。

研究真实世界的教育

对立。[①] 日益严重的专业主义加强了社会的离心力。专业化越强,社会的离心力越大。为了克服这种离心力,需要通识教育提供一种协调、平衡的力量。无论世界如何多元,它的物质和精神基础必须统一。

社会需要共识,今天处在剧烈变革中的中国社会尤其需要凝聚自己的社会共识。一个没有共识的社会意味着迷茫、分裂、对立和动荡,使国家和社会迷失前进的方向,使人们缺乏安全感,加重焦虑感,丧失对未来的希望。相反,一个有着广泛共识的社会则意味着目标坚定、和谐统一和稳定踏实。社会共识不会从天而降,它源于人们的利益诉求,也需要采取有效措施顺应这种利益诉求而主动凝聚。凝聚社会共识不能只依靠动员、宣传、口号和标语,也不能只依靠开会和文件,最根本的手段是教育。通过教育,使学生逐步懂得世界是什么,中国是什么,社会是什么,自己是谁;通过教育,使学生逐步领悟中国的历史、现在和未来,中国和世界的关系,个人发展和国家民族的前进方向;通过教育,使学生逐步学会和他人的沟通、交流、妥协和合作,准确表达自己的观点,也正确理解他人的观点,从而在最广泛的层面上凝聚起社会对中华文明、改革开放、中国特色社会主义和实现中华民族伟大复兴的共识。这一功能只能通过通识教育实现,任何其他机构和专业教育都无法替代。

辨别并判断价值观 凝聚社会共识不是一个结果,而是一个过程。这个过程实现起来非常艰难。不是说有了一个目标,人们就会自动去实现这个目标。目标能否实现,取决于人们对于目标的认识和认同,而这种认识和认同又源于人们的基本价值观以及内心的想法和判断。在形形色色的价值观中,哪些是对的?哪些是错的?你的选择是什么?学生对此必须能够鉴别并做出判断。

要能够鉴别并做出判断,首先必须了解这些价值观是什么,它们产生的基础是什么。对于这些问题,专业教育要么无法提供,要么很难提供,因此只能依靠通识教育。对于大多数专业人士来说,"是什么"往往要比"应该是什么"重要得多,尽管在许多专业领域后者也同样重要。比如,在物理学领域,教授

---

① 20世纪初期哥伦比亚大学和20世纪30年代芝加哥大学的通识教育也具有类似的理念。

和学生更关心的问题是原子能是什么,但是否应该制造核武器以及什么时候应该使用核武器之类的问题往往被置于次要位置,虽然后者对于人类社会而言影响更大。

另一个至关重要的问题是,鉴别价值观并做出判断的目的是什么?一般而言,这个问题的答案是帮助学生形成正确的价值观。但什么是"正确的"价值观?有些价值观的正确与否一目了然,比如,不能杀人、偷盗和强奸,等等;但有些价值观的正确与否就不一定那么泾渭分明。实际上,价值观总是存在于具体的社会之中,正确与否也总是反映这个社会中的人群的主流认知与理解。因此,美国顶尖大学之所以在通识课程体系中开设关于"人类文明"的核心课程,并非仅仅只是让学生了解人类社会的各种文明之间的异同,最根本的目的在于,通过潜移默化的教育,通过不同文明和价值观的比较,树立起学生对"正确的"西方价值观的信仰。从这个意义上说,通识教育起到了以往宗教的功能。

通识教育的真正厉害之处在于,首先,它毫不讳言自己的教育目标。有些人认为美国大学把价值观教育隐藏在日常的教育教学过程背后来欺骗学生,这种认识要么是愚蠢,要么是天真。其实它一点也没有隐藏过。其次,它允许学生进行阅读、思考和比较。最顶尖的大学通常要求学生阅读《资本论》原著,并且聘请最权威的马克思主义左派学者组织教学和讨论。最后,它没有将任何结论强加给学生,却让学生能够自然而然地形成符合美国利益的价值观。这的确是下了一番真功夫的。

目前,一些中国大学仿照英美大学的核心课程体系,也开设了诸如"西方文明""东方文明"之类的课程。然而,讲述并让学生了解什么是西方文明并非是我们的目的——虽然它也是目的之一——更重要的在于,通过人类社会不同文明和价值观的比较,帮助学生更深刻地思考、理解、体悟中华文明的价值,明白中国道路选择的意义,从而树立起中国文化的自信。这才是通识教育帮助学生辨别各种价值观并形成判断的目的和意义所在。这项工作并不容易,但非此就不可能收到教育的效果。

表达与交流 人生活在社会之中,不是鲁滨孙,他(她)必须要和他人打交

研究真实世界的教育

道,在与他人的交流合作中生活。① 即使是在家庭之中,一个人也需要和另一个人沟通和交流。沟通交流能力既来自先天的性格,也和后天的培养教育密切相关。通过教育,一个原本内向羞怯的人也可能变得开朗大方,易于沟通。

然而,目前的教育体系并没有给学生提供足够的关于沟通交流方面的必要训练。一方面,中学阶段紧紧围绕着考试而进行的教育,使教师和学生的注意力都集中在知识传授和应试训练上,学生没有机会甚至没有时间去和他人交流。进入大学之后,专业教育和陈旧的教学方式进一步限制了学生沟通交流能力的提高。从本质上说,专业教育更强调个人的努力和付出。尽管现代科学发展越来越重视团队合作,但学术研究的基本方式,例如读书、思考、做实验等,更多体现为一种个人行为。② 这一点在人文学科中体现得尤为明显。因此,大学越强调专业教育,学生就越难以获得沟通交流方面的训练,除非教学培养方式发生根本性的改变。另一方面,在传统的演讲式大课中,教师在台上讲,学生在台下听,不仅师生之间缺乏沟通和交流,学生与学生之间也很难有交流的机会。学生只能在课堂之外也就是在校园文化中寻求有限的交流。问题在于,校园文化是一种相对低效且缺乏系统性、稳定性和科学性的教育方式。③ 如果不能在学校教育里最重要的课程中有效提高学生表达交流沟通的能力,教育就没有履行自己的责任。

通识教育不仅意味着一系列看得见的课程,它也意味着一种看不见的教育理念。这个理念就是:它要帮助学生变得更加成熟。一个人成熟与否的重要标志之一是表达:首先,有没有勇气开口说话;其次,能不能把自己头脑中的想法正确地表达出来;再次,能不能准确理解他人的观点并进行分析判断,而不会误判;最后,是否对自己的言语和行为负责。所有这些都不可能通过其他机构和专业教育来实现,只能依赖于通识教育。

终身学习　终身学习的理念现在已经被大多数人接受和认可。现代科学

---

① 即使是鲁滨孙,也要和星期五沟通交流合作。
② 大量研究表明,学生在大部分时间里是以个人学习为主的。John I. Goodlad, *A Place Called School*, Special 20th Anniversary Edition, New York, McGraw-Hill Education, 2004, p.230.
③ 秦春华:《在课程中实现本科教育目标》,《中国高等教育》2016年第9期。

技术的发展,使人们深刻地认识到,一个人不可能在大学里学完所有的知识,应付毕业之后的所有事情。大学教育必须使学生具备终身学习的能力。

然而,传统的专业教育在提供终身学习的能力方面的贡献令人怀疑。人们之所以需要终身学习,是因为在一生中会遇到许多复杂的问题,这些问题往往超出大学的专业领域,必须运用新的知识才能解决。当然,专业教育训练出来的思维和方法能够起到一定的作用——这正是专业教育的价值所在——但这种作用往往具有局限性。专业教育限制了人们的视野和思维,使人们既难以在事物之间建立普遍联系,也难以从专业之外的视角去审视分析问题,更难以应对科学技术发生颠覆性革命之后的变化。事实上,强调知识传授的专业教育为我们勾勒了一幅充满讽刺意味的画面:那些生活在现在的人们正在自信满满地用过去的知识去教育将要生活在未来的人们。这样的教育能够使他们做好迎接未来的准备吗?

通识教育恰好弥补了专业教育的不足。通识教育并不专注于知识和内容本身,它关注的是获得知识的方法。和关注"是什么"相比,通识教育更关注"为什么是这样"。对于学生而言,"为什么"本身就意味着未知,这和他们未来将要面对的问题在性质上是类似的。因此,在自己试图回答此"为什么"的同时,他(她)也就知道了面临彼"为什么"时应该怎么办。如果说专业教育教给学生的是"鱼"或者"渔"的话,那么通识教育教给学生的就是"荃"——"荃"或许是更为基本的东西。[①]

丰富人生 虽然许多学生进入大学的目的是为了在毕业之后能够找到一个好工作,但未来的人生并不完全由工作组成。况且,一份收入优渥的工作并不一定能够带给人幸福和快乐。除了工作之外,人们还需要闲暇,在闲暇中享受生活的乐趣。物质享受所带来的乐趣是短暂和浅薄的,当满足了物质需求之后人往往会陷入更大的空虚之中;更长久充实的乐趣源于人精神上的愉悦,它存在于艺术和体育之中。这并不是说一个人必须要掌握某种艺术或体育的

[①] "荃者所以在鱼,得鱼而忘荃。"(《庄子·外物》)参见陈鼓应注释:《庄子今注今译》(最新修订重排本),中华书局2009年版,第772页。感谢美国佐治亚州托马斯大学教授兼中国总校区校长黄中天先生的启发。

研究真实世界的教育

技能——当然掌握了也没有坏处——而是说,一个人应当从欣赏人类历史上那些伟大的艺术作品中获得生活的趣味。它们滋润着人的心灵之花,使它不致枯萎。

更重要的是,人的一生不可能一帆风顺,虽然每个人都希望如此,但人生不如意事十常八九。到达成功之巅的喜悦往往只是一瞬,然而此前的种种挫折和磨难却是生命中的常态。在身处逆境和困顿的时候,那些伟大的文学、音乐和其他形式的艺术作品能够为我们提供希望、勇气、力量、智慧以及对人类的热爱。专业教育可以向学生传授知识,却很少为他们带来智慧。我们之所以要阅读学习经典文学作品,并非是为了获得文学史的知识——那是专业教育的内容——而是在于,我们可以通过某种富于激情和同情的方式体会人类所经历的苦难以及在克服艰难险阻过程中所体现出来的伟大和崇高,从而帮助自己培养类似的高贵品质,克服类似的人生困难。

克服专业教育的狭隘　无论是凝聚社会共识、辨别判断价值观,还是表达与交流、终身学习,抑或是丰富人生,这些通识教育的目标很难或基本上不可能通过专业教育实现。不是说专业教育一定不包含价值观,也不是说专业教育一定不会提供训练学生表达能力、终身学习以及丰富人生的技能,而是说,因为专业教育的目标是培养某一领域的学者或专家,这种与生俱来的狭隘与僵化会限制学生的视野,使学生过于沉浸在专业知识的窠臼之中,并且在获得专业知识的同时也收获了傲慢和偏见。在这种情况下,需要通识教育提供一种新的平衡,根据通识教育的目标重新设计课程和教学方法,从而弥补专业教育的不足。

四、建设中国的通识教育之路

通识教育不是抽象的,而是具体的;不是放之四海皆准的普世真理,而是深刻根植于不同社会文化背景下的产物。我们之所以要实行通识教育,不是因为通识教育是个好东西,而是为了解决我们面临的具体问题。我们应当从中国传统文化、中国社会发展的历史和未来的角度,重新设计建设中国的通识教育之路。

重建中国的通识教育,我们需要从古代中国的教育智慧中汲取力量。如果说通识教育的理念源于古希腊的话,它的另一盏明灯就点亮在春秋时期的中国。[①] 在古代中国的教育传统中,其实早就蕴含着通识教育的思想,并且远比西方超越。这个思想不仅是指"通识",而且是指"通德"。这个"德"就是价值观,也即道德。

在古代中国,教育的首要目标是道德,其次才是具体的知识和技能。"士先器识,而后文艺。"所以孔子说:"弟子,入则孝,出则悌,谨而信,泛爱众,而亲仁。行有余力,则以学文。"[②]当实践了孝悌信爱仁等一系列道德目标之后,还有余力的情况下才去学习文化知识。孔子门下弟子三千,分列为德行、言语、政事、文学四科。其中,德行为最高科,言语次之,政事又次之,文学(即知识)在最末。道义的价值要远远高于职业。这些珍贵的教育思想发展到后世,则形成了所谓"通儒"之说。顾炎武在《日知录》序言的开篇就说,"有通儒之学,有俗儒之学,学者将以明体适用也"[③]。"通儒"才是中国教育的最高境界。

我的意思并不是要论证中国古代也有通识教育,以此来说明其实我们并不比西方差;也不是要像新儒家所倡导的那样,恢复诵读儒家经典的传统做法。我的意思是说,重建中国特色的通识教育之路,我们至少要把握三个要点。第一,不同文化的通识教育自有其不同的思想源泉。正如西方通识教育根植于西方文化传统一样,中国通识教育也必须根植于中国传统文化,因为只有也正是这个传统而不是西方传统才更契合今天的中国社会。第二,不同国家和民族的通识教育自有其不同的立场。正如西方通识教育的立场是西方人和西方一样,中国通识教育的立场只能也必须是中国人和中国的立场。第三,不同社会的通识教育要解决各自所面临的不同社会问题。正如西方通识教育要解决西方社会发展中的问题一样,中国通识教育也必须要解决当代中国社会发展中的问题。我并不认为中国通识教育一定要和西方通识教育相对立,

---

① D. Levine, "The Liberal Arts and the Martial Arts", *Liberal Education* 70, 3(1984): 235—251.
② 张燕婴译注:《论语》,中华书局2015年版,第3页。
③ [清]顾炎武:《日知录校注》,陈垣校注,安徽大学出版社2007年版,第19页。

研究真实世界的教育

而是认为,中国通识教育一定要和西方通识教育有所区别,具有自身的鲜明特色。而且,我们并非为了形成特色而追求特色,而是因为上述三点本身就是通识教育的内在属性和本质要求。只有这样,我们才能给学生提供更好的更高质量的教育。

对于当代中国来说,通识教育的首要目标是凝聚学生对建设中国特色社会主义的共识。以往这项工作是由思想政治课和党团活动来完成的。这是必要的,但仅此还远远不够。"不够"的意思并不是时间不够。目前,政治理论课学分一般为12学分,约占140总学分的9%,大约相当于四门专业必修课,这个比例不算低。"不够"的意思也不是投入不够。教育部关于《高等学校思想政治理论课建设标准》中详细规定了一、二、三级指标的具体内容,从组织到教学到队伍到学科建设再到特色项目,可谓包罗万象。但问题的关键是思想政治理论课的实际效果到底如何?回答这个问题不一定需要做全样本的调查问卷,只要到真实的课堂里去看看学生们上课的状态和表现就可以一清二楚。

我认为,当前思想政治理论课教学至少存在着以下几个弊端:一是思想政治教育和文化知识教育之间的割裂。教育是一个整体性系统。把思想政治单列出来,表面上看是加强了思想政治教育,其结果很可能是降低了实际的教育效果。因为学生很难把思想政治教育内化为自己的个人需要。在他们看来,专业知识是自己需要的,至少在找工作时需要,而思想政治教育则是外部要求的。因此,思想政治教育进了课堂,进了教材,却未必一定能够进入学生头脑。那些为了应付考试而背诵的知识,考试结束之后迅速被遗忘,也很难在学生日后的学习和生活中留下痕迹。二是教学模式陈旧,方法单一,难以激发学生学习思考的兴趣。尽管教育部要求高校千方百计积极探索思想政治课的教学方法改革,优化教学手段,但语焉不详,实际上很难落实。采用一些多媒体甚至是慕课的新花样,用两句网络上的流行语,应付应付上级检查,发表两篇文章还可以,它们真的能够激发学生的兴趣吗?实际上,从小学到中学再到大学,学生所接触到的思想政治教育大同小异,内容、形式和方法枯燥重复,缺乏新奇的刺激,难免不会产生倦怠。三是没有用教育的方式进行思想政治教育。我们告诉了学生很多现成的结论,教师精心编写了教材,但却很少要求学生去阅读经典原著,也没有给学生提供充分的讨论交流机会。现在有多少学生通读过《资本论》?有多少学生通读过《中华人民共和国宪法》?又有多少学生在课堂上围绕着当前社会政治经济文化发展中的重要问题展开过讨论?不读书,不思考,不讨论,不辩论,这哪里是教育?不要抱怨学生多,教师少,关键看你愿不愿意真的去做。不下点真功夫,只是消费掉相应的时间,这种不负责任的做法是不可能收到实际的教育效果的。

建设中国特色社会主义是前无古人的伟大事业,所遇到的问题本身就极具挑战性,完全可以激发学生的学习研究兴趣。为什么那些原本在茶余饭后引起人们浓厚谈兴的问题一旦走进课堂以后,就被缩减到只剩下一大堆需要学生背诵记忆的年代、地点和毫无生气的知识点呢?为什么我们不能换另一种方式——通识教育的方式呢?不是告诉学生那些已经被认可的现成结论,而是要把学生的思维置身于具体的历史和现实环境中,通过提出一系列复杂的真实问题,引导他们得出正确的结论。教师和学生在一起学习、思考和讨论。在这一过程中,学生不仅要知道那些他们必须知道的事实和结论,而且还要学会自己去分析问题和形成自己的判断。教师要引导学生去相信或是怀疑,不仅要让学生懂得中国社会的过去,而且要让他们养成公开讨论的习惯,形成独立的判断,并能够领导中国未来的政策。

这项工作不能等到大学,必须从中学阶段就开始。中学也应当按照大学通识教育的模式,凝聚学生对中国特色社会主义社会的共识。这才是中学教育的真正价值。否则,即使建了再多的学校,教给学生再多的知识,学生考了再高的分数,把再多的学生送进大学,我们也没有完成教育的使命,尽到教育的责任。

其次,通识教育要帮助学生建立起中国人的价值观。本科阶段,学生应当对当代世界的几种主要文明和价值观有所了解和认知。但这种了解不应当是浅尝辄止,而要起到两方面的作用。一是了解各种文明的精髓。比如,中华文明的基本价值;西方文明的主要内容等。课程不能纠缠于具体的知识,因为每一种文明都博大精深,不可能有足够的时间让学生像专业教育那样去学习,必须使他们在有限的时间里掌握最基本和最精髓的内容。二是在了解的基础上

研究真实世界的教育

能够对不同的文明和价值观进行比较并做出自己的判断,从而建立起中国人的价值观。目前,许多大学雄心勃勃地仿照哥伦比亚大学核心课程模式开设了类似的"人类文明"课程,着力点多在第一点,其实第二点更为关键,实现起来也困难得多,需要教师和学生投入更大的精力,但非此则不能实现通识教育的真正目标。

上述两点是建设中国通识教育最重要的目标,但做到了这些并不意味着我们就完成了通识教育的任务。我们不能把思想政治课的"旧酒"装入通识教育的"新瓶"之中,那样做并不能真正解决我们的问题。为了给学生提供更好的通识教育,我们还必须做到:

第三,帮助学生切实提高交流的能力。通识课程一定要给学生留出足够的时间让他们在课堂上开口说话。要让他们有勇气表达自己的观点,为自己的观点进行辩护,正确理解他人的观点。如果在通识课堂上无法得到这样的训练,那么学生也就不可能有其他的正式机会去得到这样的训练。

第四,帮助学生获得终身学习的能力。最重要的是要让学生学会收集信息,阅读文献并养成终身阅读的习惯。这些是最基本也是最重要的学习方式。如果在接受通识教育和专业教育的过程中,帮助学生养成了这一习惯,那么,无论未来他们遇到什么样的问题和困难,都能够找到相应的办法去解决。

第五,使学生的人生变得更有趣味,更为丰富。通识教育要提供关于艺术和文化方面的课程,但这些课程的价值并非给学生提供一些茶余饭后的谈资,或教授一些浅显的技能,成为他们在他人面前炫耀的资本,而是要处处指向人生,提升学生的审美素养和艺术鉴赏力,引导学生追求更有意义、更有价值、更有情趣的高尚的精神生活。①

---

① 北京大学艺术学院叶朗先生为"艺术与审美"共享课程所设立的教学目标是:(1) 提高学生的艺术教养与审美素质;(2) 引导学生追求更有意义、更有价值、更有情趣的人生;(3) 引导学生拥有高远的精神追求,追求高尚的精神生活。"艺术与审美"共享课程的设计原则是:(1) 从审美的角度讲艺术;(2) 对艺术的理解处处指向人生;(3) 理解中国艺术,传播中国文化,弘扬中国特色。

第六,帮助学生克服专业教育带来的狭隘。我们要实现通识教育和专业教育的有机结合。这种结合,并非把四年的本科时光划分为两个截然不同的阶段,前两年接受通识教育,后两年接受专业教育——正如目前大多数大学所做的那样——而是要把通识教育的灵魂和精神渗透到整个本科教育之中。一方面,大学需要从学校层面而不是院系层面出发建设一些目标明确的通识课程;另一方面,院系在专业教育的过程中,也要随时随地关注通识教育的目标。保证这一点的关键在于教师。教师需要理解什么是中国的通识教育,在教学过程中时刻不忘通识教育的目标,并对教学内容和教学方法进行根本性的变革。也许,对于目前的通识教育而言,对学生的教育尚在其次,对教师的培训似乎更为紧迫。毕竟,教师是课堂的灵魂,所有的通识教育只有通过教师才能完成。

五、结论

美国顶尖大学的通识教育是为了解决美国社会所面临的种种危机和问题,从西方教育传统中汲取精华,从理念到内容再到具体措施所建立的一整套完整的教育体系。凝聚人们对美国自由民主社会的共识,建立人们对美国自由民主社会的信仰是这一教育思想的根本目的,同时,它也有效提升了美国高等教育的质量。当然,这一过程进展得并不顺利。事实上,《哈佛通识教育红皮书》发表之后很长一段时间里,通识教育仅仅是一种闪耀着光辉的教育思想和理念。直到 20 世纪 80 年代后才开始见到一定的成效,至今仍然在不断改进和完善之中。[1]

建设中国的通识教育是一项极其艰难的任务。我们不能实行简单的拿来主义,即使把哈佛大学全套的课程体系和具体措施移植过来也无济于事。它不会产生任何实际的效果。我们必须立足于中国社会的具体问题,从东西方

---

[1] 李曼丽:《哈佛大学核心课程述评》,载哈佛委员会:《哈佛通识教育红皮书》,李曼丽译,北京大学出版社 2010 年版。

研究真实世界的教育

的教育传统中汲取精华,踏踏实实地探索自己的通识教育模式,明确目标,改进教学理念和方法,同时具有足够的耐心,一点一滴地解决问题,才能提供给学生更好的更高质量的教育,实现我们这一代教育工作者的使命和价值。

2016 年 7 月 1 日初稿于宁夏银川唐徕渠畔

2016 年 7 月 28 日定稿于 MIT

到底是"学术",还是"垃圾"?

——与刘振天先生商榷[①]

读了刘振天先生《我们怎么看待所谓的"垃圾学术"》(《光明日报》2014年10月14日第13版)一文后,我有几句话如鲠在喉,不吐不快。在当前学术研究的大环境下,我当然理解刘先生写作此文的苦心,而且刘先生主张用学术和市场机制而不是行政手段来管理学术,实现人文社会科学研究的百花齐放、百家争鸣,我对此更为赞赏,但对刘先生的主要观点及其论证我却不能苟同。

刘先生认为,应当正确认识重复性学术研究的特点与功用,待之以宽容和大度,否则,中国学术别说低水平,就连学术垃圾恐怕都没有了。为什么低水平重复性学术研究有其存在的价值和必要呢?刘先生提出了三点理由:一是"学术研究和学术创新是需要长时期积累的,低水平重复性研究也是全部学术活动的重要部分,并且是学术研究和创新的必经阶段";二是"低水平重复性研究是知识传承与传播不可缺少的环节";三是在中国学术整体落后于西方的事实下,"追踪、理解、陈述、介绍、重复性的学术研究"是中国学术实现"赶超和创新"的"不能根本跨越的阶段"。可以看出,"低水平重复性学术研究"是该文的核心概念。然而通读全文,我没有理解"低水平重复性学术研究"指的究竟是什么;尤其是,"重复性"的确切含义是什么;什么样的"重复性"研究可以被认为是"高水平"的等。如果这个概念解释不清,或者说,其界定边界不清,我们

[①] 本文曾发表于《光明日报》2014年11月4日第13版(高等教育版)。

研究真实世界的教育

就无法准确区分到底何为"学术",何为"垃圾"。

抛开自然科学研究不论,单就人文社会科学研究而言,刘先生的三点理由也不能成立。首先,学术研究和学术创新的确需要长时期积累,但低水平重复性研究不是学术活动的重要部分,更不是学术研究和创新的必经阶段。诚然,任何学术领域的研究和创新都不是空穴来风,都是站在前人肩膀上取得的,但我们既不能把研究过程和研究结果混为一谈,也不能把只能作为研究资料的前人成果在所谓"重复性研究"的名义下当成自己的研究成果改头换面重写一遍。在研究过程中,我们尽可以从不知到知,从少知到多知,在前人的知识积淀中反复耕耘,不断积累,受到启发,获取灵感,但这只是也只能是学习和研究的过程。作为最终呈现出来的学术成果,特别是具有知识产权的发表作品,必须是学者自己的观点和独立发现。即使是文献综述式的研究,也必须要有作者独到的见解、思考、分析和评论,能够对读者有所启发。否则,读者尽可以自己去读原典文献,不需要将宝贵的时间和精力浪费在"学术二道贩子"身上。

其次,刘先生提出的第二点理由,指的并不是学术研究,而是教学和大众传播。知识当然需要代际传承和社会传播,否则,就不能实现学术进步和人类文明的发展,但这和学术研究本身是两码事,属于学术研究之后的结果。学术研究并不是学者的孤芳自赏,通过教学和发表,自然会实现代际传承和人际传播。只不过,人类社会的学术活动发展到今天,已经进入到专业高度细分阶段,专业化的学术研究成果——尤其是高水平的研究成果——往往只有极少数该领域的同行才会感兴趣或者才能够理解。他们仔细阅读彼此的论文,知道彼此正在做什么,问题是不是重要,做得水平高不高,是不是有趣等,但这些都很难成为社会公众有兴趣和有能力关心的问题。过于狭窄的领域、过高的进入门槛以及特殊的表述方式常常会限制学术成果的传播范围及其作用的发挥。因此,开展学术成果的普及推广工作是非常必要的,但这种通俗化的科普工作已经不能算作严格意义上的学术研究。在美国,一些学术深湛的大师常常会在报纸杂志网站上开设专栏,但这些文章和他们的专业研究成果是泾渭分明的,大多是其个人研究成果的通俗化重述,所讨论的是社会公众关心的公共事务,履行的是其作为公共知识分子的社会责任。

此外，在许多研究型大学承担教学工作的教师，往往也是该领域的研究者。他们的确会将最新的研究成果——包括他们自己的——传授给学生，也会和学生一起开展研究工作，但从本质上说，这只是履行了他们作为教师的职责，是教学活动而不能视之为学术研究本身，尽管他们从教学相长中也许吸收了更多的灵感。

刘先生在论证这一点时专门强调了马克思主义理论研究工作。实际上，马克思主义理论研究工作更需要理论创新而不是低水平的重复——也许正是大量低水平重复性研究正在慢慢侵蚀马克思主义理论研究的生命力。试想，如果没有毛泽东、邓小平等老一辈革命家对马克思主义理论的创造性发展，能够有中华人民共和国的诞生和改革开放的伟大成就吗？历史上，仅仅满足于对马恩列斯文献的解释所带来的"本本主义"和"教条主义"的危害难道还少吗？回过头来看，这些囿于"本本"的所谓"研究成果"倒真的是一堆垃圾，反而阻碍了人们对马克思主义理论的正确认识、理解和研究。

最后，我看不出刘先生关于第三点理由的任何论证。也许在自然科学领域，中国的确在世界上还处于相对落后的位置——其实也不尽然，中国科学家在某些学科领域已经进入到全球领先行列。即便如此，低水平重复性研究也不可能是中国学术赶超西方的必经之路。那是一条永远都走不通的死路。令我好奇的是，在人文社会科学领域，刘先生是根据何种资料和标准，就断言总体上西方比中国先进呢？其先进性又体现在哪里呢？

人文和社会科学研究往往带有强烈的地域性特征。一个国家的人文和社会科学工作者如果通过自己的努力，能够使本民族的历史、文化和社会等各个领域的研究产生新的发现和进步，推动了国家和民族的进步，即使他（她）写作的语言是母语而非英语，即使他（她）所关心的问题只是区域性的而非全球性的，即使他（她）的文章从形式上看也许不符合西方的"学术规范"，那也是实实在在地在研究真实世界的问题，尽到了自己作为学者的责任，为人类文明做出了贡献，其学术成果因而具有了世界性。反之，如果做不到这一点，那么任何一项研究成果——即使研究者的名气再大，地位再高，研究成果再"先进"——对于这个国家和人民来说都是没有意义的，甚至可能造成巨大的伤害。一个

| 研究真实世界的教育

明显的例证就是西方经济学家为俄罗斯和东欧国家经济改革所开出的"休克疗法",其理论模型不可谓不完美,但却给这些国家的人民带来了深重的灾难,教训是极其深刻的。

人文社会科学研究的确需要不同文化之间的碰撞、交流和借鉴,可以翻译和介绍,但不能只是简单地重复和照搬,更不能跟在所谓西方"先进理论"屁股后面亦步亦趋。原因很简单,任何一个西方学者,无论对中国了解程度有多深,都不可能也无法站在中国人的立场上去思考、体会中国所面临的问题。他们永远只能是可以"同情的理解"的"他者";我们的问题则永远只能靠我们自己解决。因此,任何"先进"的理论到了中国,都必须经历一个"创造性转化"的过程,否则,简单的重复性移植只会造成南橘北枳的恶果。

为了说明自己的观点,刘先生在文中引述了潘懋元先生关于内部刊物的话。我想提醒的是,这件事发生在 20 世纪 80 年代。当时,对于刚刚从一场文化浩劫中复苏的中国来说,知识传播的重要性和价值要远远大于新知识的创造——在"文革"中几乎被全部摧毁的学术界和知识界需要有一个休养生息的过程——而且潘先生讲得非常清楚,这些内部刊物的价值在于培训。换句话说,不在学术研究。时代不同了,今天的中国和三十多年前的中国已经不可同日而语。作为世界第二大经济体,我们不可能只是满足于"追踪、理解、陈述、介绍"、拼凑、重复别人的研究成果。我们不能永远只是"制造"而没有"创造",只"大"而不"强"。实际上,对当代中国人而言,创造新知识的渴望比任何时候来的都要强烈。在我看来,刘先生现在引述潘先生三十多年前的观点来说明低水平重复性研究的必要性,未免有点"刻舟求剑"的味道。

学术就是学术,垃圾就是垃圾,没有模糊的中间地带。判定学术和垃圾的标准是,文章有没有自己的独立观点,是否找到了新的材料,是否运用了新的方法,是否得出了新的结论。有就是学术,没有就是垃圾。不存在"学术垃圾"一说。诚然,在学术研究的道路上实现创新的确非常艰难,但要做到不重复别人的研究成果不一定很难,至少可以有自己的观点和见解,最不济也可以有看问题的不同角度。退一万步说,如果实在没有自己的观点,你也可以选择不写,这是你的自由。古人不是早就说过"板凳要坐十年冷,文章不写一句空"

吗？说到底,这还是一个如何对待学术研究,如何看待"重复性"的态度问题。当然,也和当下中国的科研管理和评价体制直接相关。

在这方面,美国教育中的某些做法值得我们借鉴。在美国,不存在"重复性研究"这样的概念——无论水平高低。美国孩子从很小的时候就学会了通过各种方式查找资料,解答自己感兴趣的问题,但在最后写成的文章里,观点一定是自己的,每一句话必须都是自己想出来的。凡是"重复"引用了他人的话,必须注明出处,否则就是抄袭。极端情况下,如果引用4个曾经发表过的连在一起的单词而没有注明出处,就有可能被认定为抄袭。要害在于,抄袭是很严重的恶行,一旦记录在案,就会影响一个人的一生,因此没有人敢冒天下之大不韪,去触碰这条"重复性"的"生死底线"。此外,在科研管理上,越是顶尖大学,越是对学者——特别是人文社会科学领域的学者——的研究工作没有压力和限制。那些最顶尖的学者往往不屑于浪费时间去发表一般性的学术论文,而是把全部精力都用来写作一两部"传世之作"。倒是一些二三流的大学,会采用数字化方式来进行学术管理。令我奇怪的是,中国大学为什么放着顶尖大学不去学,却把这些二三流大学的管理模式奉为圭臬?至于像刘先生这样还要"理直气壮"地对"低水平重复性学术研究"抱有"宽容和大度的姿态",就更加匪夷所思了。

2014年10月14日夜初稿于Oak Creek Apartments, Palo Alto, CA
2014年10月16日定稿于Stanford University

关于《北京大学章程》的十个重要问题[①]

一

在中国的所有大学中,北大是一所很独特的大学。和其他大学相比,北大没有自己的校训。20世纪80年代,在北大三角地的大饭厅前曾经立了一块牌子,写有"勤奋、严谨、求实、创新"八个大字。字写得很漂亮,词也有意味,来北大参观的许多人喜欢在此拍照留念,以为这就是北大的校训,其实不是。有人说它可以被看作是北大的学风,但也未得到公认——毕竟,许多大学可能都有这样的学风。1998年百年校庆的时候,学校总结了八个字"爱国、进步、民主、科学",但这依然不是校训。有人说它可以被看作是北大的传统,倒是得到了认同。最接近校训的也许是众所周知的八个字"兼容并包,思想自由",但它从未被作为北大校训出现过。即使是在当时,它甚至没有以今天人们所熟知

[①] 本文曾发表于《北京大学教育评论》2014年第12卷,合作者为北京大学教育学院硕士研究生汪峡。2007年4月11日,北京大学成立了《北京大学章程》起草调研工作小组,由时任北大副校长张国有教授担任组长,成员有我和教育学院博士研究生周详、光华管理学院博士研究生万芊等。当时我在党委办公室校长办公室任副主任,自此开始参与《北京大学章程》起草工作,至2008年7月完成《北京大学章程》第六稿(送审稿)止,一共工作了一年零三个月时间。此后虽然由于工作岗位变动,没有继续参与,但我始终关注着《北京大学章程》的起草制定工作。2014年7月4日,北京大学第12届党委会第5次全体会议审定《北京大学章程》,并上报教育部高等学校章程核准委员会评议;7月15日,教育部第22次部务会议审议通过《北京大学章程》,于2014年9月3日正式核准、生效。对于已经成立一百多年的北京大学来说,制定一部规范学校运行发展的章程实在是太重要了。

的面目出现——这八个字实际上是后人从蔡元培先生的一句话中抽取出来的。① 因此,在北大的官方介绍中,对校训作了如下的技术性处理——"爱国、进步、民主、科学的传统精神和勤奋、严谨、求实、创新的学风在这里生生不息、代代相传。"

岂止是没有校训,北大还没有自己的校歌、校旗和标识色。由鲁迅先生设计的校徽虽然一直在使用,但从未获得官方在法律意义上的认可,即使官方自己也在使用。开学、开学典礼以及毕业和毕业典礼的时间从不固定,完全依照当时的学校工作安排临时提前确定。不只是外人有这样的感觉,生活在其中的北大人自己也常常感叹,北大是一个规则感很差的地方,连道路都是曲径通幽的。但令人奇怪的是,即便如此,北大居然也就这么过了一百多年。它仿佛是一个学者的书房,可能外人看起来乱七八糟、杂乱无章,但在主人看来,每一个物事自有其摆放的位置和道理,只要不影响使用。

无规无矩地过了一百多年②,并不意味着以后的一百年也要继续这样过。现代大学是一个非常复杂的组织,而且是智力密集程度最高的机构。要使大学能够高效运转,就必须建立一整套从大学自身特点出发并与之相适应的规则体系,用来规范协调各类不同的人、不同的组织和机构以及他们之间相互发生作用的行为方式及其边界。正是从这个意义上说,《大学章程》是大学设立的基本要件和进行自主管理、依法治校的法律基础,是大学办学最基础最根本的规范性文件,其核心内容是对大学及其他教育关系主体权利和义务的规定,因此也被称为大学的"宪法"。

和其他社会机构相比,大学是一类非常特殊的机构。一个重要的区别是

---

① 这句话出自蔡元培先生答林纾先生的一封信,发表在《公言报》上。原文为:"对于学说,仿世界各大学通例,循思想自由原则,取兼容并包主义……无论为何种学派,苟其言之成理,持之有故,尚不达自然淘汰之运命者,虽彼此相反,而悉听其自由发展。"

② 其实北大成立之初有自己的规章,这就是1902年由光绪皇帝颁布的《钦定京师大学堂章程》。这可能是世界上唯一一部由皇帝颁布的大学章程。此前,在1898年成立京师大学堂的时候有《奏拟大学堂章程》;1904年颁布《奏定大学堂章程》;1920年《国立北京大学章程》(1919年内部组织试行章程)规定,"本教授治校宗旨,评议会司立法,行政会议司行政,教务会议司学术,总务处司事务";1932年《国立北京大学组织大纲》中提出著名的"校长治校、教授治学、职员治事、学生求学"原则;1947年有《国立北京大学组织大纲》。1949年后,大学管理体制发生变化,统一按照国家规定运行,没有自己的章程。直到最近提出制定《大学章程》。

研究真实世界的教育

大学的权力是分散的,凡事皆须协商。这也许和大学的诞生历程有关。在中世纪的欧洲,一些人出于生活需要而聚在一起相互学习,他们共同聘请水平更高的人来做教师,学业完成之后给自己发一张书面证明文件。渐渐地,聚集的人越来越多,就形成了大学。因此,在大学里,讨论和协商显得特别重要。在其他机构可以通过强制力加以实施的事情,在大学里基本上行不通,或者说极为困难。一般来说,无论是立法机构、司法机构、行政机构,还是企业公司和各类非营利性机构,他们的权力相对而言是单一的。尽管相互之间也需要协调,但由于权力的边界比较清楚,协调的成本和难度一般说来并不高。但大学则完全不同。大学里的各类权力是相互交织纠缠在一起的,彼此之间还可能存在着激烈的竞争。于是,大学治理就变得非常困难和复杂。难怪有人开玩笑地说,能够当好大学校长的人,就能够当好总统——事实上美国的许多政治家都做过大学校长。和建立现代企业制度相比,建立现代大学制度的难度要大得多。

在调研过程中,我们认真学习研究了世界上许多国家或地区具有代表性的大学章程,发现它们各自具有不同的特点。比如德国《波鸿鲁尔大学章程》的立意非常高远,而日本《东京大学宪章》则失之笼统,英国、澳大利亚、新加坡等英联邦国家大学的章程显得过于琐碎。从总体上说,国外大学章程带给我们的启示主要有以下几点:一是通过各类专门化的组织——如学术评议会、校务会议等——实现了学术与行政分治、成员共治与专家治理等目标;二是领导体制多采用校务会议与学术评议会并行的方式,董事会、理事会功能不一;三是在副校长与"三长"的问题上,各国大学的运行方式不同——美国的大学一般设多个副校长(7—8个),德国大学的副校长与"三长"虚实结合;四是在院系结构上,我国港台地区大学的学院结构一般不超过10个,形式上是传统书院制和新兴学院的结合,英国和日本的大学采用学部制,但与学院功能不同,美国的大学大多采用学院结构。

目前,国内已有一些大学陆续颁布了自己的《大学章程》,但关于《大学章程》本身的研究还尚显薄弱。国内一些学者如张文显、米俊魁等从法律角度对大学章程进行了研究,对我们启发很大。然而,在调研起草《北京大学章程》的过程中,我们依然遇到了相当多的棘手的理论和实践问题。围绕这些问题,我们曾经进行了多次专题研究和讨论,但坦率地说,迄今为止在最核心最关键的问题上尚无实质性的进展。

二

第一个问题:党委领导下的校长负责制如何在《大学章程》中体现?

和国外大学不同,中国大学的基本管理体制是党委领导下的校长负责制。这既是中国大学的特色,也是《中华人民共和国高等教育法》(以下简称《高等教育法》)第三十九条明确规定的条文:"国家举办的高等学校实行中国共产党高等学校基层委员会领导下的校长负责制。"但《高等教育法》只是规定了这条原则,其所阐述的高校党委的领导职责过于抽象和宏观,并未具体说明如何实现这条原则。作为国家颁布的法律,《高等教育法》可以进行这样的原则性表述,但作为大学的"基本法",《大学章程》就必须把这些问题回答清楚:党委领导下的校长负责制的内涵和外延是什么?党委实现领导的具体方式是什么?校长如何负责?党委领导和校长负责之间的关系是什么?在回答清楚上述问题的基础上,还应当考虑具体的写法:这部分内容是放在序言中,还是放在总则中?是单独写一章"党的领导"?抑或有其他实现方式?

这个问题之所以重要,是因为虽然所有由国家举办的大学都明确规定了"党委领导下的校长负责制",但在现实中的实现版本却五花八门。特别是党委领导和校长负责之间的关系模糊不清,往往容易出现要么党委领导缺位,要么党委领导越位的情况,中间尺度很难把握。在大学的实际运行中,党委书记和校长的工作风格,往往也会影响到"党委领导下的校长负责制"的实施。如果《大学章程》中对此做出了详细明确的说明,就可以在很大程度上规避上述问题的出现。

第二个问题:如何界定校务委员会?它应该成为一个拥有实际权力的机构吗?其组成原则、人员结构和职能范围应当如何规定?

北大及许多大学都设有校务委员会。顾名思义,校务委员会应当是管理

研究真实世界的教育

大学总体事务的机构。但目前校务委员会并不承担这一责任,在学校管理运行中不具有实际性的权力,其性质相当于荣誉性的"顾问委员会"。

如何在《大学章程》中界定校务委员会的定位,可以有三种现实性的选择:

一是按照现行管理体制和"三重一大"制度[①],继续保持校务委员会的荣誉和顾问性质。

二是依法赋予校务委员会相应实权。《高等教育法》在第四十一条校长职权条款下规定,"高等学校和校长办公会议或者校务会议,处理前款规定的有关事项"。从这个意义上说,赋予校务委员会实权是具有法律依据的,同时也具备一定的法律操作空间。然而,一旦校务委员会成为一个具有实权的实体性机构,将会面临两个问题:一是校务委员会委员的产生办法和比例。按照国际惯例,校务委员会的委员分为当然委员与代表委员,二者保持1:1的比例。因此,可以仿照这一惯例,将学校党委常委和校级领导作为当然委员,代表委员可以根据教师、职员、学生类别按照一定比例选举产生。二是校务委员会会议和校长办公会的职权容易发生冲突。哪些事权须由校务委员会决定,哪些事权须由校长办公会决定,这些都必须在《大学章程》中规定清楚。否则,在实际运行中极易产生混乱。似乎可以考虑校务委员会一年召开2—4次,研究学校最重大的战略性问题,并做出相关决定。

三是仿照人大常委会的组织形式,赋予其制度化建设(立法、审议、监督、奖惩)的权力,逐步推进校务委员会的建设性过程。这一方式的好处是,能够比较好地使党委领导落到实处,高校党委书记兼任校务委员会主任的做法也符合目前中国社会的惯例;同时在管理体制上明确了校务委员会的定位、职能和作用。但这种方式仍然会带来两个问题:一是校务委员会委员的产生办法和比例。在这种模式下,可以参照现行人大代表的选举程序和办法来选举产生校务委员会。二是校务委员会和教职工代表大会的职权容易产生冲突。哪

[①] "三重一大"指重大问题决策、重要干部任免、重大项目投资决策、大额资金使用。"三重一大"制度指"重大事项决策、重要干部任免、重要项目安排、大额资金的使用,必须经集体讨论做出决定"的制度。其表述最早源于1996年中国共产党第十四届中央纪律检查委员会第六次全体会议公报,对党员领导干部在政治纪律方面提出的四条要求中的第二条纪律要求:认真贯彻民主集中制原则,凡属重大决策、重要干部任免、重要项目安排和大额度资金的使用,必须经集体讨论做出决定。国家举办的高校自然被纳入这一管理序列。

些事权归属校务委员会,哪些事权归属教职工代表大会,均应在《大学章程》中事先做出明确界定和说明。

在中国当前体制下,校务委员会的地位的确难以明确。它到底是一个行政机构,还是一个参政议政机构?抑或是一个问政咨询机构?这些都是需要认真研究的问题。不过,从实际情况来看,在党政联席会(校长办公会)和教职工代表大会之间确实存在着一些模糊的权力空间,校务委员会似乎可以在其中起到一定的弥补作用。

第三个问题:如何界定校务委员会、学术委员会、教职工代表大会、党政联席会(党委常委会、校长办公会)的关系和职权界限?

在大学的各类组织中,校务委员会、学术委员会、教职工代表大会、党政联席会(党委常委会、校长办公会)是几个关键性的核心组织。在目前的管理体系中,这几个组织彼此相互交叉,职权范围界定不清,很容易走上行政权力一枝独大的道路。因此,《大学章程》对管理体系和运行机制的界定,主要应当说清楚这几个组织之间的关系和它们之间的权力边界。

目前,党政联席会实际上是一种非规范的组织形式,尽管在一定程度上提高了工作效率,但也容易导致党政不分的弊端。① 在具体实践中,还是应当把党委常委会和校长办公会区分开来。其中,党委常委会侧重决定"三重一大"事务,校长办公会侧重于日常决策。

学术委员会的职权相对明确,但其日常化的制度建设亟待加强,相关的启动、应答、处理和牵头机制必须完善。其中的关键在于两点:一是维护组织的独立性。学术委员会必须独立地、不受任何外界干扰地从学术立场出发做出自己的决定。二是加强日常操作性工作。学术委员会不应成为一个只是履行程序责任的机构,而应在大学日常学术事务决策中发挥领导性和主导性作用。作为其日常办事机构,人事部的具体职责应当在《大学章程》中做出明文规定。

教职工代表大会实际上是依据国家政治制度建设框架的要求而成立的一

---

① 北京大学的党委常委会和校长办公会的关系几经分合。最早是党委常委会和校长办公会分别召开,后来合并成党政联席会,最后又分开。

研究真实世界的教育

类组织。由于它不符合大学治理中的学术逻辑,非但难以彰显学术权力,而且也不易实现立法职能。未来可以考虑将其定位侧重于维权与监督。在这种模式下,教职工代表大会与校务委员会(一个具有实权的实体性机构)的关系可以表述为:校务委员会研究决定学校发展战略中的重大校务问题,教职工代表大会维护教职员工的合法权益,对奖惩与争议进行复议。

第四个问题:北京大学应当实行副校长制还是"三长制"?还是副校长与"三长制"并行的体制?

近现代中国历史上或西方大学的"三长"指教务长、训导长(学生事务长)和总务长。1949年以前,由于无副校长,"三长"的权力很大;1949年之后,取消了训导长建制,总务长职权压缩,将部分权力转移给行政副校长;1987年后,国内大学开始设秘书长,逐步形成副校长与"三长制"并行的制度,无法相互取代,但职权交叉现象明显。在有的国家,"三长"指的是教务长、总务长、图书馆长。

目前,如果从相对规范的角度看,现有体制的基本表现为:学术(科)副校长面对各院系,协调学术权力;教务长负责教学、科研、设备的管理工作;行政副校长统管人事、财务;总务长负责房产、基建、后勤;秘书长协助校长推进协调校务决策运行;学务长(党委副书记)负责德育和学生事务。总体上看,管理权能分割较为琐碎,且权力交叉现象严重。

未来可以有三种选择:一是副校长兼任"三长",但应对副校长(党委副书记)的职责按大类进行分工,以便于行政集约与大机构(系统)设置,否则容易导致分工交叉,职责混淆,反而有名无分;二是"三长"独立运行,"三长"无法管理的部分由副校长管理,但这可能妨碍行政权威;三是取消"三长制",只实行副校长制,但这可能不利于行政分工。

第五个问题:如何规范各类委员会和领导小组的职能和范围?

目前,北京大学的各类委员会和领导小组多达一百余个,相互之间职能交叉,因事设组现象严重。本来,委员会和领导小组的设置初衷是为了增强部门之间的协调性,但数量过多过滥则容易导致职能部门不作为,反而损害了委员会的权威和效率。因此,从原则上应该减少专门委员会和领导小组的设置,临时性的领导小组在任务完成后应有终止告示。

专门委员会有利于汲取专家智慧,是实现民主管理和科学决策的有效形式,也是世界上许多大学普遍采用的管理形式。如俄亥俄州立大学评议会下设内设、常设、特别委员会17个,伊利诺伊大学评议会下设委员会20个、行政顾问单位3个等。未来北大应根据实际工作需要,参照国际惯例,对专门委员会进行充分整合和规范,进一步明确常设委员会的数量和职能(不超过20个),在委员会中增加专家比例,提升民主决策能力,发挥其积极作用。在对现行委员会进行整合时,可以依据三个原则进行:一是按照行政部门进行整合,便于业务指导和运作。二是依据事务类别进行整合,便于归并和节约人力资源。不到万不得已的时候,尽量减少同类委员会/领导小组"一套人马,几块牌子"的现象。三是杜绝行政职能部门代替专门委员会决策,强化联系人制度和会期制度。

现行专门委员会分别对校务委员会、学术委员会和教职工代表大会负责,大体上可分为以下五类。

校务类:校务规划委员会(学科规划、事业规划、校园规划)、校务公开委员会、规章制度建设委员会、保密委员会、综合治理委员会、国际合作委员会、国内合作委员会;

教育类:招生委员会、教学改革委员会(教材建设、素质教育等)、学生生活指导委员会(心理健康、国防教育、就业指导等)、学位委员会;

资产类:国有资产管理委员会、房地产配置委员会(公房管理、住房/公寓统筹)、校办产业管理委员会、基础建设委员会、实验室/基地建设委员会、医院管理委员会、图书馆/出版社建设委员会;

学术委员会下设拨款委员会、聘任与薪酬委员会、学术道德委员会、学术仲裁委员会、重大科研项目审批/学术成果评定委员会、职称评审委员会;

教职工代表大会下设提案审理工作委员会、生活福利工作委员会、教职工素质建设工作委员会、劳动争议调解工作委员会、民主管理与监督工作委员会。

研究真实世界的教育

第六个问题：学术权力与行政权力如何平衡？如何充分保障学术权力的实施以及学术权力对资源配置的作用？

这个问题是建立现代大学制度的核心问题，也是制定《大学章程》的难点，是大学治理中一系列矛盾关系的来源。理想的目标是应当建立一个"大市场、小政府"的治理模式，因此必须明确回答诸如如何健全学术委员会体制、落实院系自主权和发挥专门委员会的作用等问题。

比如，斯坦福大学的学术事务决策主要集中在院系层面，包括专业设置、课程开设、学业标准制定等，均由院系行政管理者与教授们共同决定。学校层面的学术事务，主要通过学校行政管理者来决策，但行政管理者在决策时会充分尊重校学术评议会专家的意见。斯坦福大学的校学术评议会有近70人，下设不同的专业委员会，委员均由各个学院推选产生，每届任期两年，每个月或每半年召开一次会议，学校校长和常务副校长都要参加。

第七个问题：学术委员会体制如何健全？校、部、院（系）学术委员会委员如何产生？学术委员会的职能如何完善？

大学是研究高深学问的地方，学术委员会是学校、学部和院系的学术审议机构。设立学术委员会的目的是为了充分保证学术自由，提高学术质量，促进学术发展。

理想中的学术委员会体制可以表述为：院系学术委员会为院系或相关学科所涉及单位共同组成的学术审议机构，由7—17人组成，成员包括院系党政主要负责人、教授代表、院系外同学科的知名学者，院系主要负责人不担任主任职务，院系外专家不超过1/3。教授代表由各院系教授会按1/5比例选举产生。学部学术委员会为所属院系共同组成的学术审议机构，组成人员不超过23人，包括学部主任、组成单位学术委员会主任、部内知名教授代表（如3级岗以上），院系主要负责人不担任委员。学部知名教授代表由所属院系学术委员会委员按1/5比例选举产生。校学术委员会为本校最高学术审议机构，组成人员不超过29人，包括学校主要负责人（党委书记、校长、学术副校长）、各学部主任、校内知名教授代表（如2级岗以上），校长担任主任，校内知名教授代表由各学部学术委员会委员按 1/5 比例选举产生。①

学术委员会的职责是：

1. 拟定并决策宏观学术政策，审议学科建设与发展战略、教学科研改革的重大政策与措施；

2. 审议学科、专业设置和教学、重大科研计划方案，并在学术层面上提出决策性意见；

3. 评价教学、科研成果；

4. 审议教师职务聘任；

5. 制定学术道德规范，对有争议的学术事宜及学术失范行为进行审查并提出处理意见；

6. 审议重大科研项目的资源配置权（学部增加条款）；

7. 指导科学研究部、社会科学部、医学部科学研究处的工作（校一级增加条款）；

8. 审议其他应当审议的学术事项。

各级学术委员的定期会议每学年至少举行四次，根据各级学术委员会主任或 1/3 以上学术委员会委员提议，可召开学术委员会会议。学术委员会委员任期四年，各学部轮流改选。

学术委员会应有副教授和讲师代表参加，各级学术委员会教师代表（教授：副教授：讲师）应按 7∶2∶1 或 6∶3∶1 的比例选举产生。

第八个问题：学部是否应当成为实体性机构？其职能如何充实？

北京大学目前有五个学部，分别是理学部、信息与工程学部、人文学部、社会科学部和医学部。除医学部外，其他四个学部只具有归类意义，在学校实际运行中不发挥作用。

关于学部的定位和发展，可以有两种选择。一种是维持现行学部制。未来可能会演化为三种趋势：一是如日本大学的学部，强化行政职能，赋予其管

---

① 北京大学全校教职员中具有正高职称者 1772 人，如按 1/5，校学术委员会知名教授代表仅 14 人，如按 1/4，则为 27 人，故校学术委员会应在 22—35 人之间，可考虑为 35 人。

研究真实世界的教育

理院系的实权;二是如英国大学的学部,相对务虚,仅评议学术事务,作为学术委员会的一个层级;三是介乎二者之间,只增加学部人财物方面的资源配置权。另一种选择是逐步推行如我国台湾大学、美国哈佛大学的学院制。目前,台湾大学的院系大部分仍实施本科生教育,而哈佛大学则有专门的本科生学院。未来可以将北大现有学院合并为人文学院、理学院、社科学院、工学院、医学院等基础学院,仍实施高年级本科生教育和学术型博士研究生教育,而商学院、法律学院、公共管理学院、公共卫生学院、新闻传播学院则仅承担职业型硕士研究生教育。元培学院承担大部分低年级本科生教育。

如果按照现代综合性大学的发展趋势,上述第二种方案似乎更为合理可行。然而,目前学院制难以推行的症结在于"行政级别"。特别是,未来的学院和现有学院之间的"行政级别"如何对应和转化是一个关键问题。

第九个问题:院系所中心、管理部门和科研机构依据何种原则设立及关停并转?

一定时期内院系所中心、管理部门和科研机构应当依据学校的发展规划设立及关停并转,前提是提高专项规划的权威性与合理性。

管理部门设立及关停并转应由相关院系或职能部门提出议案,由学校事业规划委员会组织专家调研,形成调研意见,报学校事业规划委员会审议,校务会议(党政联席会)2/3以上通过始得实施。

第十个问题:院系领导体制如何确定?教授会、院(系)务会议、学术委员会组成、职能及相互关系如何协调?

这个问题的难点在于是否实行院长负责制与院系预算制。理想中的治理模式可以表述为:

学校实行校院两级管理体制,由相关学科主管副校长召集院系负责人联席会议。学院作为人才培养、科学研究、学科建设的具体组织实施单位,实行自主管理,享有学校授权范围内的办学权、人事权和资源配置权。具有独立建制的学系和教学中心,享有与学院同样的权利和义务。大学保持学科发展的稳定与传统。院系增设、合并、分立、撤销需由相关院系学术委员会提出议案,上报学部、校学术委员会讨论,学科、事业规划委员会审议,校务会议(党政联席会)2/3以上通过始得实施。

院长(系主任)是学院行政主要负责人,对学院的行政事务行使管理权,负责执行院务委员会决定,院长在学校范围内代表本院。院长人选通过教授民主推荐(院务委员会选举)或学校组织公开招聘(院务委员会投票通过)等方式产生,经学校组织部门考察、党委常委会批准,由校长聘任。

学院(系)办公会议由院长、党委书记、副院长、副书记组成,集体决策学院日常事务。院务委员会(院务会议)是学院的最高决策机构,由院长、党委书记、副院长、党委副书记、教师科研人员代表组成,教师科研人员代表和管理人员比例不小于2∶1。院务委员会讨论决定人才培养、科学研究、学科建设、人才队伍建设、思想政治工作和行政管理等方面的重要事项,院务会议定期召开,院长为当然的召集人。院系教职员全体大会(教代会)按1/5比例选举产生院务委员会委员。

院系设教授会,由全体教授(副教授)组成,选举或确定院长或系主任,选举院系学术委员会委员,投票确定教师的聘任与晋升,审议院系教学科研和财务人事等行政管理方面的重大事项。教授会作为教授治学和民主管理的重要形式,依据学院制定的教授会章程实行自治管理。院系学术委员会、学位委员会及学术常设专门委员会独立行使学术权力,维护学术自治。

院系设综合办公室、党委办公室、人事办公室、教学(务)办公室、科研办公室、学生工作办公室等职能部门,院系党政负责人与上述部门负责人组成综合管理委员会。学院实行独立的财务制度,接受学校财务部门指导监督。学校鼓励和扶植学院自主开拓资源。学院设置应有较宽的学科包容量,原则上涵盖至少两个领域相近或相关的一级学科。学院下可设系、教研室、研究所等学术机构。

三

《大学章程》的制定是一项既具有理论性又具有实际意义的极其复杂的工作。其具有理论性是因为,大学本身就是各种理论——包括与《大学章程》直

研究真实世界的教育

接相关的教育学、法学、政治学、社会学、管理学,等等——的聚集地和生产地。《大学章程》如果不能具有理论上的张力,既不可能被大学的教授们审核通过,也不可能得到他们内心的尊重。从这个意义上说,《大学章程》必须具有相当高的理论性,必须要让大学的教授们心甘情愿地接受并实施。其具有实际意义是因为,《大学章程》不是供在神龛里的摆设,它是要在现实生活中发挥实际作用的。人们要用它来规范协调各种各样的真实的社会关系。因此,《大学章程》如果不具有实际操作性,它将是一纸空文。不仅如此,它还很可能会扰乱现有的治理格局——各种各样的人出于各种目的都会把《大学章程》作为支持自己主张的法律依据。从这个意义上说,《大学章程》的制定和出台可能不完全是学者头脑中的想象,而是必须要对现实生活有相当深刻的理解和洞察力,对人性要有极强的把握,甚至还要有一点点精明。完全依赖于理论推演出来的《大学章程》可能是失败的。

上述十个问题是我们在《北京大学章程》起草调研过程中曾经深入思考过的重要问题,有些有了初步的答案,更多的问题尚处于无解的状态。把这些问题和思考整理出来,既是对过往一段工作的记忆,更重要的是,也许会对未来的《大学章程》制定工作提供一些借鉴资料。

参考文献:

1. 张银富:《校园民主与教授治校》,五南出版社1999年版。
2. 米俊魁:《大学章程价值研究》,中国海洋大学出版社2006年版。
3. 张慧洁:《中外大学组织变革》,复旦大学出版社2005年版。
4. 张宝泉:《美苏英德法高等学校管理比较》,东北师范大学出版社1998年版。
5. 董保城、法治斌、周志宏等:《大学运作与学术自由、大学自治之研究(期末报告)》,台北,2000年5月。
6. 米俊魁:《大学章程与高等教育法等概念辨析》,《教育与现代化》2007年第3期。
7. 湛中乐、徐靖:《通过章程的现代大学治理》,《法制与社会发展》2010年第3期。
8. 张文显、周其凤:《大学章程:现代大学制度的载体》,《中国高等教育》2006年第20期。
9. 北京大学发展规划部:《大学发展规划通讯》2007年第1期、第2期。

2014年2月6日初稿于Stanford University
2014年2月18日定稿于Stanford University

第四部分

大 教 育

什么是好的教育?[①]

现在人们对教育有很多不满和批评,这主要体现在两个方面:一方面,从社会舆论来看,几乎每一篇批评教育的文章都会在传统媒体和新媒体上受到不同程度的关注,很容易引起转发和共鸣;另一方面,人们"用脚投票",有条件的纷纷把孩子往国外送,没有条件的创造条件也要送,而且送出去读书的孩子年龄越来越小。这一轮始于2008年前后的"少年留学潮"正在裹挟着社会的多个群体,甚至波及了教育界内部。这是一件令人忧虑的事情:如果饭馆里的厨师自己都不吃饭馆里的菜,其他人还能吃吗?

之所以有不满和批评,源于人们的教育需求没有得到满足。这里,我把人们的教育需求假定为家长关于孩子的教育需求——在现实生活中,孩子对于教育的选择更多受到家长意志的左右。家长的需求代表了孩子的需求。

就孩子的教育而言,家长有什么需求呢?无论家长处于何种社会阶层,可以肯定的是,首先,普天下的父母都希望自己的孩子尽可能活得长。活得长意味着身体必须健康。其次,普天下的父母都希望自己的孩子一生平安幸福。平安幸福意味着生活没有灾祸,即使遇到了困难,孩子自己也能够克服。毕竟父母总有走的那一天,孩子终将要独立面对生活的艰难,这就需要心理要健康、乐观、坚强。最后,普天下的父母都希望自己的孩子做个好人,做正确的事

[①] 本文删节版曾发表于《光明日报》2016年1月19日第14版(教育思想版),题目为《什么样的教育才能满足需求?》。《基础教育论坛》2016年第9期同题转载;《教育文汇》2016年第16期同题转载;《辽宁教育》2016年第4X期同题转载;《决策探索》2016年第2期转载,题目为《把孩子送到美国就能享受"好教育"吗》。

研究真实世界的教育

情。没有人会教自己的孩子去当坏人,做坏事。在历史上,即使是土匪和黑社会头子,也一定要让自己的孩子去接受最好的教育,过正常人的生活。这三个需求是基本需求,其他所有需求都由基本需求衍生而来,可以称之为"派生需求"。比如,"出人头地"就是一种派生需求。处于社会和经济地位较低的阶层,通常会希望自己的孩子能够出人头地。但出人头地是为了什么呢?还是为了满足上述三条基本需求。对于那些接受过高等教育,社会和经济地位已经提升的一代父母来说,"出人头地"就不再是他们的教育需求目标,孩子上不上北大、清华其实没什么关系——毕竟能够进入北大、清华的只能是极少数人——但做父母的总是希望孩子能够身心健康,接受良好的教育,未来的生活平安幸福。

满足这三条看起来简单的需求并不容易。坦率地说,如果以此为标准衡量当下的教育,任何一条我们都没有做到。从身体上说,现在的孩子成天被写不完的作业、上不完的培训班所包围,几乎没有时间锻炼身体,更没有养成户外运动的习惯。学校里的体育课,也因为种种原因,其强度和对体能的挑战性大为降低。20世纪80年代曾备受关注的"豆芽菜"现象,现在几乎随处可见,学生戴眼镜的年龄不断提前,比例不断上升,身体素质不断下降。从心理上说,现在的孩子抗压能力极其脆弱,只能接受成功,不能接受一丁点儿的挫折和失败,稍不如意就采取极端行动,缺乏和他人有效沟通的技巧和能力。从价值观上说,在以高考成绩为唯一录取依据的强大"指挥棒"效应下,学校在不停地给学生灌输知识和训练考试技巧,价值观教育被事实上边缘化,甚至走向了反面——提供了扭曲和错误的价值观。走进教室,满眼皆是杀气腾腾的标语——"提高一分,干掉千人","扛得住给我扛,扛不住给我死扛","考过高富帅,战胜官二代",等等,令人触目惊心。我们把孩子送进学校,是让他(她)接受好的教育的,不是让他(她)掌握了一大堆考试技巧,不择手段地升官发财,然后在不如意的时候"干掉"那些挡自己道的人。

更为严重的是,这种高竞争性的选拔机制深深侵蚀了教育的肌体。它人为地把学生群体割裂成了两大类:一类是考试成绩好的10%的学生;另一类是考试成绩不好的90%的学生。判定是否考试成绩好的标准是学生高中毕业后能够进入大学的层次。为什么是 1∶9 的比例？因为全国每年约有 1 000 万高中毕业生，其中，约有 19 万考生能够进入 985 高校，54 万考生能够进入 211 高校，两者相加约为 73 万，恰好是高中毕业生总额的 10%。这 10% 的学生在四年之后的就业市场的竞争中获得了进一步的优势，导致不同层次的大学毕业生在劳动力市场上的工资差异极大，进而迫使社会、家庭和学校将注意力进一步集中在 10% 的学生身上。正如有些学者所尖锐指出的，90% 的学生成为事实上的"陪读"。从社会学角度说，"陪读"现象可能会产生两个严重的社会后果：一是 90% 的学生成了"沉默的大多数"。他们可能会和 10% 的学生形成对立、矛盾甚至是冲突。因为他们认为自己的处境之所以不利是因为有 10% 的少数人的存在。在以后的生活中，随着两大群体的学历层次逐渐拉大，二者之间的鸿沟越来越深，有可能导致社会阶层的割裂乃至断裂。二是 90% 的多数学生产生了"与我无关"的心态。由于长期以来在考试成绩的竞争中处于劣势，没有发现自己在除考试之外的领域中的优势，90% 的学生逐渐积累起焦虑、沮丧、失望、不自信和不信任等情绪，认为无论怎样都不可能改变自己的不利处境，他们过得并不开心，进而对任何教育改革措施怀有疑虑甚至排斥，认为"与我无关"。近年来我走访了一些所谓教育质量不高——主要是考上重点大学的学生数量不多——的中学，注意到这种"与我无关"的情绪正在师生中蔓延。如果不能采取有效措施加以疏导，这种群体性的放弃心态对社会发展将产生深远的不利影响。

　　许多人把教育领域出现的问题归咎于社会，认为是整个社会大环境出了问题，教育作为社会的组成部分，不可能独善其身。我认为，这是在逃避责任。诚然，在从计划经济体制向市场经济体制转型的过程中，由于旧体制尚未完全打破，新体制尚未完全成型，社会不可避免地会出现种种迷茫甚至是混乱，但我们不能理所当然地无所作为。恰恰相反的事实是，越是在人心飘浮不定的情况下，教育越显示出其不可替代的独特价值。历史上，18 世纪的英国、19 世纪初期的美国也曾出现过"拜金主义"盛行下的社会混乱，但端赖于学校体系和富于献身精神的教育人士的努力，不断培养"品性高尚、体魄强健"的"自然贵族"，逐步建立起完善的社会诚信体系，成功地扭转了社会环境的恶化，正如

研究真实世界的教育

扭转了自然环境的恶化一样;两千多年前的中国春秋时期,也曾出现"礼崩乐坏"的社会混乱,但端赖于孔子等一代又一代教育家的不懈努力,最终使中华文脉绵延不绝。反之,盛极一时的古罗马帝国由于教育界的集体放弃,无力抵御腐朽荒淫奢侈的社会侵蚀,最终崩塌覆亡,教训不可谓不深刻。教育是社会的良心。只要这个良心不坏,社会就会朝着好的方向发展。

今天,越来越多的中国父母把孩子送到美国,希望他们接受良好的教育。殊不知,美国教育的精髓恰恰来自于中国古代教育的智慧。只不过,这些智慧我们现在自己丢弃了而已。比如,许多人赞赏美国教育体制下的孩子能够最大限度地发展自己的天性。其实,这不就是孔子"有教无类"——任何人都有其闪光之处,都应当接受教育——的思想吗?又比如,许多人津津乐道于美国教育的"启发式",批评中国教育的"灌输式",其实,孔子从来不曾给学生灌输所谓的"知识",所以颜渊喟然而叹:"夫子循循然善诱人!"还比如,许多人认为美国学校自由度大而中国学校办学自主权少,其实,老子早就说过,"治大国若烹小鲜"。不要像煎小鱼一样翻来翻去,"无为而治"的效果最好。

也许我们正在丢失中国古代教育中最宝贵的精髓——价值观教育。对于古代中国人而言,识文断字的目的从来就不是为了获取知识,而是为了"明明德"。在13岁以前,小孩子就把一生中必须阅读的经典之作全部读完了,在以后的生活中,他自会随着阅历的增加和人生体验的丰富,不断把那些当初刻进脑子里的文字转化成现实生活的需要,"敬天畏人",知道什么事是正确的,什么事是错误的,知道"日中则昃,月盈则食",知道"罪莫大于可欲,祸莫大于不知足,咎莫憯于欲得"。在古代士大夫那里,学习琴棋书画是为了陶冶情操,怡情养性,追求卖弄技巧是连青楼女子都不屑于做的"末技",所以子夏说,"虽小道,必有可观者焉;致远恐泥,是以君子不为也"。但在当下的教育里,学生们掌握了大量的知识,能够讲一口流利的英语,却丢弃了文字背后的精神和信仰;孩子们穿梭于一个又一个艺术技能训练班,却缺乏对美和艺术的基本鉴赏力。事实上,如果没有树立起正确的价值观,不懂得做人的道理,学了那么多的知识和艺术技巧又有什么用呢?

什么是好的教育?我认为,能够满足家长关于孩子教育需求的教育就是好的教育；能够让孩子养成户外运动的习惯，拥有强健体魄的教育就是好的教育；能够让孩子拥有一颗乐观积极的心灵，勇敢面对生活中种种挫折和不如意的教育就是好的教育；能够让孩子明辨是非，知道做人做事的底线的教育就是好的教育。满足这些简单的需求并不难，只需要教师有一颗爱孩子的心，把别人的孩子当成自己的孩子就可以做到。最关键的是，考试招生制度改革要与之相配合并加以引导，使那些接受了良好教育而不是接受了大规模重复性训练的学生能够进入自己理想的大学。做到了这些，我们在家门口就可以满足对孩子的教育需求，为什么还要把孩子漂洋过海送到异国他乡去接受"人家的教育"呢？

2015年6月1日初稿于北京大学经济学院
2015年6月10日定稿于学院派

谁应当做教师?[①]

在一次中学教师培训班上,我向学员们提了三个问题。第一个问题是:在你们当中,有多少人是从一开始就想当老师的?没有一个人举手。第二个问题是:那你们为什么又成为教师了呢?答案就比较多了。比较集中的有:为了谋生;高考成绩不高,只能上师范类院校;家里穷,上不起别的大学,只能考免费师范生,等等。我又问了第三个问题:你们已经教了十几年书,现在有多少人是喜欢当老师的?只有四个人举手,不到学员总数的1/20。三个问题问完,我开始讲课。但直到离开教室,我的脑海里始终回荡着这三个问题和老师们的回答。参加培训的老师来自当地一所小有名气的中学。他们对于自己职业的态度尚且如此,更何况其他中学和小学呢?

我没有做过更详细的调查,不知道目前在中国的1 400多万专任教师中,有多少人是真正喜欢做教师的,有多少人仅仅是以此谋生的,还有多少人是完全不喜欢但不得不去当老师的。我不知道,当师范院校招生时,招生人员有没有问过填报志愿的学生:你喜欢当老师吗?我也不知道,当学校招聘教师时,人事部门有没有问过前来应聘的毕业生:你喜欢当老师吗?

今天,中国的教育事业取得了举世瞩目的成就,许多数据已经达到或超过发达国家的平均水平,但教师在人们心目中的形象似乎越来越差,喜欢从事教育事业的人似乎越来越少。媒体上,经常可见关于校长和教师"虐童"、性侵的

[①] 本文曾发表于《光明日报》2016年3月22日第14版(教育思想版)。《师资建设》2016年第4期同题转载;《幼儿教育》2016年第9期同题转载;《教育文汇》2016年第10期同题转载。

报道。教授被称为"叫兽",专家变成了"砖家"。曾经何其崇高的"天地君亲师"中的"师",演变成了令人厌恶的"眼镜蛇"。从表面上看,人们对教师还算客客气气,但那只不过是因为孩子在学校上学,内心深处又何曾对教师有多少真正的敬重与尊敬呢?等到孩子毕业了,又有多少人还会怀着感恩之心去问候老师呢?"万般皆下品,唯有读书高",我们这个民族曾经把知识看得何等神圣,然而,今天我们既不尊重知识,也不尊重传授和创造知识的人——教师,更因此不愿意从事教育工作。"家有三斗粮,不当孩子王",即便是教师自己的孩子也不再愿意继续教书育人。那些曾经令我们无限敬重的教育世家已经渐渐消失在历史深处。

造成这种现象的原因,可能来自两个方面。一是20世纪初叶,"打倒孔家店"运动在推翻旧文化的同时,也随之丢弃了中华民族尊师重教的优良传统;更为沉重的打击则是来自"文化大革命"对学校教育的摧毁。知识分子被打翻在地,成为人人可以踏上一只脚的"臭老九"——这个称谓不由得让人联想起蒙昧的元朝——教师作为知识分子的一员,自然不能幸免。经过这两次大运动的洗礼,社会已经失去了对知识的敬畏和尊重。即便如此,当年从事教学工作的,还是一批喜欢教书的人。1957年"反右运动"之后,大批知识分子被下放到农村接受贫下中农再教育,他们当中相当一批人成为当地基础教育的中坚力量。在这些高级知识分子的悉心调教下,一批有志青年事实上接受了高水平的教育。因此,甫一恢复高考,这批人便马上脱颖而出,成为改革开放时代建设国家的栋梁之材。20世纪70年代末80年代初,大学里农村学生比例比较高,很大程度上来自这些下放知识分子的贡献。然而,随着"文化大革命"结束和落实知识分子政策,这些具有丰富经验的教师逐批返回城市,他们教过的弟子们也都考入了大学,毕业后不再从事教师工作。因此,和20世纪中后期相比,广大农村地区的教师水平实际上是下降了。

另一个更为直接的影响则是来自于20世纪90年代以后各类社会群体之间的经济收入差距。微薄的工资不足以吸引优秀的人才投身于教育事业,即使那些原本喜欢教学的人也因为收入低而放弃了做教师的理想。面对这种情况,政府开始加大对师范院校的支持力度,通过"免费师范生"等项目,为教师

研究真实世界的教育

提供了一系列政策性保障措施,力求保证基础性的教师数量。然而,在教师收入整体偏低的情况下,通过行政手段人为固化教师群体,却进一步阻碍了高素质人才进入教师行列。由此形成了一个恶性循环——政府越是对师范院校提供政策性照顾,社会就越会形成对师范院校的歧视性认识,学生就越不愿意报考此类院校,政府就必须进一步加强政策性支持力度。

什么样的人才能成为教师呢?不是所有的师范院校的毕业生都适合成为教师,也不是只有师范院校的毕业生才能成为教师。在我看来,教育学理论固然重要,但仅仅懂得了教育学理论并不意味着一定能够教好书,成为一个好教师。在所有可能影响一个教师是否优秀的因素中,爱孩子应当是首要的一条。一个人如果不喜欢孩子,看见孩子就嫌烦,他(她)怎么可能把全部精力都放在孩子身上呢?很可能孩子还会成为他(她)的出气筒和发泄对象。只有爱孩子的人才会喜欢教书,只有喜欢教书,才会整天琢磨怎样才能使孩子喜欢学习,帮助他们成长进步,也才能体会到作为教师的成就和快乐。

世界上有两种人,有的人喜欢孩子,也有的人不喜欢孩子。喜欢孩子的可以生好几个,不喜欢孩子的一个也不想要。喜欢孩子的和孩子待在一起总是很开心,也很有耐心;不喜欢孩子的看见孩子就不高兴,听到孩子哭闹就莫名地烦躁。这两种人我们在生活中经常可以见到。同样,世界上有的人喜欢教书,有的人不喜欢教书。喜欢教书的人走进课堂就兴奋,有足够的耐心回答学生各种各样稀奇古怪的问题;不喜欢教书的人走进课堂就像上了刑场,恨不得早早把50分钟应付了事,夹包走人。这两种教师我们在生活中也可以经常见到。

为什么教师一定要选那些真心爱孩子的人呢?这是因为,和医生一样,教师也是非常特殊的职业。这两种职业都不能被视为简单的谋生手段,而必须具有某种超越性的精神吸引力。从事这两种职业的人必须要凭良心和对工作本身的专注痴迷来保证工作质量,否则就会造成无法弥补的损失和伤害。因为对他们的监督过于困难从而在事实上无法实现。在企业里,对员工的监督可以凭借业绩。但教师的业绩是学生,学生的成就往往在二三十年后才能显现,又怎么可能在当下判断出教师是否尽到了自己的责任呢?医生也是一样。

医生的业绩是把病治好。但治病就有风险，没有医生可以包治百病。当手术失败的时候，你很难分清楚到底是医生没有尽到自己的责任还是病压根儿就没法治。因此，如果医生不能以救死扶伤为天职，如果病人家属不能对医生有足够的信任，一定会导致医生采取最保守的治疗方案——即使治不好，也不能追究我的责任。最终受害的还是患者。这就是典型的逆向激励。

教师和医生都是天生的从业者。对他(她)们而言，都不宜中途转换职业。除了教书育人和救死扶伤之外，他们不应当再有其他的欲望，任何其他领域都不能构成事实上的诱惑，从工作本身当中他们已经获得了足够的成就感和乐趣。要做就做一辈子：当一辈子老师，做一辈子医生。如果想要当官和挣钱，一开始就不要入行。不要把医生和教师当成跳板，那会玷污这两种职业的圣洁。

正因为如此，人类社会通过两种方式来解决教师和医生的激励问题。对于教师而言，通过严苛的要求选择那些真心喜欢教书的人，为他们提供稳定丰厚的收入，使他们仅仅凭借教书就可以维持相对高水平的生活水准——但也不会太高，因为真正喜欢教书的人用不了太多的钱，这也是甄别一个人是不是真的喜欢教书的方式之一——同时，给予教师较高的社会地位，受人尊重，使教师在货币收入之外还能够获得强烈的非货币满足感。为教师提供宽松的外部环境，让他们尽可能从容自由地思考和创造。对于医生而言，通过长时间的专业训练和高成本来甄别出那些真正喜欢救死扶伤之人，为他们提供高额收入，以弥补他们为成为医生而付出的成本，同时可以维持很高的生活水准——这样他们就会把全部精力投入到临床和研究上，不需要分出精力去干别的事，并且强制性地要求医生立下誓言，用内心崇高的道德法则约束自己的行为。

今天中国的各类教育机构看上去很像一个缺乏远大理想的企业。在基础教育领域，对教师的业绩考核标准是学生的考试成绩，至于什么对学生的长远发展有利，怎样才能培养出优秀的创新性人才，已经不再是教师考虑的问题。这样一来，学生和老师的关系在某些情况下就发生了根本性的异化。在高等教育领域，对教师的业绩考核是科研论文的发表数量和引用率，教师当然不会把本科生的教学视为最重要的工作。喜欢做科研的人把精力全部投入到科研

研究真实世界的教育

上,不喜欢做科研也做不了科研的人把精力全部投入到兼课赚钱上,又怎么可能保证本科教学的质量呢？

教师是教育中最核心的因素。没有好的教师群体,就不可能培养出高质量的优秀人才。在教师选任问题上,我们应当进一步拓宽视野,不仅从师范院校招聘"科班出身"的人,也要从综合性大学中招收那些真正喜欢孩子和教学的人。我们已经做出了一些探索,但还不够。在这一点上,也许我们可以借鉴美国教育界的一些有益经验。美国并没有专业化的师范院校,但类似于芝加哥大学这样以教学为使命的顶尖大学却培养了成千上万的杰出教师,奠定了美国教育领先全球的基础。哈佛、耶鲁、普林斯顿等最著名大学的许多博士因为喜欢"做更有意义的工作"而选择了在中学教书,在"9·11"之后更成为一种社会潮流。此外,相当多的大学教授,包括众多的诺贝尔奖获得者,对基础教育持续投入了巨大的兴趣、热情和精力,大学对此非但没有限制,反而给予了有力支持。至于私立的寄宿制学校,教师的来源则更为多元化,甚至没有资格上的限制要求。这种多样化既给基础教育带来了巨大的活力和宽广的视野,也保证了美国人才培养的高质量。

2014年6月14日初稿于Oak Creek Apartments,Palo Alto,CA
2014年7月10日定稿于Stanford University

我们为什么要办高中？[1]

在所有正式教育阶段里，或许高中是最令人困惑的。高中之前是义务教育，每个人都必须接受；高中之后是高等教育，只有少部分年轻人能够进入大学。[2] 这两个阶段的定位和目标相对清晰。但是，我们为什么要办高中呢？它既不是每个人必需的因而是强制的，也不是每个人向往的因而要追求的。

乍看起来，这个问题有些令人错愕。2015 年中国高中毛入学率已经达到 87%，面对这样显著的成就，难道说我们不清楚自己在干什么吗？当然不是，也不应该是。理论上，教育学中有关高中教育的价值与意义的文献汗牛充栋，但在实践中，高中教育却被简化为一条向上攀升的升学直线上的一个环节——更准确地说，是大学预科班。越是有名因而家长越愿意送孩子就读的高中，越是把全部资源和力量投入到能够有效提高高考分数的领域。这些备受瞩目的名校呈现出明显的校格分裂状态：一方面，校长们在各个场合不断提出令人眼花缭乱的新教育理念，热闹非凡；另一方面，在教室里却上演着最残酷单一的刷题策略，冷彻骨髓。"虚情假意谈教育理念，真心实意搞应试训练"，对于高中校长而言，既是一个令人痛苦的选择，又何尝不是一个不得不做

---

[1] 本文以对话稿的形式发表于《光明日报》2016 年 12 月 6 日第 15 版（基础教育版），题目为《从"升学"转向"成人"重新定位高中教育》，对话人：北京师范大学资深教授顾明远、北京市玉渊潭中学校长高淑英。《教学管理与教育研究》2016 年第 22 期转载，题目为《秦春华：高中教育不是大学预科班》。

[2] 2015 年中国高等教育毛入学率达到 40%，尽管这是一个超过中高收入国家的显著成就，但仍然意味着一半以上的年轻人不能进入大学就读。

研究真实世界的教育

出的选择?事实上,如果一个校长真的按照自己的教育理想去办学,一旦他(她)不能实现升学率的有效提升,就连家长都会群起而攻之。倒是在那些已经产生不了北大清华学生的高中里,教育改革反而做得有声有色,校长也更加从容。这常常使我陷入了迷惘:从更长远的人生来说,到底是谁接受了更好的教育?是那些在名校里埋头刷题的学生,还是那些在"一般"中学里自然接受教育的学生?

这并非一个新问题。自20世纪60年代起,我们就开始反对"中学片面追求升学率"[①],越反对中学追求得越厉害。人和机构受利益驱动。改变人们行为的不是理念、口号和文件,而是利益。如果我们不能阻止中学追求升学率——无论是"片面"的还是不"片面"的——那么,与其反对"中学片面追求升学率",倒不如勇敢地正视并承认中学追求升学率的正当性和合理性,通过对考试招生制度的改革,引导中学在追求升学率的过程中,能够为学生提供好的教育,从而使中学追求升学率这样一种自利行为,可以自动地实现家长和社会所期待的良好教育生态,其效果可能比政府的反对或提倡还要好。当然,这样做意味着更大的智慧、更多的努力和付出。

在讨论高中教育时,我们尤其要关注两个数字:一个是高中毛入学率87%;另一个是高等教育毛入学率40%。前一个数字表明,我们国家年轻人中的绝大多数接受了高中教育;后一个数字表明,我们国家年轻人中只有少部分人能够接受高等教育。对于高中教育而言,这些意味着什么呢?

我认为,这两个数字决定了我国高中教育的目标必须从"升学"转向"生活"。上学是人生必须要经历的阶段,但人的一生并不需要全部用于正式教育。总有一天,人会离开学校,走上社会。"升学"只是人生中短暂的几个节点,但生活却意味着人生的全部。从这个意义上说,高中的确是正式教育中的一个环节,但这个环节的任务不是或不仅仅是为下一个教育阶段做准备。教育的本质的确是做准备,但高中教育应当为下一阶段乃至以后更长时期人的

[①] 说这句话的人也知道,不可能不让中学追求升学率,因此加上了"片面"二字的修饰词。但这个修饰词解决不了任何问题,因为你无法准确地区分哪些做法是"片面"的,哪些做法又是不"片面"的。事实上,任何一所中学都会追求升学率,除非它因为绝望而放弃。

生活做准备。无论这个阶段是指教育阶段,即升入大学,还是指走上社会的阶段,即就业。

我们把高中教育的价值局限在升学上,将会产生两个严重后果。一个是不公平。未来只有少数人能够升入大学,或极少数人能够升入好大学。对于那些不可能升入大学的学生而言,定位在升学上的高中教育就失去了意义。即使对于那些能够升入大学的学生来说,也可能意味着不公平。因为一旦以升学为目标,学校资源就会流向能够对升学率产生最大贡献的领域。这只会对考试成绩最顶尖的那部分学生有利,对绝大多数学生来说是不利的。

另一个后果是学生有可能没有受到真正的教育。在许多人的意念里,教育等于上学,上学等于接受并掌握知识,掌握知识等于记住知识点和唯一答案。知识点的确能够帮助学生在升学考试中得到更高的分数,但它们解决不了人可能面临的道德困境,内心的挣扎,面对复杂问题时的艰难抉择,以及精神上的救赎等。这些问题不解决,总有一天它们会反过来吞噬掉人的灵魂。人的心灵就像是一面布满灰尘的镜子,真正的教育之风将会拂去这些尘土,帮助人建立起正确生活的精神基础,救自由的灵魂于朦昧之中。高中生恰好处于心智将成熟未成熟的阶段,更需要成年人对他们进行心灵上的呵护和引导。因为孩子正值青春期,家长往往对此束手无策——许多孩子根本不和家长交流——这个责任只能而且必须由学校承担起来。

上述两点关注的是个人层面,更大的问题在于,或许我们正在有意无意地忽视社会意义上的高中价值。高中教育全面普及意味着社会上的绝大多数人都接受了高中层次的教育。这些人在想什么做什么,决定了我们社会的状态。他们构成了社会的主体,而不只是那些读了好大学的人。随着人们社会经济条件的变化,人和人之间开始出现分化,社会开始分层,由此产生了分裂和对立。教育应当提供与之平衡和对抗的力量。因此,高中教育的任务就绝不仅仅在于只把成绩最好的那一部分孩子送进大学,更重要因而也是更艰巨的任务在于,它同样也要为那些成绩不好的孩子提供改善和进步的机会,通过教育凝聚社会共识,凝聚起绝大多数学生对这个国家、社会和本土文化的基本一致和有约束力的理解,不至于造成社会分裂。

研究真实世界的教育

分裂源于越来越残酷的竞争。"十一"期间,朋友带两个孩子来看望我们。我们很不识相地问了一个让孩子最不开心的问题:"学习成绩怎么样啊?"姐姐倒是痛快地给出了答案,弟弟则垂头丧气地说:"我学习不行。我是学渣。姐姐才是学霸。"在听到这两个词的那一瞬间,我的心陡然一疼,仿佛被针狠狠扎了一般。两个9岁的孩子,已经在他们的社会——学校——里被分裂为两个不同的群体:学霸和学渣,而且这种分裂得到了自我预言式的认同。

不要以为竞争只是对"学渣"造成了伤害,事实上,"学霸"受到的伤害可能一点也不少。这种伤害部分来自"学渣"心中的愤怒——他们认为自己的不利处境是因为"学霸"的存在而导致的——一旦这种愤怒失去了约束和控制,冲破了可以忍受的界限,他们就有可能对自己的"学霸"同学痛下杀手。这种恨意是一种戾气,应当也只能通过教育加以消弭。

凝聚社会共识最重要的方式是让人们学会合作。通过合作实现共赢,最终给每个人都带来幸福。人们只有在合作中才能意识到对方的存在对自己而言是重要的。人和人之间的确存在着竞争,有时竞争还很激烈,但竞争并非生活的全部。即使在竞争中,人和人之间也不是你死我活的关系,而是共存共生的关系。

实际上,让人们学会合作并不容易,让学生在受教育的过程中自然而然地建立起合作的观念、意识和方法就更加困难。我们需要在课程设置、学习内容、教学方法、考试评价等诸多方面进行更有意识和目标的设计,为学生提供更有效的训练。

去年,朋友的孩子代表中国参加了一项国际机器人比赛。所有国家的选手分成不同的小组,两两对垒,就像我们通常在足球比赛中看到的一样。比赛的规则是,先完成任务者获胜,同时获得相应的积分。能否进入下一轮比赛取决于各队的积分。每一队的积分由两部分组成:一部分是自己完成任务后获得的分数,另一部分是对手获得的分数。比如,假定你得了100分,对手只得了50分,那么你的积分就是150分;另一队也得了100分,但对手得了80分,那么它将得到180分。虽然你们都战胜了对手,但由于另一队的积分高于你,所以它将获得最终胜利。因此,在这项比赛中,仅仅战胜对手是不够的,为了获得最终胜利,你不仅需要保证自己能够获胜,而且还要想办法帮助对手,让它和你之间的差距不至于太大,以实现积分最大化的目标。这个比赛的最大特点是体现了竞争中的合作:作为比赛,它仍然是竞争性的,但最终胜利却取决于你如何和对手之间进行有效合作。通过制度设定,所有参赛选手都必须明白一个道理:利益体现在合作之中,只有合作才能实现最大利益。这位当医生的朋友由此感叹道,这个道理也适用于医疗卫生领域。因为在全球化时代,谁也不可能独善其身,传染病也许只隔着一道机舱门。仅仅实现你的发展是远远不够的,你还要而且必须帮助其他人共同发展。[1]

  这个真实的故事可以启发我们更深地思考:如何通过制度和规则的微小变化去影响甚至改变学生们在合作问题上的思维和行动?事实上,如果跳出教育的视界,我们可以更清晰地看到,上述这些复杂的问题单靠学校是不可能解决的,同样需要多方合作。学校和家长可以只关心分数和升学率——事实上他们不应该这样做——但政府不行,它必须超越这些,关心一些更为基本的东西。大学更应该通过招生录取的变革,在引导基础教育发展和年轻人成长上发挥更大的作用。此外,媒体、企业、文化界等其他社会力量也共同肩负着教育年轻人的责任。否则,我们就有可能面临这样一幅图景:学生日复一日地上课、考试,有的人升入大学,有的人没有;教师日复一日地上课、下课;所有的教育活动都在照常进行,看不出和往日有什么不同,但也许就在这表面的平静之下,可能涌动着一股需要引起我们警惕的不寻常的暗流。无论如何,升学只是一个结果。在教育问题上,结果并不是我们应当关注的全部。和升学结果相比,还有一些对于我们这个国家和社会而言更重要的东西应当受到我们更大程度的关注,而这样做的原因并不依赖于社会性的后果。

  今天的高中生就是未来社会的成年人。今天他们在高中里的生存生活状态是什么样子,就决定了未来十年后社会的生存生活状态。我们希望生活在一个更美好的社会里吗?那我们就必须从现在开始关注所有的高中生。不只

---

[1] 感谢北京大学医学部副主任肖渊和夫人李军以及他们的儿子肖喆文向我提供的这个精彩案例和极富启发意义的讨论。

研究真实世界的教育

是关注那些能够进入大学的"好"学生,更要关注那些可能进不了大学的"沉默的大多数"。这两个群体之间,也可能只隔着一道机舱门。这才是今天高中教育可能面临的真正危机。我们要想尽一切办法让他们成为一个群体,一个利益共同体,而不是分裂的两个群体,尤其是一个群体的成功建立在另一个群体的失败之上。

2016 年 11 月 24 日初稿于北京大学教育学院

2016 年 11 月 27 日夜定稿于五道口嘉园

中国人的科学素养从哪里来?[①]

最近,五岁的女儿迷上了《西游记》(当然是86版的),每天非要看一集才肯睡觉,整天一副若有所思的模样,冷不丁还会问妈妈:"为什么孙悟空看到的是妖怪,唐僧看到的却是孩子、老人和女人呢?""孩子都是自己的好",毫不谦虚地说,就凭这一问,完全可以把我女儿招进北大,因为大学招生中所有要考查的核心要素,诸如好奇心、想象力、批判性思维乃至哲学思辨等,都包含在这宝贵的一问中了。

这当然是个玩笑,但这个玩笑却可以引发我们更深的思考。为什么孩子往往能够提出各种各样稀奇古怪的问题,等到长大了,特别是进了学校之后,却越来越提不出有价值的问题了呢?如果说,一个人来到世间,本是块晶莹剔透的美玉,走了一遭之后,却沾了无数的污秽尘垢,离世时要洗干净才能回家(杨绛先生语),难道我们不该反思那些我们所接受的蒙昧心灵的教育吗?教育应该让人的心灵更加开放,更加清澈,也更加高贵,而不是更加蒙蔽,更加混浊,更加卑污。

我又想起了另一个故事。一个妈妈正在厨房洗碗,听到小儿子在后院蹦蹦跳跳的声音,便对他喊道:"你在做什么?"小男孩得意地回答:"我要跳到月球上去。"你们知道妈妈说了什么吗?她说:"好啊,但一定不要忘记回家哦。"这个小男孩长大以后成为人类第一个踏上月球的人,并且留下了那句响彻太

[①] 本文是我于2016年4月8日在由搜狐教育和知识分子联合主办的"科学+X跨界公开课"上的演讲稿,删节版曾发表于《现代教育报》2016年4月29日第7版,题目是《帮孩子找到自己的"礼物"》。

研究真实世界的教育

空的经典名言:"这是个人迈出的一小步,却是人类迈出的一大步。"他的名字叫尼尔·奥尔登·阿姆斯特朗。

假如阿姆斯特朗的妈妈当时说:你是"癞蛤蟆想吃天鹅肉"吧?或者说:你是中邪了吗?还不赶紧回屋写作业去!我想,若干年后,也许还会有人成为第一个在外太空星体上留下脚印的人,但可以肯定的是,这个人绝不会是阿姆斯特朗。

所以说,父母是孩子科学素养最重要的呵护者和引导者。我有意识地去掉了培养者。从本质上说,孩子对外部世界的好奇心是上天赋予的礼物,不需要培养,事实上也培养不出来。父母所要做的,无非是保护好孩子的好奇心,不是浇灭而是点燃他们心中的火,鼓励他们对未知世界的探索,如果有能力有条件再加以有意识的引导罢了。我特别反对父母按照成人世界的成功标志去有意识地培养塑造孩子。你在含辛茹苦企图为他浇铸一个辉煌未来的同时,也许就在亲手毁掉本属于他(她)自己的幸福。

2015年,美国神经科学家Frances E. Jensen发表了《青少年的大脑》(*The Teenage Brain*),详尽解释了青少年的大脑和行为与婴幼儿以及与成人之间的差别。他通过大量的实证研究证明:青少年的学习能力高于成人,随着年龄的增长,学习能力则会逐渐减退;学习可以自然发生,多元化的学习环境有助于大脑的发育和学习能力的形成;但由于青少年大脑的控制单元落后于学习单元的发育,他们的自控能力和道德分析能力不如成人。[①] 因此,在学习能力方面,孩子要比父母强得多。每个人来到世间,都带有一个特殊的使命。区别在于,有的人能够发现并实现自己的使命;有的人浑浑噩噩,终其一生也找不到自己的使命是什么。和孩子相比,父母只是多了些知识和经验,又有什么资格和能力去影响甚至阻碍孩子实现自己的使命呢?你的孩子的潜力和未来发展空间,也许要比你的大得多,甚至比你的想象还要大。

影响孩子科学素养的另一个重要因素是教师。有多少孩子就是因为教师的一句话而激发了自己对某一领域的浓厚兴趣从而做出非同凡响的成就,又

[①] 本段文字得益于与北京大学化学与分子工程学院卞江博士极富启发意义的讨论,在此表示感谢。

有多少孩子因为教师的一句话而彻底丧失对某一学科的兴趣。我自己就是一个典型的例子。我本来应该是一个伟大的数学家，却不幸成为一个平庸的院长。三十多年前在小学学四则运算的时候，老师告诉我零不能做除数，我傻傻地问了一句："零为什么不能做除数？"老师瞪大了眼睛看着我说："零当然不能做除数了！零怎么能做除数呢？"于是我灰溜溜地回到座位上，从此记住了零不能做除数，却也没有再继续追问下去。等到在大学里学高等数学的时候，我才知道，如果沿着"零为什么不能做除数"追问下去，比如，让一个数字无限趋近于零，那就是极限的思想了。也就是说，当年我恰好徘徊在微积分的门口，就因为老师的一句话，这扇门被砰的一声关上了。这是我第一次和数学之神擦肩而过。后来，上初中学平面几何的时候，老师告诉我两条平行线不能相交，我又傻傻地问了一句："两条平行线为什么不能相交？"老师指着我差点笑岔了气："平行线当然不能相交了！相交了还能叫平行线吗？"在全班同学的哄堂大笑声中，我灰溜溜地回到座位上，在记住了"两条平行线不能相交"的同时，也彻底丧失了对数学的任何兴趣——这导致我直到今天也缺乏足够的空间想象力。2012年的一天，我和北大数学学院的柳彬教授出差。我问他："数学家看世界和普通人看世界有什么不同？"他给我举了一个例子。比如，普通人看到的是两条平行线不会相交，但在数学家看来，球面上的两条平行线就相交了。电光石火间，我似乎穿越回了三十年前的课堂。当时，我已经瞥见了从非欧几何门缝间透出的一丝微光，如果老师能够告诉我和柳教授同样的话，我就有可能成为中国的罗巴切夫斯基！这是我第二次和数学之神擦肩而过。柳青说过，人生的道路很漫长，但关键处就那么几步。遗憾的是，这两次机会我都白白浪费了。后来，上帝实在看不下去了，摇摇头说："这家伙不适合做数学家，还是去考试好了。"从此，世界上就少了一个数学家，多了一个考试院院长。

我必须很严肃地说，这次不是玩笑，是发生在我身上的真实故事。同样的故事也发生在千千万万个和我一样的学生身上。等到我也成为一名光荣的人民教师的时候，我时不时还会想起发生在我身上的故事。我常常问自己：你鼓励学生去提出稀奇古怪的问题了吗？你打击和嘲笑他们提问的积极性了吗？你引导他们去寻求问题的不止一种答案了吗？你诱惑他们去质疑你的结论，

研究真实世界的教育

挑战你的权威了吗？那些曾经发生在我身上的故事，我不希望再继续发生在我的学生身上。

教学方式是第三个影响孩子科学素养的重要因素。传统的教学方式通过强迫学生死记硬背将死的知识硬塞进学生的大脑，却无法唤起学生对科学的兴趣和向往，也不能让学生学会运用这些知识去解决自己面临的困难和问题。面对一个日益复杂和快速变化的未来世界，教育机构所面临的最大挑战是，如何决定学生学习什么以及怎样学习效果最好。如今，通过"问题导向式教学"和"探究式教学"来促使学生主动学习似乎已经成为教学方式改革的潮流，但怎样通过好的问题去激发学生的学习兴趣和潜力，如何设计好的研究项目来帮助学生学会分析问题和团队合作，对于全球的教育机构而言还是一个相当大的难题。2016年3月，北京大学考试研究院和MIT BLOSSOMS项目在北大举办了"BLOSSOMS与中国教学改革"研讨会。会上，MIT工程系统系教授Richard Larson展示了BLOSSOMS项目在教学方式改革上的一些探索。他们通过诸如"蚊子是如何在雨中飞行的""冰块在淡水里比在盐水里更快融化吗"这样的问题帮助学生像科学家那样思考和学习，给与会者带来了巨大启发。然而，设计这样的课程体系需要更多对教学富有热情和驾驭能力的教师，也需要投入更丰富的资源，对广大不发达国家和地区的教育机构而言还存在着相当大的困难和障碍。

今天，我们在讨论科学素养的时候，往往会陷入两个误区之中。我们特别重视对科学知识的掌握，却常常忽视了，比具体的科学知识更重要的，是人对科学的真正信仰和对科学精神的不懈追求。我们学习科学知识的目的，并非为了解决我们在真实世界里遇到的难题，而是为了应对考试和升学；我们花了二十多年获得了自然科学的博士学位，却在毕业的一瞬间就走上了与此几乎毫无关系的行政管理岗位；我们背诵了大量的科学术语，时不时蹦出两个英文单词，仅仅只是为了在和别人聊天时不会显得自己太过无知。在学习科学知识的过程中，我们很少获得真正的科学思维训练，更谈不上在多大程度上提升了对科学的理解力。

我的观察和数据调查结果并不相符。在中国科协发布的第八次中国公民科学素养调查结果中,2010年中国具备基本科学素养的公民比例达到3.27%,其中,了解必要科学知识的公民比例为14.67%,掌握基本科学方法的公民比例为9.75%,崇尚科学精神的公民比例为64.94%。从表面上看,崇尚科学精神的公民比例似乎并不低。然而,在口头上崇尚科学精神是一回事,在实际行动中践行科学精神是另一回事。在课堂上,在单位里,在公共舆论中,究竟有多少人具备独立自由的思想呢?有多少人能够不随波逐流,人云亦云,大胆地表达自己异于他人的观点呢?特别是,在面对上司的压力和外在的诱惑时,又有多少人能够坚持对真理的追求,毫不妥协,"虽九死其犹未悔"呢?更没有几个人能够做到像马寅初先生那样,在遭遇铺天盖地的集体围攻时,说出下面这段铁骨铮铮的话:"我虽年近八十,明知寡不敌众,自当单身匹马,出来应战,直至战死为止,决不向专以力压服不以理说服的那种批判者们投降。"

另一个误区是,我们特别重视对自然科学知识的学习,却常常忽视了在人文和社会科学中,科学的思维和方法同样重要。一方面,我们习惯于定性分析和模糊化思维,差不多就行了,很少关注基于数据的实证分析和证据。比如,历史学研究最讲究证据。但今天有多少历史学者会整天泡在档案馆里去查阅布满灰尘的原始档案呢?面对日本右翼势力一次又一次否认侵华战争的罪恶历史,中国的历史学者有责任和使命从原始档案中发掘出有力的证据加以驳斥。这些工作我们已经做了一些,但还远远不够。再比如,今天政府和各级机构出台的许多政策,往往是"拍脑袋"的结果,缺乏基于数据的实证研究,结果朝令夕改,不停地"翻烙饼",在失去科学性的同时,也降低了民众对公共政策的信任感。政府和各级机构出台的任何政策,不应当只是找几个所谓的专家对领导的决定进行"论证",而应当在决策之前就组建专业化的研究队伍,认认真真地对数据和实际情况加以研究和分析,为决策提供科学依据。

但另一方面,我们在忽视实证研究的同时,却又盲目崇拜"量化指标",似乎认为只有量化的指标才是科学的。典型的例证就是中国的考试招生制度。从小学到研究生招生再到员工招聘乃至干部选拔,人才选拔的依据不但"精确"到分,甚至"精确"到小数点后面的三四位数字。这不是对科学的崇尚而是对科学的亵渎,是打着公平的旗号对科学的不负责任。

研究真实世界的教育

我是一个教育自然主义者。蔡元培先生曾说:"知教育者,与其守成法,毋宁尚自然;与其求划一,毋宁展个性。""夫子言之,于我心有戚戚焉。"根据国际贸易的比较优势原理,没有哪个人能够同时在生产两种物品中都具有比较优势,因此,除非两个人有相同的机会成本,否则,一个人就会在生产一种物品上具有比较优势,而另一个人将在生产另一种物品上具有比较优势。这说明了一个真理,每个人都有其特殊的存在价值,或者说,都有别人用得着的地方。对于教育者而言,每个孩子都有上天赋予他(她)的特殊礼物,父母和教师所要做的,就是尽最大的努力帮助他(她)们找到自己的"礼物",并将其发扬光大。科学素养就存在于每个孩子的心中,父母和教师所要做的,就是尽最大的努力唤醒这些尚在沉睡之中的精灵。这似乎是常识,但在教育问题上,我们最容易忽视的,却往往是这些常识。

2016 年 4 月 6 日初稿于北京大学新太阳学生活动中心
2016 年 4 月 9 日定稿于中国人民大学国学馆

"四大名著"适合孩子阅读吗？[①]

暑假带女儿去旅行。一路上，女儿缠着我不停地讲故事。肚子里的存货早就被她淘空了，不得已开始讲"三国"。翻来拣去，竟然发现"三国"里能够适合小姑娘听的故事实在不多。绞尽脑汁勉强搜了一个"蒋干中计"，女儿倒是听得津津有味。等她睡着之后，妻子很认真地对我说："以后你别再给孩子讲'蒋干中计'这类故事了。一来情节太复杂；二来这种骗来骗去的故事孩子听多了不好。"一语惊醒梦中人。仔细想想还真是这么回事。计谋计谋，说白了不就是骗人吗？对于6岁的孩子来说，是不应该过早接触这些内容。

妻子说完就完，我的职业病却发作了。自从痴迷于教育以来，任何事情我都会不由自主地联想到教育问题。倘若"蒋干中计"不适合孩子听，那么"三国"里的其他故事呢？再往深里想，书店里形形色色各种版本的"四大名著"琳琅满目，家长一摞一摞地搬回家让孩子读，以为这样就可以让孩子受到中国传统文化的熏陶。可是，"四大名著"真的适合孩子阅读吗？

先来看《水浒传》和《三国演义》。这两部书在中国可谓家喻户晓，尤其是《三国演义》，连不识字的老太太都知道"桃园结义""三顾茅庐"等几个故事。小时候，每天中午忙不迭地跑回家，第一件事就是打开收音机收听袁阔成播讲的评书《三国演义》。然而，"少不看'水浒'，老不读'三国'"，这句老话早就在

[①] 本文曾发表于《中国青年报》2016年9月26日第10版。感谢北京大学中文系温儒敏教授极富启发意义的批评。《大学》2016年第12期转载，题目为"四大名著"适合孩子阅读吗？；《新一代》2017年第1期转载，题目为《"四大名著"或许不适合孩子阅读》。

研究真实世界的教育

民间流传。"水浒"里满是打家劫舍,落草为寇,占山为王。少年人血气方刚,心性未定,难免不会猴儿学样;"三国"中充斥了阴谋诡计,权术心机,尔虞我诈。"老读'三国'是为贼",深谙世故的老年人读了之后愈加老谋深算,老奸巨猾。这样的价值观和精神内涵,对于成年人来说尚且要加以提防,更何况不能明辨是非,易受影响的孩子!

按理说,《西游记》应该最适合孩子阅读。唐僧、孙悟空、猪八戒、沙和尚以及各类神仙妖魔形象栩栩如生,情节曲折动人,最容易勾起孩子阅读的兴趣。然而,这部书从根本上讲述的是佛法和人生,其隐含意义极为深远宏阔,远非孩子所能理解。书中随处可见"修持""菩提""元神""禅心"等字样,蕴含着浓重的佛教色彩,反而最不适合孩子阅读。

最后来看《红楼梦》。这部被誉为中国古典文学的巅峰之作,在世界文学史上也享有极高的地位。其思想之深刻,文字之精美,艺术价值之高,几乎无出其右者。上至王侯将相、学者大师,下至贩夫走卒、野夫村妇,无不为之痴迷。然而,从教育的角度看,这部书也不一定适合孩子阅读,尤其是正值青春期的少年。

首先,尽管一千个人对《红楼梦》有一千种解读,但"色""空""幻""灭"的主题世所公认。对于孩子来说,这些观念要么不理解,理解了就会影响他们对未来生活的预期。教育应该点燃孩子心中的希望,鼓励他们实现未来更加美好的人生,而不是提醒他们现实有多么残酷。其次,按照曹雪芹的原意,书中所描述的社会和家族一步步从繁华走向崩溃,最终是"落了片白茫茫大地真干净"。如此悲情,悲到了极致,冷到了骨髓,固然深刻揭示了世情人生,却不一定有利于培养孩子乐观向上的人生观。最后,书中关于性描写的段落也不宜让孩子过早接触。记得小时候读《红楼梦》,我虽然读了十几遍,但最前面一大段看不懂的文字照例是跳过去不读的,真正吸引我的是书里的爱情故事。什么"情切切良宵花解语,意绵绵静日玉生香"之类的章节,我可以倒背如流。"贾宝玉初试云雨情"一章更是勾起了懵懂少年的好奇,傻乎乎地跑去问妈妈什么是"那里流出来的脏东西",却遭来劈头盖脸地一顿臭骂。我当然不是迂腐的卫道士,生理卫生课也早已在学校里开设。然而,科学地了解人体构造及性并无不妥,但恰恰是文学读物中那些欲说还休、似实又虚的性描写最易对少年男女产生诱惑,"淫书黄书"之所以害人不浅的关键就在于这一点。实际上,脱胎于《金瓶梅》的《石头记》在最初传抄之际的确是被列为"淫书"而遭禁的,而孔子早就因为"少之时,血气未定"而将"色"列为君子三戒之首。在孩子的性教育上,我们不能从一个极端走向另一个极端。开明不等于放任,引导更要注意方法和途径。今天,青少年对性的无知、不负责任以及与之伴生的校园强奸案泛滥,是世界性的重大难题,哈佛、斯坦福等世界顶尖大学对此也十分头疼。虽然众多学者做了大量研究,但至今仍缺乏有效的应对之策。

上面分析的是内容,单就文字而言,我认为也不一定适合孩子——特别是小孩子——阅读。"四大名著"半文半白,《三国演义》更近乎是完全的文言文,和现在的白话文其实还有相当的距离,小孩子读起来困难很大。即使勉强读下来,也是囫囵吞枣,生吞活剥地看完故事了事。至于小说布局结构之宏大精巧,人物性格之生动鲜明,语言运用之神妙隽永,这些美学上的价值更非低龄儿童所能理解和领悟。

实际上,所谓"四大名著"的说法流传时间并不长。《水浒传》和《红楼梦》之所以影响巨大,一方面和20世纪初的新文化运动有着直接关系。胡适等新文化巨擘推崇这两部书,固然基于其本身的思想和艺术价值,更重要的是,"官逼民反"和对封建大家族的批判主题客观上契合了当时革命和反封建的政治诉求。另一方面,虽然陈独秀、胡适等人扛起"文学革命"大旗,提倡白话文,反对文言文,提倡新文学,反对旧文学,然而,除了《水浒传》和《红楼梦》等少数精品之外,几乎找不出其他堪称经典的白话文作品。因此,至少在1949年以前,并没有所谓"四大名著"之说。明清之际的"四大奇书""四大才子书"和后来的"四大名著"并不完全吻合。这一说法的大规模流行是20世纪80年代出版业大繁荣之后才出现的文化现象。当然,名著自有其思想、文学和艺术上的价值与地位,由于时代和社会的局限,以及作家个人命运的际遇,即便是传统文化中的优秀代表,也不可避免地杂糅了不适应现代文明社会的糟粕,我们不应该也不可能苛求作家在写作时会顾及孩子的阅读和教育。他们并没有这个义务。但是,作为教育者和家长,在指导学生阅读时,却不能不考虑孩子的年龄

研究真实世界的教育

和生理心理特征，以及价值观的引导，批判性地帮助孩子选择适合他们阅读的作品，无论这些作品是经典还是非经典。我们有这个责任。

再扩大一点儿范围，除了"四大名著"之外，在我们的文学经典中，适合孩子阅读的作品似乎也非常有限。《诗经》《楚辞》《史记》太过艰深，唐诗宋词也不好懂，《聊斋志异》里全是鬼故事，孩子听了可能会做噩梦。至于《说唐》《说岳全传》《七侠五义》之类则更是等而下之了。没错，这些文学经典的确是经典，只不过它们都是成年人的经典，并不是孩子的经典。人当然应该阅读经典，但不是所有年龄阶段的人都应该阅读同样的经典。

此外，还有其他一些流传甚广的故事也不一定适合让孩子过早接触。比如"田忌赛马"。田忌之所以能够战胜齐威王，是因为他暗中篡改了比赛规则，没有按照"上驷对上驷，中驷对中驷，下驷对下驷"的要求提供符合比赛要求的赛马。实际上这就是作弊。这类故事听多了，孩子难免不会认为，只要能够取得比赛胜利，是否诚实和遵守比赛规则是不重要的。再比如，在民间广为流传的"三十六计"，每一计都在描述如何骗过对手，赢得最终胜利。"三十六计"在冷兵器时代固然具有军事上的价值，但在现代社会，如果将其运用于日常生活，则会严重损害人与人之间的相互信任和社会和谐。有些计策，如"借刀杀人""趁火打劫""笑里藏刀""上屋抽梯""反间计"等，先不论其具体内容如何，仅从字面上看就令人毛骨悚然。倘若孩子过早接触这些阴谋诡计，对他们的心灵成长而言将是多么可怕的一幅图景！

那么，到底哪些文学经典适合孩子阅读呢？我上网搜索了一下，看到的结果大多数是四大名著再加上一些世界文学经典，例如《汤姆·索亚历险记》《安徒生童话》《海底两万里》，等等。不是说不应该让孩子去读国外文学经典，而是翻译作品总归和原作隔了一层。即使译者的水平再高，也很难让孩子从中体会汉语文学作品的魅力，更不用说中华文明的博大精深了。当我给女儿读《弗吉尼亚的兔子》时，我完全不知道"弗吉尼亚"对她而言意味着什么。我倒宁愿给她讲讲"宁夏的兔子"，起码她知道那是爷爷奶奶住的地方。我们的白话文经典到哪里去了？为什么在推荐给孩子阅读的文学经典中，纯粹由现当代作家所写的白话文学作品那么少呢？

"四大名著"适合孩子阅读吗？

这个问题可能要由专门治文学史的学者来回答。我猜想，一个原因也许是，在中华民族五千年的文化史中，绝大部分文学作品是以文言文和传统诗词歌赋的形式流传至今的。自新文化运动以来，真正的白话文学作品的历史尚不过百年。时间短则积累的作品就少，经典名著就更少，能够适合孩子阅读的经典名著自然就会少之又少。就好比西方的拉丁文，文言文距离今天的现实生活已经十分遥远。学生很难在它们和现实生活之间建立起有效的联系。现在很少有机会需要人们去做一篇高水平的文言文或律诗。实际上，学生并不能通过学习文言文而掌握白话文的写作与表达。为什么学生"一怕文言文，二怕写作文，三怕周树人"？恐惧源于不熟悉，不熟悉源于缺乏运用。当然，我的意思绝不是说学生不应该学习中国古典文学中的经典作品，恰恰相反，现在学生的中国传统文化功底几乎丧失殆尽，必须得到加强。这是我们的文脉。我的意思是说，为了有效提高学生在现实生活中的阅读与写作能力，我们需要更加关注白话文学经典的传播和阅读引导。这是更为紧迫的任务。

另一个原因可能是，我们很少从孩子的教育和阅读心理出发，为他们提供适合其阅读的文学作品。这样的作品倒不一定是儿童文学作品——当然优秀的儿童文学作品更为罕见——而是说，要从孩子的年龄和特点出发，向他们提供那些容易引起阅读兴趣，有助于建立正确的价值观，提高文学鉴赏能力的作品。这些作品至少要具备以下三个特征：一是文字要尽可能地简单。简单的含义是字的笔画少，容易记，意义单一。最初级的读本可以只有几个字，以后拾级而上，逐步加深难度。让孩子在阅读的过程中认字，在认字的过程中培养起阅读的习惯。二是故事情节要生动曲折，能够勾起孩子阅读的欲望和兴趣。三是价值观要积极正向。孩子的心灵成长需要得到引导和保护。要尽可能多地让孩子在阅读的过程中体会到爱与善良、正直、诚实、负责任、独立、勇敢以及人性的光辉与伟大，等等；尽可能少地让孩子去接触虚伪、阴险、狡诈、欺骗等人性中丑恶的一面，哪怕它们真实地反映了社会的残酷现实。生活自会教会孩子如何看清社会，却很难再有机会让他们重拾美好。

这些工作并不容易，但必须要做，而且要由专业人士有意识地去做。我认为，为了有效提高孩子的中文阅读和写作能力，需要重点加强以下三方面的

研究真实世界的教育

工作。

第一,大学里从事现当代文学研究的学者们应该更积极地行动起来,接续新文化运动先贤巨擘的薪火,引导社会更加关注孩子的白话文学的阅读生活和体验,推荐并形成一批新的白话文学经典,从而承担起更大的社会责任。据我所知,北大中文系曹文轩先生的作品就深受孩子们的喜爱。可惜这样有情怀高水平的作家实在是太少了。更多的优秀学者应该加入曹先生的行列,不仅要向家长和孩子推荐现当代文学作品中的经典名作,而且有必要亲力亲为,创作一批适合孩子阅读的优秀作品。就像一百年前的胡适先生一样,为传播白话文学而作《尝试集》。

第二,从事儿童心理学研究的学者、从事现代文学研究的学者以及文学创作者应该携手合作,从儿童的心理特征和认知能力出发,有针对性地为社会推介适合孩子阅读的文学作品。作家具有创作的欲望和能力,但往往缺乏儿童心理学的专业知识。他们的作品富于想象力和艺术性,但未必符合科学。儿童心理学家可以提供有效的专业支持和帮助"纠偏",为孩子提供质量更高、教育效果更好的作品。

第三,出版界应该清醒地认识到并承担起自己的文化使命,不能为了经济利益而放弃自己的道德责任和教育责任,更不能盲目迎合社会热点而错误地推波助澜。当前,打着"国学经典"旗号塞给家长和孩子的出版物汗牛充栋,其中的谬误和粗制滥造令人触目惊心。家长往往对此缺乏辨识的意识和能力。引导孩子读书是好事,但如果读书的方向错了,还不如不读。

我想,经过若干年的努力,如果在孩子们的书架上,能够摆放更多优秀的现当代中文经典名著,甚至比国外经典名著还要多,那时候也许我们可以欣慰地说:我们尽到了自己的教育责任,至少没有辜负这个时代和生活在这个时代的孩子。

2016 年 9 月 7 日初稿于五道口嘉园
2016 年 9 月 12 日凌晨定稿于重庆南麓书院

为孩子提供更多更好的现代文学作品

——再论"四大名著"适合孩子阅读吗?[①]

拙作《"四大名著"适合孩子阅读吗?》(《中国青年报》2016年9月26日第10版)发表后,所引起的关注和反响令我始料未及。一些媒体希望采访,被我婉言谢绝,不免得罪,还望见谅。文章一旦写完,就有了自己的生命力。所有的意思已经表达清楚,我没有更多的话要说。

之所以要再写一篇文章,是我感到目前的讨论在某种程度上似乎偏离了方向,有必要将这艘船拉回到正确的航道上来。当我们讨论一个问题的时候,我们必须要明白:我们正在讨论的问题是什么?我们面临的难题是什么?应该如何解决这些难题?

"四大名著"是否适合孩子阅读,本是一个见仁见智的问题。作为流传数百年的文学经典有其存在的价值,自不待言。我从来没有说过,人们不应该阅读"四大名著",我只是说"四大名著"不一定适合孩子阅读而已。而且这仅仅是我个人的观点。至于"四大名著"到底适合不适合孩子阅读,坦率地说,这并非一个理论问题。陆祁孙曾在《合肥学舍札记》中毫不含糊地警告:"余深恶演义《三国志》,子弟慎不可阅。"我并不厌恶《三国演义》。但是,当你开始给自己的孩子读《三国演义》和《水浒传》,在读到某些段落的时候,能不能或者应不应该继续读下去,做父母的自己心里最清楚。

[①] 本文删节版曾发表于《中国青年报》2016年12月12日第10版,题目为《为孩子提供更多更好的文学作品》。

研究真实世界的教育

其实,真正重要的问题并不是"四大名著"到底适合不适合孩子阅读。真正重要的问题是:当孩子开始识字读书时,家长要给他们买哪些书来读?我们面临的实际困难是:当家长准备给孩子买书时,可供选择的令人满意的现当代白话文学作品是如此之少!《"四大名著"适合孩子阅读吗?》这篇文章的真正用意,是试图引起全社会都来关注适合孩子阅读的优秀现代文学作品的选择与创作活动。

判断哪些书适合孩子阅读的标准不在于书籍本身是经典还是非经典,而是在于:第一,能否帮助孩子更快更容易地认识汉字。汉字是世界上公认最难学习的文字。我们需要通过更有效的方法帮助孩子更容易地认字,从而使他们能够更快地进入自我阅读的阶段。要让孩子在认字的过程中学会阅读,在阅读的过程中学会认字。不能把孩子的认字活动和阅读活动割裂开来。第二,能否引起并持续保持孩子对阅读的兴趣,帮助他们养成终身阅读的习惯。阅读是人类认识世界,接受教育的最重要的方式。一旦养成终身阅读的习惯,一个人就可以不再受制于家庭、出身、阶层、生存环境和经济条件的限制,无论在任何情况下都可能通过自学实现灵魂的自我救赎。第三,能否在孩子成长的初期帮助他们形成正确的价值观。这一点至关重要,甚至比其他任何方面还要重要得多。如果不能从阅读中获得正确的价值观,一个人就无力抵御来自现实世界的种种诱惑、压力、挫折、困惑和痛苦的折磨与煎熬,就不可能挣脱心灵的枷锁,实现超越,获得自由,反而有可能在不正确的价值观引导下,一步步滑向黑暗的深渊。一进一出,判若两人。

我之所以主张"四大名著"不一定适合孩子阅读,就是源于上述三个判断标准:第一,半文半白的表达方式不能帮助孩子更快更容易地识字,反而加大了孩子识字的难度;第二,大量的古体诗词曲赋不能引起孩子的阅读兴趣,反而使孩子因为读不懂文本而产生畏难心理;第三,源于古代中国市井文化的某些已经不再适应现代文明社会的价值观不能帮助孩子建立起正确的价值观,反而容易使孩子在心性未定时受到不良影响。

如果以上述三个标准来衡量,我们不得不承认,目前知识界、文化界和出版界为孩子所推荐、提供的优秀现代文学作品的数量和质量还远远不能满足家长的需求。我们在这方面所开展的有意识的系统性的科学性的工作不是太多，而是太少。我们似乎已经忘记了或者放弃了成年人应该对孩子阅读所承担的教育责任。我们有多少学者能够从孩子的阅读心理和智识能力出发，运用最简单的汉字，为孩子们编写一套拾级而上、由浅入深的权威的白话文读本？我们有多少儿童心理学家能够运用自己的专业知识，立足于孩子的阅读和教育，编写一套既能勾起他们的阅读兴趣，又能帮助他们建立起正确价值观的科学的白话文读本？我们又有多少研究现当代文学和儿童心理学的学者能够一起携手合作，在现当代白话文学作品中为家长和孩子推荐适合孩子阅读的经典之作？如果是我孤陋寡闻，那再好不过，至多是我个人的无知；但如果不是我孤陋寡闻，那就是时代的错误。这些空白应当得到填补，也必须得到填补。

儿童阅读是一件非常严肃的事情。它关乎世道人心，也关乎我们每个家庭的未来和整体民族文化素质的提升。我们不可能让孩子只通过课文、教材和考试去接受教育。那样的话，他们也许可以学会知识，但一定不能获得智慧。我们必须让孩子学会阅读、喜欢阅读，通过习惯性的大量阅读去传承文化，认识世界，凝聚共识，发现自我。这些目标不会自动实现，必须也只能通过有意识的教育活动才能完成。归根到底，我们这个时代的所有孩子——也是未来时代的成年人——都是这个时代成年人的孩子，都应该得到所有成年人的照顾——不仅仅是身体上生活上的照顾，更重要的是心灵上的呵护和引导。

那么，如何解决家长在为孩子选择合适的优秀现代文学作品时所面临的实际困难呢？我在《"四大名著"适合孩子阅读吗？》一文中提出了三条建议：一是大学里从事现当代文学研究的学者应该更积极地行动起来，引导社会更加关注孩子的白话文学的阅读生活和体验，推荐并创作一批新的现代文学经典；二是从事儿童心理学研究的学者、从事现代文学研究的学者以及文学创作者应该携起手来，从儿童的心理特征和认知能力出发，有意识有针对性地为社会推荐并创作适合孩子阅读的优秀文学作品；三是知识界和出版界要更加清醒地认识到并承担起自己的道德责任和教育责任，为家长和孩子提供更多优秀的现代文学作品。这三项工作费时费力，实施起来并不容易，需要我们具有更

研究真实世界的教育

大的决心和耐心,更需要关心儿童成长和儿童阅读的专业人士的团队合作。

除此之外,也许我们还可以发挥民主和草根的力量,在儿童阅读问题上实现"自救"与"互助"。比如,我熟识的一位经济学教授,就为他的孩子创作了不少高水平的儿歌和故事。把这些儿歌和故事分享给社会公众,就可以在一定程度上丰富孩子们的阅读材料,并扩大每个家庭选择儿童读物的范围。与其坐而论道,不如起而行之。有关儿童阅读的事业,做比不做要好,早做要比晚做好,多做要比少做好。集腋成裘,聚沙成塔,假以时日,当可以实现我所期望的,在孩子的书架上能够出现更多更好的现当代白话文学经典,至少会比目前的种类多。

2016 年 10 月 1 日初稿于宁夏唐徕渠畔

2016 年 10 月 6 日定稿于五道口嘉园

重新思考我们的阅读

——三论"四大名著"适合孩子阅读吗?[①]

拙作《"四大名著"适合孩子阅读吗?》(《中国青年报》2016年9月26日第10版)发表后,引起了社会上的一些关注。我诚恳地欢迎所有讨论乃至批评。真理越辩越明。正是在不同观点的撞击中,我们才有可能不断深化对某一问题的理解与认知。但在目前的讨论中,也出现了一些容易引起误解的问题,我却不能不较一较真,辩个明白。

第一个问题:是"四大名著"适合不适合阅读,还是"四大名著"适合不适合孩子阅读?

这是两个明显不同的问题,但在一些评论中却混为一谈。有些评论举出柏拉图在《理想国》中指控诗歌的例子,认为我不主张人们阅读经典名著。这完全偷换了我的论题。我从来没有说过人们不应该阅读经典,我只是说类似"四大名著"之类的经典不一定适合孩子阅读而已。这个观点在原文中表述得非常清晰:"这些文学经典的确是经典,只不过它们都是成年人的经典,并不是孩子的经典。人当然应该阅读经典,但不是所有年龄阶段的人都应该阅读同样的经典。"

我讨论的是孩子的教育问题,不是文学欣赏和文学评论。我从来没有否认过"四大名著"在文学史上的伟大价值。恰恰相反,像《红楼梦》这样的鸿篇

[①] 本文删节版曾发表于《文汇报》2016年11月18日第7版(文汇教育版)。

研究真实世界的教育

巨制,不仅"被誉为中国古典文学的巅峰之作,在世界文学史上也享有极高的地位。其思想之深刻,文字之精美,艺术价值之高,几乎无出其右者"。只不过我认为,从孩子的教育和阅读出发,尽管"四大名著"深具"小说布局结构之宏大精巧,人物性格之生动鲜明,语言运用之神妙隽永"等诸多美学价值,但在思想、内容和表达上却未必能够帮助孩子尽快跨越阅读障碍,养成阅读习惯,并建立起正确的价值观。我的观点是否有道理尽可以批评,但不能想当然地批评我并没有说过而强加给我的观点。

第二个问题:主张"四大名著"不一定适合孩子阅读就是剥夺了孩子的自由阅读权利吗?

一些评论认为,我主张"四大名著"不一定适合孩子阅读是在以成人的眼光来限制孩子的阅读,是剥夺了孩子的自由阅读权利,甚至是以"少儿不宜"为保护之名,行打压控制"自由阅读"之实。因为"孩子的接受与思考能力、创新与甄别能力,其实比我们想象中更为强大"。对于孩子的阅读而言,最重要的是教会他们如何读书,并培养他们读书的兴趣。"只要孩子喜欢并乐于接受,任何书对他们来说,都是适合的。"

这种观点我绝不能苟同。培养孩子的阅读兴趣固然重要,但并非所有的文字都适合孩子阅读,这一点不言自明。书籍——也可以延伸至电视节目、电影、网络等一切文化产品——都有其外部性。外部性是一个经济学术语,指一种产品的出现会强加给其他人以非自愿的成本或利润的情况。如果是利润,就是"正外部性";如果是成本,就是"负外部性"。比如,好的书籍或电视节目会带给人以美的享受,丰富人们的精神生活,提高社会的整体文化水平,但是,那些传播了色情和暴力的书籍或电视节目也会玷污人们的心灵,给社会带来巨大的危害。这些危害正是罗纳德·科斯所说的"社会成本",即强烈的"负外部性"。培养孩子的阅读兴趣有一个最重要的前提,就是提供给孩子阅读的书籍里不能有"负外部性"。事实上,如果按照某些人的逻辑,只要孩子喜欢并乐于接受,任何书都可以阅读,那么,《金瓶梅》也可以让孩子阅读,因为它也是文学史上的经典,也是书籍,孩子未必不会喜欢并乐于接受。难道不让孩子读《金瓶梅》,就是剥夺了他们天赋的"自由阅读权利"了吗?是的,也许"孩子的接受与思考能力、创新与甄别能力比我们想象中更为强大",但正因为其强大,在他们尚未明辨是非,建立起正确的价值观,形成批判性思维的时候才可能更容易受到那些"负外部性"的巨大影响。

还有一些评论认为,与其不让孩子阅读"四大名著",还不如让家长和老师做好引导,取其精华,去其糟粕。"取其精华,去其糟粕"这八个字妙得很,一分为二。但问题的关键是:什么叫"精华"?什么又叫"糟粕"?如何去引导?取哪些"精华"?去哪些"糟粕"?更复杂的问题是,在"四大名著"中,"精华"和"糟粕"往往是杂糅在一起的,很难在具体的阅读活动中把它们完全区分开来。试问,刘备的"长厚"之"精华"该如何与"似伪"之"糟粕"区分?诸葛亮的"多智"之"精华"该如何与"近妖"之"糟粕"区分?《水浒传》中"快意"之"精华"又该如何与"血溅"之"糟粕"区分?正因为此,胡适先生早在近百年前的《新文学问题之讨论》中就明确地对朱经农先生提出的"吸收文言之精华,弃却白话的糟粕"的观点提出批评,认为"这两个名词含混得很,恐怕老兄自己也难下一个确当的界说"[①]。

第三个问题:孩子应该过早接触社会的丑恶和黑暗吗?

一些评论认为,我主张"四大名著"不一定适合孩子阅读是企图给孩子"营造类似真空的纯净环境",但现实社会要远比书中描述的情形复杂得多,"为什么不能让他们看到一个严峻的世界,一个严峻的未来?"早一点让孩子认识到真实生活的复杂、残酷、丑恶和黑暗,才能提高他们的免疫力。

孩子的心灵清澈而单纯,就像一张白纸,在上面写上什么就留下什么。我很想问一句:"为什么一定要让孩子看到一个严峻的世界,一个严峻的未来?"在孩子成长的早期阶段,价值观的建立和习惯的养成至关重要。我至今清晰地记得小时候母亲给我讲"小时偷针,长大偷金"的话——这也是她的母亲在她小时候告诉她的——令我终身铭记"不得偷盗"的训诫。正因为如此,世界各国无不高度重视对未成年人的保护。这种保护,不只是从法律上限制对孩子身体的伤害,更重要的是,通过建立对电影、电视节目、图书等的分级制度,

---

① 胡适:《答朱经农书》,载《胡适全集》,安徽教育出版社2003年版,第84页。

研究真实世界的教育

保护孩子的心灵不致过早受到成人世界的戕害。

社会是由一代一代人组成的。今天的孩子就是未来社会的成年人。孩子在今天受到什么样的教育，读什么书，接受什么样的价值观，就意味着未来社会可能会变成什么样子。今天的孩子接触到的丑恶的东西越晚越少，他们就会越早形成正确的价值观，从而构成对今天社会的丑恶与黑暗的一种潜在纠正和抵御力量。拥有正确良好的价值观的人多了，我们的社会就会变得越来越美好；反之，今天的孩子接触到的丑恶的东西越早越多，他们就会越早形成不正确的价值观，就会进一步恶化今天社会的丑恶与黑暗程度。拥有错误的价值观的人多了，我们的社会就会变得越来越糟。我们常说，孩子是祖国的未来。这个未来就是今天他们所建立起来的价值观。今天的你希望未来的社会是什么样的，就必须培养今天的孩子建立起那样的价值观。即使今天社会上存在着诸多丑恶和黑暗，也要尽可能延缓和推迟孩子接触它们的时间。

也许有些家长会担心，如果我的孩子建立起了正确的价值观，别人家的孩子却早早学会了在社会生存的种种复杂和心机，那我的孩子岂不是很傻，将来会吃亏？如果每一个家长都这样想，那么我们的社会将迅速陷入崩溃的"丛林世界"，最终也会吞噬掉每一个孩子；反之，如果每一个家长都能帮助自己的孩子建立起正确的价值观，那么我们的社会将会变得越来越和谐，最终每一个孩子都能获得安全和幸福。况且，我并没有试图给孩子提供虚假的幻象，愚蠢到把他们关在温室里保护起来。我只是希望，当孩子们在书里看到巫婆和王后的凶狠歹毒时，能够认识到这是一种邪恶；当他们看到七个小矮人和白雪公主时，也能够体会到这是一种美和善良，并且美和善良最后战胜了邪恶。

是的，我们的国家并不完美，我们的社会也仍然存在着欺诈、不公平和种种丑恶现象，但我们一直在不懈努力地构建一个更加美好的社会。构建的基础，是帮助每一个孩子在心中真正建立起那些曾经推动人类文明进步的伟大的价值观。我们不能仅仅满足于教会孩子去识破各种欺诈，更要教育他们不可以去欺诈他人；我们也不能仅仅满足于创造条件让孩子在一个不平等的社会中竭尽全力地攀爬到上层，更要教育他们心怀慈悲，平等地对待社会中的每一个人，尤其是弱者；我们更不能仅仅满足于让孩子远离丑恶和黑暗，而要教育他们自觉承担起自己的社会责任,勇敢地战胜丑恶和黑暗。事实上,未来引领这个国家和社会的,一定是那些拥有正确价值观的人,只有他们才能凝聚起社会的共识,并带领其他人奔向美好光明的未来。

第四个问题:网络对孩子的影响比书籍更大,读"四大名著"是否是一个不坏的选择?

一些评论认为,生于互联网时代的"00后""10后",获取信息的渠道主要是网络而不是图书。互联网上通过网络信号和电子屏幕传播的色情暴力、"劈腿"偷情等负面因素,无论如何要比名著的危害大。因此,读"四大名著"其实是不坏的选择。

我当然承认,今天的孩子受到网络的影响要远远超过图书,而且网络上的负面元素也远远大于图书——网络上有游戏和视频,图书里只有文字和图画。但这只能说明,我们应该更加关注并采取愈加严厉有效的措施限制网络对孩子的不利影响,又怎么能够以此来说明,因为网络的危害更大,所以就可以不去关注图书对孩子的不良影响了呢。这就好比是说,因为有一个更烂的桃子,所以那个还不太烂的桃子其实可以接受。这种"比烂"哲学,不仅在逻辑上荒谬,更大的危险在于,它会蒙蔽人们的心灵,使人们对于丑恶和黑暗习以为常,见怪不怪,因为总会有一个更烂的桃子摆在那儿。

现在和过去不一样了。一百年前,中国人的阅读文本绝大多数是文言文,少有白话文,《水浒传》《三国演义》《西游记》《红楼梦》这几部优秀的白话文学作品自然适应了时代的需求。胡适、鲁迅等新文化运动巨擘推崇这几部书,一方面固然因为"文学革命"的需要和其本身的艺术价值,另一方面,也是因为除了它们之外,实在没有更多更好的选择。四十年前,刚刚经历过"文革"的中国正处于文化沙漠状态,孩子们可以接触到的图书数量很少,"四大名著"当然也就成为那时候人们读书时的不二选择。但在改革开放四十年后的今天,经过一百年白话文学发展的风雨历程,中国现当代文学已经有了相当程度的积累,到了可以大繁荣也理应大繁荣的时代。在读什么书的问题上,和胡适、鲁迅以及当初的我们相比,现在的孩子们可以有更多的选择,也应该有更多的选择。我们必须重新思考中国人的阅读生活,其中首要的是孩子的阅读。

研究真实世界的教育

对人们头脑中根深蒂固的"常识"提出反思和挑战,本身就意味着争议。重要的不是"常识"是否因此被颠覆,而是通过讨论,是否增加了我们对"常识"的理解和认知,从而使我们生活的世界变得更加美好。正如一百年前胡适先生所言:"主张尽管趋于极端,议论定须平心静气。"如果通过这些"平心静气"的讨论,能够引起社会对于儿童阅读的更大关注和重视,从而帮助孩子们更快更好地养成终身阅读的习惯,《"四大名著"适合孩子阅读吗?》这篇不成熟的文章也就实现了它的目的。

2016年10月2日初稿于宁夏银川唐徕渠畔
2016年10月7日定稿于五道口嘉园

我们应该怎样讨论问题？

——四论"四大名著"适合孩子阅读吗？[①]

针对拙作《"四大名著"适合孩子阅读吗？》(《中国青年报》2016年9月26日第10版)引发的争议和批评，我已经写了两篇文章予以回应，也期待能够出现更多有价值的讨论。最后这一篇我想跳出具体细节的框框，探讨一个更为基本的问题：我们应该如何有效地组织讨论？

在我们的教育中，学生其实非常缺乏关于如何讨论问题的基本训练，因而难以形成有效的"审辩式思维"。我们接受了多年的教育，掌握了很多知识，但并没有学会如何思考问题，也不懂得如何讨论问题。从小学到中学，学生们日复一日地听课、做题、考试，接受的都是老师传授的有唯一正确答案的知识，很少进行独立思考，也没有太多机会开展对某一问题的讨论，准确表达自己的观点和见解。等到上了大学，倒是可以进行小班教学和研讨式学习了，可学生并没有掌握讨论问题的方式方法和基本规则，在很多情况下甚至不知道要讨论的问题在哪里。尽管在教授的不断鼓励和反复催促下，也会勉强发表一些见解，但往往词不达意，不知所云，抓不住重点地乱说一通，难以形成有效的讨论，反而浪费了课堂上的宝贵时间。学生毕业后进入工作单位，常常习惯于听从上级的指示和命令，就更没有机会也没有胆识和能力去提出自己的独到观点了。学生普遍缺乏基本的思维训练，也不具备深度的思考能力，这既是当前

[①] 本文删节版曾发表于《光明日报》2016年11月22日第13版(高等教育版)，题目为《我们应该怎样讨论教育问题》。《中国教育报》2016年11月28日第2版同题转载，有删节。

研究真实世界的教育

教育系统面临的挑战,也是社会之所以创新乏力的根源。

创新的基因是独立思考。有了独立思考的习惯和能力,才有可能另辟蹊径,从别人司空见惯的现象中发现别人发现不了的有趣问题,才有可能走上创新之路。独立思考的第一步是质疑。面对任何一个问题,不管三七二十一,先持一个反思与批判的态度。老师和权威说的都是对的吗?那些一代代沿袭下来的天经地义的"常识"都是正确的吗?"四大名著"是公认的经典,就意味着它们适合所有人——包括孩子——阅读吗?事实上,人类历史上所有的伟大创新,无不来自对权威的质疑。如果对"上帝造人说"笃信不疑,达尔文就不可能发现物种起源;如果对"地心说"没有挑战,哥白尼就不可能提出"日心说",人类也不可能具备今天所有关于宇宙和空间的知识;如果没有须外卡尔特对欧几里得《几何原理》的怀疑,黎曼就不可能发展出非欧几何理论;如果没有"怀疑一切"的精神,人类文明发展的历程只能停滞在茹毛饮血的时代。从认识论上说,我们只能无限接近真理,而不可能获得终极真理。因此,面对任何观点和事物,我们都不能轻易相信并毫无保留地全盘接受,而是要通过多角度搜集资料和证据来检验它们的真实性。

在本科教学中,教师要竭尽所能,鼓励甚至迫使学生去质疑权威的观点,挑战他们发现问题的潜能,通过压迫式的提问力求穷尽所有答案的可能性,逐步培养起他们的问题意识。质疑要有目标,这就要求学生必须明确所要讨论的问题是什么,不能跑题偏题。如果连讨论的问题都不清楚,即使有了质疑精神和反思能力,说来说去,也不过是"你方唱罢我登场",胡说乱说一通罢了。这样的讨论,表面上看似乎热闹得很,其实除了浪费有限的资源外,并不能增加我们对某一问题的理解和认知。在日常的教学实践中,我们经常会发现,学生们你一言我一语,讨论得面红耳赤,却往往在不知不觉间偏离了主题。这时候就需要教师的适时干预,再次明确所要讨论的问题,将讨论拉回到初始的轨道上来。此次围绕"四大名著"是否适合孩子阅读的讨论也出现了类似情况。到底我们是在讨论"四大名著"适合不适合阅读,还是"四大名著"适合不适合孩子阅读?这是两个完全不同的问题。如果不加以区分,就会使讨论陷入无序乃至混乱。

明确了讨论的问题，接下来就要围绕它准确表达自己的观点，并对其进行解释和论证。你的主要论点是什么？必须清晰明确。最好能够用一句话来概括，给人以手起刀落之感。此外，你还需要运用多角度的资料来论证论点的合理和自洽。在论证过程中，逻辑推理必须严密，结构必须完整，论据必须充足。不满足这些要求，讨论就会变成建在沙滩上的建筑，经不起推敲。比如，因为"四大名著"是历经数百年留存下来的，必有其存在的理由，因此适合孩子阅读，这就出现了明显的逻辑谬误。按照这种逻辑，则八股文固然适合孩子阅读，《肉蒲团》也没有什么不适合的地方，《金瓶梅》就更适合孩子阅读了，因为它们不但都是历经数百年留存下来的，有些还是公认的文学史上的经典呢！再比如，不能以成人的眼光去限制孩子的自由阅读，"在成人看到书中阴暗面的时候，孩子更多的是看到文学作品中传递的勇敢与正义"。请问，如果假定孩子在阅读时不会受到书中阴暗面的影响，又怎么能够从逻辑上得出，他们一定就会受到勇敢与正义的影响呢？在阅读时，好的影响和坏的影响都会同时存在，一个人不可能只会受到好的影响而不会受到坏的影响，区别只是在于，你经过分析判断之后，接受哪种影响而已。还比如，有些人提出，"四大名著"可以在家长的引导下阅读，可是对如何引导却语焉不详。试问，你如何在孩子阅读《水浒传》的时候，硬生生地把第四十二回中李逵烤吃李鬼人肉的情节从书里抠出去？如果抠不出去的话，又何谈对阅读原著的引导！

既然是讨论问题，就一定会有观点上的交锋。交锋时要准确理解他人观点，切忌望文生义，断章取义，更不能沦为"标题党"。比如，《"四大名著"适合孩子阅读吗？》这篇文章的重点并不在于"四大名著"是否适合孩子阅读，而是旨在通过对这一问题的反思，呼吁社会更加关注适合孩子阅读的优秀现代文学作品的推荐与创作活动。遗憾的是，许多评论只关注了前者，却忽略了更为重要的后者，这就在很大程度上降低了讨论的质量。

实际上，要做到准确理解他人观点非常困难。在现实生活中，我们常常遇到的情况是，明明对方说的每一个字都听得清楚，但就是不明白他（她）在说什么，这就出现了交流障碍。心理学家认为，之所以出现这种现象，很大程度上

研究真实世界的教育

是因为每个人都是从自己的立场和角度而不是从他人的立场和角度出发去听人说话,因此缺乏"同情的理解"。交流障碍严重时就会损害相互信任。这种现象在家庭生活中更为普遍和突出。夫妻之间为什么会吵架?一个重要原因是没有站在对方的立场上去考虑问题。对方明明说的是东,你却偏偏听成了西,又怎么可能达成共识呢?

最后,在讨论问题时,我们要谨慎地使用"一分为二"的分析方法。"一分为二"的辩证法,对于人们认识物质世界,特别是对于揭示事物本质规律具有极其重要的方法论价值。但是,世界万物往往是非常复杂的,如果学生只是满足于用"一分为二"来分析所有事物,恐怕他们就不会经常性地运用思维技能,对问题做出更合理的评判了。没错,事物总是有好和不好两个方面,但是,知道了事物的两面性,又能在多大程度上提升我们的思维能力和思考深度呢?谁都知道在如何阅读的问题上不能"一刀切",但知道了这个道理,能帮助我们找到有效的"切"的方法吗?

经过了多年的"一分为二"训练,今天的学生已经非常娴熟地运用这一方法来分析所有问题。他们喜欢这一方法,也很擅长这一方法。事物有好的一面,也有不好的一面,应该"辩证"地看待;"四大名著"既有精华,也有糟粕,应该"取其精华,去其糟粕"等。这样的"幼稚辩证法",其实是对唯物辩证法的庸俗化,它不能挑战学生的思维能力和思维强度,反而使他们满足于表面上的"客观分析"和"辩证理解",从而丧失了进一步探究问题的动力和欲望,也限制了解决问题的想象空间。当然,我的意思绝不是说学生不应该运用"一分为二"来分析问题,而是说,当我们"一分为二"地揭示了事物的本质规律之后,还应当对事物进行更充分更细致的具体分析,才能进一步提升我们的思考能力和思维张力。

世界不会只有一种声音,那样未免太过单调和无趣;有人提出一种观点,就会出现对其的挑战和质疑,正是在质疑与反质疑的过程中,人们的认识才会提高,社会才能发展,文明才能进步。这就需要我们常怀反思和批判的精神,具备独立思考的能力,不仅学会思考,还要学会不同的思考方式,以及运用正确的方式方法来讨论问题。回到最初讨论的话题,重要的不是"四大名著"适合不适合孩子阅读,重要的是,通过这样一场讨论,我们在儿童阅读这样一个关乎世道人心和中国未来社会发展的大问题上获得了哪些认识上的进步,以及,这些进步能否帮助中国孩子获得更好的阅读体验。也许这才是这场讨论的真正价值所在。

2016 年 10 月 4 日初稿于五道口嘉园
2016 年 10 月 7 日定稿于五道口嘉园

中国私立教育为什么没有发展起来?[①]

中国私立教育的历史源远流长。自西周末年"天子失官,学在四夷",私学就开始在民间蓬勃发展起来。春秋时期,出现了中国历史上最伟大的教育家孔子。史书记载,他有3000弟子,其中贤者72人。即使以今天的标准而言,其规模也堪称庞大,并且人才培养质量很高。在汉代以降直至民国的两千多年里,私塾是最重要的教育机构,基本满足了民间对教育的需求。古代官员退休之后,一天也不许在京城滞留,必须立即告老还乡。还乡之后,他们所做的最主要的工作就是兴办教育,当然是私立教育。在漫长的农业官僚社会阶段,私立教育对于弥补"官学"的不足,在民间和少数民族地区普及教育,实现教化,维护社会的稳定和发展,形成辉煌灿烂的中华文明起到了积极和不可替代的作用。

这套教育体系在20世纪50年代被终结,取而代之的是和计划经济体制相匹配的公立教育体系。从基础教育到高等教育的整个国民教育体系由政府(中央和地方)以及国有企业提供。私立教育彻底退出中国历史舞台。

改革开放以后,由于政府财力有限,无力承担世界上规模最大的教育体系,被迫引入民间资本进入教育领域,"鼓励多渠道、多形式社会集资办学和民间办学",非公有制教育机构开始恢复建立。然而,我认为,尽管今天各类非公有制教育机构规模已超过教育总规模的四分之一,但一个真正意义上的私立

[①] 本文删节版曾发表于《中国青年报》2016年4月18日第10版。《内蒙古教育》2016年第5期同题转载;《教师博览》2016年第8期同题转载;《教育文汇》2016年第12期同题转载。

教育却并没有在中国发展起来。这一令人奇怪的现象已经在事实上影响了中国教育的发展和进步。

为什么这些非公有制教育机构不是真正的私立教育机构呢？目前，中国的非公有制教育机构大体上可以分为三类：第一类是民办大学，包括在公立大学下设置的独立办学、独立核算、独立招生和独立颁发学历证书的本科层次的独立学院。它们由民间资本投资兴办，但办学质量较低，不能满足人们对高质量的高等教育的需求。在高等教育资源稀缺、家长和学生面临选择单一的情况下，这些大学在一定程度上缓解了社会的入学压力；但近年来，随着中国经济的发展和居民个人财产的增加，特别是海外留学市场的扩大，能够支付起境外大学高额学费的家长和学生开始选择直接出国留学，这类大学在招生和办学上遇到了极大困难。第二类是民间资本兴办的各类中小学。此类基础教育机构在大中城市发展速度很快，在办学数量和质量上有些已经超过了公立学校。但它们的一个共同特点是，办学往往和房地产联系在一起。在当地政府的支持下，投资者以教育用地名义征得了大片土地，通过高价购买优质生源在短期内迅速提升办学声誉，以此带动和提升学校周边的房价。投资者的回报主要来源于学校周边的房地产业。第三类是市场上各种各样的教育培训公司，它们通过提供某一类培训赚取利润。特别是针对中小学生的一对一课程辅导培训机构近年来发展速度很快，有些已经发展成为规模很大的上市公司。上述三类教育机构的共同特点是，它们无一例外地是企业，只不过其提供的产品和服务是和教育有关而已。既然是企业，其经营目标就是利润最大化。它们并不是真正的教育机构。

企业和学校的根本差异在于是否以营利为目标。真正的教育机构必须是一个非营利机构。其目的在于办教育，而不是为了赚钱。其使命是为了给学生提供更好的教育，而不是为了从家长的口袋里拿钱。

在传统的计划经济时代，我们对私立教育的认识有偏差。人们总是认为，教育是塑造人类灵魂的事业，关系到祖国和民族的未来，怎么能够让以赚钱为目的的黑心资本家来兴办学校呢？特别是美国的私立大学，收费高昂，资本家考虑的就是怎么赚学费，怎么会把人才培养放在第一位呢？让学生进入这样

研究真实世界的教育

的学校,无异于羊入虎口。因此,教育必须由国家和政府提供,才能让老百姓放心。与此相类似的是医疗。人们总是认为,人命关天,怎么能够让以赚钱为目的的黑心资本家来兴办医院呢?让病人进入这样的医院,不是任人宰割吗?因此,医疗必须由国家和政府提供,才能让老百姓放心。然而,一个讽刺性的事实却是,由国家和政府提供的公立教育和医疗,恰恰没有满足老百姓的需求,没有让老百姓满意。这是为什么呢?

现代公共管理理论认为,作为社会中的主体,政府和其他社会机构一样,拥有自己的利益和目标。政府是由一个个具体的个人组成的,个人的利益并不一定和政府的利益相一致。即使设计初衷良好的政策,在具体执行过程中也会"走样",不一定能够实现政府的目标。因此,判定某类产品应该由政府还是私人提供的依据,并不取决于谁在理论上更"大公无私",而要看它究竟是排他性物品还是非排他性物品。非排他性的物品就应当由政府提供,否则就没有人提供,比如基础设施、国防等;排他性的物品就应当由私人提供,其效率会比政府更高。这就是亚当·斯密深刻揭示的"看不见的手"的原理:"每个人都试图应用他的资本,来使其生产品得到最大的价值。一般来说,他并不企图增进公共福利,也不清楚增进的公共福利有多少,他所追求的仅仅是他个人的安乐,个人的利益,但当他这样做的时候,就会有一双看不见的手引导他去达到另一个目标,而这个目标绝不是他所追求的东西。由于追逐他个人的利益,他经常促进了社会利益,其效果比他真正想促进社会效益时所得到的效果为大。"

教育是一类特殊产品,它既是排他性的,又是非排他性的,因而是半排他性产品。教育是排他性的,因为人们可以通过付费来进行排他性消费。向学校支付了学费的学生可以享受相应的教育,没有支付学费的学生就无法享受同样的教育。教育是非排他性的,因为对于同一所学校的学生而言,你接受教育的同时无法阻止你的同学同时接受教育。在互联网时代更是如此。一个通过网络公开课接受教育的学生无法阻止世界上的另一个人也观看同一个课程视频。更重要的是,教育具有正的外部性。接受了良好教育的人会促进社会的稳定和发展,反之,没有接受良好教育的人可能具有强烈的反社会倾向。从这个意义上说,教育具有一定的公共性。因此,政府有义务为那些没有能力接受教育的人提供必要的教育。

但是,作为一种公共产品,政府所能满足的,只能是老百姓一般性的基本教育需求。如果有人因为经济条件限制而不能接受教育,这是政府的责任。然而,并非所有的人都应当接受同样的教育。优质教育资源永远是稀缺的。父母只要有能力,一定会让自己的孩子接受更好的教育。它是竞争性的。强迫所有人都接受同样质量的教育,既实现不了,也会降低整体教育质量。那些认为教育应当完全由政府提供的人没有意识到,老百姓是分为不同群体的。每个家庭对教育的需求都不一样,政府怎么可能满足所有人的教育需求呢?

上面说的是政府不可能提供令所有人满意的教育。另一方面,由私人提供的教育,也并不一定会毁了祖国的花朵。且不说中国古代成功的私塾教育,即使是西方的私立教育机构,许多也是由富翁们捐资设立的基金会来兴办的。它们并不依赖学费来维持运行,并且人才培养质量很高,甚至超过了多数的公立教育机构。因此,教育不一定必须由政府来提供。

为什么中国私立教育没有发展起来呢?我认为,至少可能有以下两个原因。

首先,迄今为止,中国还缺乏一批具有教育情怀的富翁。改革开放之后成长起来的"富一代"们,目前还没有到考虑他们未来财产处理的时候。他们现在所关心的,仍然是如何进一步发展壮大自己的事业,以及财富的传承。对教育事业进行小额捐赠是可以的,但是,把自己的全部财产捐献出来成立基金会开办学校或大学,时机和条件目前都还不具备。然而,如果没有一批已经充分实现了财务自由的人来兴办教育,那么,所有成立的私立教育机构就不可能不以赚钱为目的,因而就不可能是真正的教育机构。

其次,政府尚未出台鼓励性的政策支持。西方私立教育发展的一个重要因素是遗产税。一个富翁如果要把财产传给下一代,通常要缴纳高额的遗产税,一般都在 50%,有些国家高达 70%。但是,如果通过慈善捐赠的形式兴办教育,则可以免税。对于富翁们而言,与其把财产交给他们不一定信任的政府,还不如自己捐献出来兴办教育,这样既为社会做出了贡献,同时也使自己

研究真实世界的教育

流芳百世。如果政府能够在政策上及时调整,鼓励更多的民间资本不以营利为目的进入教育领域,也许可以在相当大程度上改善中国教育的生态。随着中国经济的进一步发展和第一代富翁即将步入人生的晚年,这一点也许不难实现。

教育应当满足社会各个群体的需求。如果满足不了人们的需求,要么是技术上出现新的突破,要么是体制上出现新的突破。随着互联网技术的飞速发展,教育技术正处于新的重大突破前夜。现在需要的,也许是教育管理体制上的突破了。

2015 年 3 月 2 日初稿于北京大学经济学院
2015 年 6 月 24 日定稿于北京大学经济学院

第五部分

访　　谈

新高考改革方案中的多元录取机制

——答《高校招生》采访①

《高校招生》：2014年9月3日，国务院颁布了《关于深化考试招生制度改革的实施意见》（以下简称《实施意见》），标志着新一轮考试招生制度改革全面启动。《实施意见》明确要求："改革招生录取机制，探索基于统一高考和高中学业水平考试成绩、参考综合素质评价的多元录取机制。"您认为高中学业水平考试的结果是否能构成大学招生录取的重要参考点？

秦春华：高中学业水平考试的结果能否构成大学招生录取的重要依据，取决于这一结果的信度和效度能否满足大学人才选拔的需求。根据不同的功能，考试可以分为合格性考试与选拔性考试两类。以《实施意见》的颁布为分界点，改革以前的高中学业水平考试属于合格性考试，其目的是为了考核高中学生相关科目的学习是否达到课程标准要求，而不是为了高校科学选拔人才。因此，尽管教育主管机构多次希望高校将高中学业水平考试成绩作为招生录取的重要依据之一，但由于其不具备选拔功能，也就不可能在大学招生中发挥任何实质性的作用。大学招生录取的唯一依据仍然是高考成绩。

此次考试招生制度改革的一个基本出发点是要逐步减轻高考所承载的压力，将其功能进行分解，一部分功能由高中学业水平考试来承担。也就是说，为满足高校人才选拔功能的考试将由"两条腿"来支撑：一条腿是高考，另一条

---

① 本文删节版曾发表于《高校招生》2014年第11期（总第365期），题目为《改革语境下，考试新标准和人才选拔思考》。

研究真实世界的教育

腿是高中学业水平考试。这就要求后者必须增加一部分选拔功能，以利于高校采用这一成绩选拔人才。但与此同时，这种选拔功能又不能过强，过强就会和高考重叠，并在事实上增加学生负担。《实施意见》只是提出"基于统一高考和高中学业水平考试"的原则性方向，但如何处理好二者的微妙平衡关系则语焉不详，需要"探索"。对于各省市教育考试院来说，这将是一个相当大的挑战。

在招生录取过程中，如何将高中学业水平考试的等级成绩和高考成绩进行衔接，也是需要各方认真研究的重要问题。特别要防止出现的情况是，高校录取时表面上看起来是高考成绩与高中学业水平考试成绩相结合，但由于高中学业水平考试的选拔性功能过弱而实质上最终决定录取的因素是语数外三门高考成绩。

从根本上说，高校招生采取包括高考成绩、高中学业水平测试成绩和综合素质评价在内的多元录取机制，其核心还是着眼于促进学生健康成长成才，扭转以高考为"指挥棒"的片面应试教育倾向。如果不能实现这一点，中学仍然采取应对高考的办法来应对高中学业水平考试，对学生而言，可能意味着新的更大的灾难。

《高校招生》：综合素质评价在一些省份已开始实施。在录取过程中，您认为这项参考值是否有效？还有那些需要改进的地方？

秦春华：大学招生不能以高考成绩作为唯一录取依据，这一点看来已经成为社会的共识。但如果不以高考成绩作为唯一录取依据，那么，采取什么依据来进行录取，特别是，如何确保公平公正，杜绝请托腐败现象，对此社会的分歧则相当大。在教育部基础教育司的大力推动下，学生综合素质评价在许多省市实施了多年，但高校普遍不接受其为录取依据。原因很简单，在中国现实国情下，综合素质评价的有效性和真实性不能得到保证。

这究竟是不是一道无解的题？现在给出答案为时尚早。此次《实施意见》明确将综合素质评价作为高校招生录取的参考依据，表明决策层下了最后决心。作为人才选拔的供给方和需求方，中学和大学都有责任和义务答好这道难题。

我对综合素质评价关注研究多年。2011年,北京大学招生办公室在全国部分中学中发放了《优秀中学生素质养成手册》,记录学生的日常生活和想法,以此作为自主选拔录取的依据之一,效果非常显著。实际上,《优秀中学生素质养成手册》就是学生的综合素质评价。

我认为,如果要将综合素质评价作为高校招生录取的重要参考依据,必须满足以下四个基本条件。

第一,我始终主张,综合素质评价的主体不是中学和学生,而是大学。大学既不需要中学老师对学生做出评价,也不需要学生进行自我评价(但不拒绝学生的自我感悟)。中学和学生只需要记录、说明和陈述事实——没有夸张、不加修饰、不折不扣呈现出来的事实——即可。至于事实所代表的含义是什么,大学招生机构会自行判断。对于同一个学生的同一个事实,不同的大学可能会得出不同的结论。由此,大学的特点就在招生时体现出来了。

第二,中学老师往往习惯于使用一些高度抽象化的"大词"对学生进行价值判断,却不善于从细节上描述事实。例如,老师经常会评价一个学生组织能力强。但到底他(她)的组织能力体现在哪里?和其他学生相比又强在哪里?往往语焉不详,只是罗列了学生担任的一系列学生干部职务。这样的"评价"大学在招生时是无法使用的。大学需要了解的是学生在中学阶段从事了哪些活动,承担了什么责任,产生了什么样的效果等。至于是否当了什么"官",其实并不重要。大学从这些活动中自然可以判断出一个学生是否具有组织能力。

第三,要使综合素质评价在大学招生时真正发挥作用,中学老师必须对学生的个性特征和日常生活有相当程度的了解,才可能在记录时言之有物,真实可信。这对老师来说也是一个挑战。在这方面,我们可以借鉴美国高中的一些成功经验。他们建立了相当完善的"顾问"制度。从形式上看和中国的辅导员很类似,但其更为专业,对学生的了解和指导也更有针对性。"顾问"老师的一个重要职责是在学生申请大学时写推荐信。推荐信的质量会直接影响学生申请大学的结果。

第四,大学对于综合素质评价也应当主动承担起引导责任。在招生季开

研究真实世界的教育

始之前,大学应当主动向社会公布自己对学生素质的要求,并示范指导学生如何真实描述自己以增加被录取的可能性。这样,经过几年的互动,中国大学也可以建立起一套行之有效的综合素质评价体系。

对于大学来说,学生的综合素质到底被评价成什么样并不重要,最重要的是,中学和学生所提供的材料是真实的。一个诚实的不完美者要比一个不诚实的"完美者"可贵得多。

《高校招生》:您认为高考和高中学业水平考试的区别是什么?如何看待各自的优缺点?

秦春华:改革后的考试招生制度中,高考和高中学业水平考试分别承载了不同的功能。高考将执行完全的选拔性功能,这意味着参加高考的绝大多数学生都是为了进入大学而来的——进入高职院校的学生可以不参加高考;高中学业水平考试主要承载合格性考核功能——这就是为什么其采用等级制而非分值制的原因——但同时也执行一部分选拔性功能,以利于高校选拔人才。

我认为,考虑到中国各地区差异巨大的现实和教育公平的诉求,未来可能会出现集中和分散的统一:高考科目将逐步收归中央,体现为全国统一命题;高中学业水平考试科目则由地方负责,由省级教育行政部门按国家课程标准和考试要求组织实施,以体现灵活性。这一格局既可能是各方利益妥协的结果,也可能是调动中央和地方两个积极性的现实选择。

2014年9月25日凌晨初稿于Oak Creek Apartments,Palo Alto,CA
2015年7月16日定稿于Princeton University

"严出"要在过程中把关

——答《中国科学报》采访[①]

中国高校都要建立质量监控体系,就像农民种地,对于最后的收成要心里有数。

中国大学生毕业率非常高,同时也伴随着论文注水多、考试作弊等问题,形成了一个事实上的"严进宽出"氛围。一旦出现不可承受的后果,一些涉事大学生总是采取过激行为来应对,这给高校教育管理带来了相当大的困扰。

在接受《中国科学报》记者采访时,北京大学考试研究院院长秦春华表示,这种困扰越来越严重的原因在于学生的脆弱程度在加强。然而,坚守规矩应该从大学做起,"如果学校把不该退让的底线也退让了,学生在思想中也易形成混乱,走上工作岗位事事'差不多',其造成的后果将是无法估量的"。

那么,我们势必要回到一个问题上:中国高校的"严出"该如何进行?

"严出"不是追求一个数字

《中国科学报》:在国外高等教育中,我们经常听到"淘汰"这一概念。请问您怎么看待博士生淘汰制?

秦春华:我们应当尊重教育的基本规律和事实,不一定非要实行淘汰制。

[①] 本文是《中国科学报》记者温才妃的采访,报道发表在《中国科学报》2015 年 7 月 23 日第 7 版,题目是《北大考试研究院院长:"严出"要在过程中把关》。

研究真实世界的教育

淘汰是一个竞争性很强的概念,把人分为优劣两类。然而,从本质上说,教育不应该是竞争。教育的目的是为了让社会变和谐,戾气、矛盾不要那么多。

"有教无类"在我看来是更合理的教育理念。国外的教育认为每个学生都有自己的闪光点,都有自己有价值的地方,应该尽可能使每个人的特点发挥出来。

实际上,国外博士生就读期间的淘汰制是有严格学术标准的,但并不是说被淘汰下来的人不如他人优秀,而是其自身的学术水平没有达到标准。国内高校之所以建立不起这种制度,有人情、压力的缘故,有"你好我好大家好"的心态,归结为一句话还是因为教师的责任问题。

《中国科学报》:如何认识"严出"?

秦春华:是严是宽取决于标准。所谓的"严进严出",要强调学术标准本身的"严",而不是淘汰的数字和比例。因为不以学术标准为依据而是以数字为依据,可能会走向反面。我反对有些人的观点,他们看到美国一些高校的毕业率只有40%—50%,这些数据固然是真的,但对数据的解读却走到了另一方向。比如,如果为了数字,把北大的毕业率一下子降到70%,最后淘汰的20%有可能仍然是非常优秀的学生,这对于他们是巨大的打击,也不见得拔高了北大的学术水平。

《中国科学报》:我们了解到,像北大、清华等高校一直坚持育人的高标准、严要求,为什么它们能够执行严格的学术标准?

秦春华:北大、清华对学生的严格要求,更多来自于学校的传统。我们当年读书时,尽管教师对学生很慈祥,但在教学质量、学术尺度上要求非常严格。虽然也有社会压力、学院压力,但大部分教师始终坚持自身判断,只看达不达得到标准。

以学术标准为依据,处理"严出"问题就很清晰。学术标准掌握在教师手中,他们最清楚学生优秀与否。现在的障碍是教师的良心问题,即一名教师是否履行了自己的职责。一些教师遇到问题闪躲,担心招不到学生、担心学生闹,教师本身没规矩,怕招惹是非,导致了他所教育的学生,乃至社会整体逃避责任。

事先声明+过程管理

《中国科学报》：国外高校的"严出"是基于怎样的出发点？

秦春华：美国高校不是为了"严出"而"严出"，除了加州理工学院这样极个别的高校定位为规模小、只要金字塔顶尖的学生，其他美国高校并不一定追求"严出"的结果，而是更尊重培养的事实。这归因于美国高校对自身的教育质量有清晰的判断，什么是合格、什么是不合格有明确的标准。

《中国科学报》：国外高校用不用担心学生的过激行为？

秦春华：美国高校奉行的原则是"一是一，二是二"，高校不会顾及太多的社会压力。但像种族歧视等敏感问题，高校一开始就会考虑周全，不去碰敏感的红线。除此之外，学生、家长若对高校的处理有异议，大可以去法庭上诉，通过法律途径解决纠纷，所以美国高校不理解中国高校所谓的担心。

《中国科学报》：它们的"严出"是怎么做到的？

秦春华：美国高校在平时就对学生的要求特别严格。

新生入学之初，高校就会事无巨细地罗列出哪些能做、哪些不能做，细到几乎涵盖了过去学生遇到的一切问题。举一个例子，美国高校不会笼统地规定学生不要作弊，而是将什么情况视为作弊，抄了几个单词以上、考试夹带了哪些物件算作弊，事先明明白白告之学生，让学生签字同意，表明这些规定都是学生知晓的。学生知晓后再犯，就要为自己的行为承担后果。

学生的成绩也是平时累计的。一次逃课被教师记录下来，再逃课可能面临挂科的风险。由于学生知道将产生严重的后果，所以他们普遍重视平时的表现。它不是一次两次学业预警，而是过程的沿途监控。国内教育在这方面比较疏忽，教师投入的精力不足，对学生的管理、关心不够，所以一旦产生问题，就是一发不可收拾的。

| 研究真实世界的教育

高校尚缺质量监控体系

《中国科学报》：上述过程的监控，中国高校有无类似的做法？

秦春华：时至今日，大多数国内高校对于招来的学生质量如何，心里其实是没底的。从表面上看，学生分数高，但是其究竟适不适合这所大学，大学并不清楚。经过四年本科培养，学生是否达到了毕业要求？虽然从表面上看，符合毕业要求的学生才能毕业，但是细究毕业的标准问题，大学里的管理者、教师也答不上来。换句话说，在最基础的问题上，国内高校做得还是相对差的。

就北大而言，我们已经作了至少10年的研究，以探究北大究竟培养了什么样的学生。研究表明，招入北大的各省市学生尽管在刚入校时水平有所差异，但经过四年的培养，进校水平较弱的学生在成绩、综合素质等各方面都有了很大进步，这说明本科教育在他们身上产生了效果。

在我看来，中国高校都要建立质量监控体系，就像农民种地，对于最后的收成要心里有数。高校不能开完毕业典礼、学生找到工作就了事，而是要扎扎实实地做好最基础的工作。

《中国科学报》：反观中国高校实现"严出"有几大难点？怎么解决？

秦春华：难点一在于法律。法律要尊重、保护学校履行自身责任的权力，特别是要尊重和保护高校去做正确事情的权力，让高校按照教育规律办事、去管理学生，不宜过软。解决这一问题，可以解决相当多的连带问题，学校从压力中释放出来，没有做错的事情不会被狂揽责任，同时相应的惩罚对后来人也起到警示作用，告诉他们采取过激行为也没用。这是一个树规矩的过程。

难点二在于大学的管理者要对教育负责任。教育不是一般意义上的工作，它是一个良心活儿，没法实施监控。一些人把教师当成混口饭吃的工作，自然不会对教育全情投入。对此的解决办法是，把真正热爱教育的人放在教育的岗位上，这样他会按照教育规律本身进行工作。

"模式化训练"使学生个性泯灭

——答《新京报》采访[①]

■ 对话动机

"他们看起来也太像了,就像是一个模具打造出来的一组家具一样。"近日,北京大学考试研究院院长秦春华公开发表的一篇文章中,以此形容今年上半年他在上海招生面试时所遇到的学生。这篇文章在网络上引发强烈关注,也把秦春华和中国教育现状推到了公众面前。

文章中,秦春华对这些公认的好学生提出了疑问:教育被简化成了一条升学直线后,所有的过程只为那个最后结果而存在——上北大或上哈佛。但考上北大以后怎么办?在他看来,上学是一个人为了实现人生目标而必须经历的过程。在这个过程中,最重要的也是首要的一件事是:认识到你未来会成为一个什么样的人。做到这一点并不容易。

对于秦春华文章中的观点,一部分人表示赞同,认为中国教育泯灭天性,积弊良多;不赞成的人则认为:成年人尚且不能完全了解自己,何况未成年人。也有一些网友表示,"模具不是我们定的,是你们。我们也是受害者""不是这样也不会有名校的面试机会,名校也该反思自己选拔学生的方式"。

昨日,秦春华接受《新京报》记者专访,讲述了他对中国教育的思考。

[①] 本文是《新京报》记者赵实采写的人物专访,发表于《新京报》2016年8月18日第A13版(对话版),略有删节。

研究真实世界的教育

■ 对话人物

秦春华

男,汉族,1975年3月生,宁夏银川人。经济学博士,研究员。

现任北京大学教务部副部长,考试研究院院长。

1 【谈上海面试】

面试不按套路是刺激学生真实状态

一个学生上来就说"子曰……"我打断他,问他叫什么名字,他告诉我之后,接着说"子曰"。我再次打断他,告诉他我不关心子怎么曰,我关心的是你想说什么。他涨红了脸,一句话也说不上来。

还有一个学生自信满满地坐在我面前,等着我问各种可能的问题,仿佛一切尽在掌握之中。我说,我没有什么问题问你,你有什么问题要问我吗?她完全没有料到我会提出这种问题,顿时惊慌失措,张口结舌,几乎要哭了出来。

——摘自秦春华发表的文章

《新京报》:文章中写到的上海面试结果如何?哪些学生合格了?

秦春华:这是今年4月北大的自主招生面试,为最终的综合评价提供参考。还是发现了一些不错的学生。我们更关注他们所表现出来的社会责任感、好奇心,对某一方面展示出来的兴趣,以及与众不同的特点。一个人的表现其实是整体综合素质和长期积累的结果。

《新京报》:这次面试方式有些不按套路出牌,这是北大的一贯作风吗?

秦春华:我们不希望学生们表现出来的都是被培训、被包装后的姿态,所以会采用一些方式去刺激他们真实的状态。但这不是面试的核心内容,更核心的还是要考查他们的思维方式和思维习惯。

比如文中写到的让学生向我提问,除了考查学生的临场反应能力之外,更主要是要看学生的思维能力。其实从提问题的角度和深度,能够考查学生对事物的看法和观点,所提出的问题本身就隐含着兴趣和好奇心。具体的知识好办,有新意有价值的问题难求。所以从提问的质量上,就可以在一定程度上观测出学生的洞察力。

但是这种面试方式不会重复出现,每次面试一定都会有变化。那些针对北大的面试秘籍、应对措施,是不会产生作用的。我们不会让学生、家长或培训机构猜到我们会怎么做。

2 【谈"家具"学生】

学生需要知道未来要成为什么人

他(她)们看上去太完美了,似乎看不出有任何缺点;他(她)们看起来也太像了,就像是一个模具打造出来的一组"家具"一样。

他(她)们在面试中的表现也很相像。一个个正襟危坐,面带微笑而不露齿;说话时吐字清晰,抑扬顿挫,仿佛在深情地朗诵一首诗。

——摘自秦春华发表的文章

《新京报》:媒体为你的文章起标题:"北大院长面试学霸",只有学霸才像一个模具生产出来的"家具"吗?

秦春华:我想表达的问题,不只是针对学习好的学生,而且我并不认同学霸、学渣的说法。就算是学生的自嘲,我也觉得不合适。学生就是学生,谁是学霸?谁是学渣?无非是有人学习天赋好、学得快,有的人学得慢一些、少一些而已,但每个学生都有属于自己的天赋使命以及与众不同的地方。我们需要做的,不是用一把尺子去衡量所有学生,而是充分发现每个人身上的特点,要保证让所有的学生,而不是只有那些学习好的学生,都能拥有充分发挥自己兴趣和特长的渠道。这才是教育。

研究真实世界的教育

《新京报》：针对你"家具"学生的观点，有网友说在当前的教育环境下，如果不变成"家具"，连被你们面试的资格都没有。

秦春华：这个问题我思考了很久。它是一个教育问题，但又不完全是一个教育问题。这个问题和学校有关系，但更重要的在家长。如果按照同一种模式和标准去打造一个好学生的形象，出来的必然是模式化的学生。不仅学生需要知道自己未来要成为一个什么样的人，每一个人，包括我自己，都需要扪心自问：你未来要成为一个什么样的人？你是在做自己真正喜欢的事情吗？

《新京报》：是不是说也和家长的期许有关？

秦春华：中国的家长群体其实已经出现分化。对于家里的第一代大学生而言，家长仍然希望孩子通过上名校而出人头地，改变命运；但对于非第一代大学生而言，家长的期许已经发生了变化，更希望自己的孩子能接受更好的教育，应对未来的生活。

前者对教育质量没有过高要求，只要能够考上大学就行；但后者对教育质量已经提出了新的要求，因为他们清楚地知道，如果所谓名校不能给自己的孩子提供更好的教育，就不能应对未来的竞争，名校就没有意义。本科教育应当而且必须适应这样的变化。

《新京报》：是国内的学生才有"家具"化问题吗？外国学生呢？

秦春华：这是一个世界性的教育问题，不只是中国，在国外也一样。哈佛、麻省理工、斯坦福里就有不少"失去灵魂"的优秀学生，也就是耶鲁大学教授威廉·德雷谢维奇所称的"优秀的绵羊"。如何尽可能少地挑选出"绵羊"，如何让"绵羊"重新变成"狮子"，是当代本科招生和教育面临的重要挑战。

《新京报》：学生为了上名校而遵从"流水线"，是因为名校情结吗？

秦春华：中国学生和国外学生的"名校情结"不一样。国外的"名校"，实际上是从古希腊的教育传统延续下来，是贵族和精英的"俱乐部"，进入这个俱乐部，就意味着进入了上层社会。

中国的"名校"没有这个保护机制。人们以为名校可以提供，但其实它只在刚毕业的时候可能会提供一点儿，时间长了，社会仍然按照既定的轨道前进。为什么上了北大、清华的学生中会有很多人失落？因为他们发现这和原来想象的不一样。

3 【谈教育改革】

单凭高考分数招生存在一定问题

人生需要目标，但社会、学校和家庭都没有教会孩子如何寻找和树立自己的目标。我们总是要求孩子成功，要比别人强，要考上最好的学校，但很少告诉他（她）们成功意味着什么，生活的幸福源自何处，什么是最适合自己的。教育被简化成了一条升学直线。所有的过程只为那个最后结果而存在：上北大或上哈佛。没有人告诉这些孩子，上了北大或哈佛之后怎么办。

——摘自秦春华发表的文章

《新京报》：我国的高等教育体制是不是也存在一定的问题？

秦春华：目前单纯以高考分数作为唯一录取依据来录取学生的制度，本身存在着很大的问题。以北大、清华来说，从近几年的分数来看，几乎都在700分以上，学生能否被录取，实际上只取决于一两分之差，这就要求他们在考试上不允许出错。但实际上，谁能保证自己永远不出错呢？这样招收生源的方式是有一定问题的。我们都是在按统一的标准，把学生们选进北大清华，但更有创造力的学生可能无法在高考这样的竞争中胜出。在这样的情况下进入高校之后，再去挖掘学生的特长、激发潜力，就会变得非常困难，因为长期的重复性训练已经使他们的个性泯灭和退化了。除了在考试中取得更高的成绩，他们不知道生活中还有哪些有价值和好玩的事情。

举个例子，很多学生到了北大、清华之后，还希望到世界上最好的大学深造，继续读硕士、读博士。这条道路仍然延续在基础阶段的追求成绩的轨迹，仍然没有追寻自己内心的使命。他们既不知道为什么要读硕士和博士，而且到了博士毕业之后，也仍然不知道自己一生中到底应当去做什么。大学应该给学生更多的选择，但是目前，专业的限制、在本科阶段过于强调专业化的培

研究真实世界的教育

养等,还是在束缚着学生的心灵。

《新京报》:国外高校是怎么改变"家具"学生问题的?

秦春华:国外大学早就发现了这个问题,并且采取了积极的应对措施,主要是通过改变大学招生录取的标准。最开始是不以标准化成绩为唯一录取依据,后来为了应对家长针对性的包装,发展出精密技术来甄别适合自己的学生,其间经历了相当漫长的过程。虽然不能保证所有学生都是优秀的,但至少保证了他(她)们都是各具特色的。对于这些旨在培养美国和全球领导者的名校来说,最不能容忍的就是和他人一样,因为只有不一样,才可能在未来领导其他人。

《新京报》:国内大学应该怎样培养学生的个性,让他们做自己?

秦春华:在国内大学以高考分数为唯一录取依据的情况下,当然不可能发现学生的特色,但在综合评价体系下,就有可能发现学生的不同特点,由此也会形成一种竞争机制。那些注重培养学生特点的中学,可能会为大学输送更多合格和优秀的学生,大学的培养也是一样。所以从解放心灵的角度来说,我们应该给学生提供更好的通识教育,去接触人类文明最重要的成果,了解国家、了解世界、发现自己。

另外,还要给学生提供更有个性化的培养,而不是一种流水线式的模式化训练,这已经不能再适应现代的趋势。现在包括北大在内的很多高校已经在改变,给学生提供了更多的权利去选择喜欢的专业和课程,提供更多的机会去参与到真实的世界和生活当中。这些都是探索解决这个问题的途径。

我们对教育、对职业、对成功的理解都太单一,太贫乏,缺乏想象力,只是按照成人对世界的理解去教育学生,但学生要面对的是未来的社会。那个社会是什么样的,我们并不知道,学生又怎么可能知道呢?因此,只有让每一个人去做自己喜欢的事情,才能以无数个体的千变万化去应对未来可能出现的千变万化,单一的教育解决不了这个问题。

《新京报》:对于公众的观念而言,应该如何改变?

秦春华:中国社会一直在以"科举化"的思维来看待教育,教育之所以被简化成升学,实际上和这个思维有很大关系。学生上学,和科举时代中秀才、中举人、中进士是一样的;高考结束后,人们通常会问:"考上了吗?"这和科举时代问"中了吗?"是一样的。但现在的"考",却不能解决所有问题,因为学生一旦毕业,将会面临无限广阔的社会和未来,这是单一思维所无法应对的。"以一对多"会遇到非常大的麻烦,必须"以多对多"。

"四大名著"初中再读可能较合适
——答"澎湃新闻"采访①

近日,北京大学考试研究院院长秦春华发表文章《"四大名著"适合孩子阅读吗?》,一石激起千层浪。

文章中,秦春华提出"四大名著"以及一些国外经典不适合孩子看:《水浒传》里满是打家劫舍,落草为寇,占山为王;《三国演义》中充斥了阴谋诡计,权术心机,尔虞我诈;《西游记》蕴含着浓重的佛教色彩;从教育的角度看,《红楼梦》也不一定适合孩子阅读,尤其是正值青春期的少年。

此外,他也认为:"《诗经》《楚辞》《史记》太过艰深,唐诗宋词也不好懂,《聊斋志异》里全是鬼故事,孩子听了可能会做噩梦。至于《说唐》《说岳全传》《七侠五义》之类则更是等而下之了。"秦春华表示,这些文学经典的确是经典,只不过它们都是成年人的经典,并不是孩子的经典。人当然应该阅读经典,但不是所有年龄阶段的人都应该阅读同样的经典。而一些世界文学经典,例如《汤姆·索亚历险记》《安徒生童话》《海底两万里》等因是翻译作品,总归和原作隔了一层。

从小考到大的"四大名著"真的"少儿不宜"吗?文章发表后,其诸多观点和论述引起了各方关于儿童阅读话题的热烈讨论和思考。是否应该尊重孩子的个性与权利,让他们有自我决定的权利与空间?"少不读水浒,老不读三国"

---

① 本文是我于2016年10月10日和澎湃新闻记者徐笛薇的访谈稿,经编辑后,10月11日发表于澎湃新闻网。

有道理吗？如何教会孩子取舍适合自己的读物？

不同于成人文学，儿童文学要求作者有良好的文字功底之余还需其对儿童心理和儿童世界有一定了解。儿童文学可以分为三个阶段，分别是三至六七岁的幼年文学、六七岁到十二三岁的童年文学以及十二三岁到十七八岁的少年文学。跨度长达十五年，阅读涵盖了一个孩子从心智开化到成熟的各个阶段，去粗取精，选择每个年龄段适当的文学读物无疑是其中的关键。

有观点认为，名著并无"孩子""成人"之别，名著恰恰是沟通孩子与成人世界的桥梁。郑州第十六中学教师吕贻晓也提出，"四大名著"等古典文学名著适合孩子们阅读，但不同年龄段的孩子在阅读时，应根据孩子身心实际接受情况，采取不同的策略；必要时，可以做适当的改编。

环顾如今的图书市场，儿童读物中确实经典难寻。从儿童身心健康出发，家长们呼唤更多适合儿童阅读的优秀读物出现。10月10日，秦春华向澎湃新闻（www.thepaper.cn）更详细地阐述了对于儿童文学阅读话题的进一步思考。

对话：

*澎湃新闻：*这篇文章登报后引起了舆论颇大的关注和讨论，有的反驳其中观点，认为有失偏颇，你怎么看？

*秦春华：*我真诚地欢迎所有的讨论乃至批评。学者的价值在于用明白的文字、充足的理由、诚恳的精神来推动社会对某一问题的认识和反思。至于观点是否有道理，尽可以讨论。

*澎湃新闻：*有的家长认为，孩子阅读古典名著可以更多地培养独立思考能力，恪守成人划下的"儿童文学"圈子反而会产生逆反心理，远离阅读。你怎么看待这样的观点？

*秦春华：*培养孩子的阅读兴趣和独立思考能力固然重要，但并非所有的文字都适合孩子阅读。好的书籍会带给人以美的享受，丰富人们的精神生活，提高社会的整体文化水平，但是，那些传播了色情和暴力的书籍（不是指"四大名著"）也会玷污人们的心灵，给社会带来巨大的危害。提供给孩子阅读的本文

研究真实世界的教育

更要小心这个问题。培养孩子的阅读兴趣有一个最重要的前提,就是提供给孩子阅读的书籍里不能有可能会影响他们建立正确价值观的内容,特别是在他们尚未明辨是非,形成审辩式思维的时候。

澎湃新闻:从各方讨论来看,也有人认为,古典名著和诗词孩子越小接触阅读越有好处。也是不是有一定的道理?

秦春华:当然不能一刀切——重要的是怎么切,才能帮助孩子更快更容易地识字,勾起他们对阅读的兴趣,尽快培养起他们的阅读习惯,在阅读的过程中建立起正确的价值观。

古典文学是中华民族的文脉,但古典文学中也有许多方面不可能适应现代文明社会。特别是由于时代的变迁,古典文学的表达方式现在人们已经不常用了。孩子们更需要从阅读现代文学作品中学会如何表达,如何写作,如何思考,如何认识世界和当代中国。当然,我绝不是说孩子们不应当学习古典文学,这是我们的血脉,必须要继承和发展,但阅读古典名著和诗词也要根据孩子识字和阅读的特点加以区分。我们不可能不加选择地采取一百年前的办法教孩子认字读书——那时候,除了古典文学,我们没有其他选择,但现在的情况完全不同了。

澎湃新闻:你提出"四大名著"的内容中各有各的不适之处,那么你认为孩子到了什么年龄段阅读才会比较合适?

秦春华:我个人觉得,到了初中阶段,学生初步建立起正确的价值观,具备一定程度的审辩式思维,能够对文本和观点进行分析之后可能比较合适。高中以后可能更合适一些。

澎湃新闻:你的观点是让孩子在阅读过程中尽量少接触虚伪、阴险等人性中丑恶的一面。而2015年英国国家英语教学协会和TES杂志选出的"小学生毕业前应读书籍"中能看到其中有些书包含着黑暗和令人不安的主题,而老师也表示自己发现孩子总会被一些黑暗的故事吸引。你怎么看这一点呢?

秦春华:我并没有试图给孩子提供虚假的幻象,愚蠢到把他们关在温室里保护起来。我只是希望,当孩子们在书里看到巫婆和王后的凶狠歹毒时,能够认识到这是一种邪恶;当他们看到七个小矮人和白雪公主时,也能够体会到这是一种美和善良,并且美和善良最后战胜了邪恶。

社会和人性的黑暗面是客观存在,但从教育的角度来说,应当尽可能延缓和推迟孩子接触这些黑暗面的时间,至少要等到他们形成正确的价值观,具备分析和抵御能力,建立起对正义、爱和良善等那些曾经推动人类文明进程的伟大价值观和信仰的时候。这正是教育的力量和价值所在。

澎湃新闻:面对中国儿童文学市场上本土优秀作品选择不多的情况,许多经过翻译的优秀外国儿童文学作品,如《安徒生童话》《夏洛特的网》《爱丽丝梦游仙境》等作为一种重要的补充。本土优秀的儿童文学经典是否相对缺乏?

秦春华:对于孩子阅读来说,翻译作品的问题在于人名、地名、文化以及语序等并不是我们所熟悉的。和阅读翻译作品相比,孩子们更应该通过本土文学作品来建立起对自己国家、社会和文化的认知与理解。世界上没有一个国家的孩子是通过外国儿童文学作品来认字读书的。外国儿童文学作品是一种补充,但也只能是补充。

我并不认为孩子只能阅读童话和儿童文学。从新文化运动至今,一百年的白话文学已经有了相当程度的积累。我们应当从中选择更多的适合儿童阅读的优秀文学作品。

此外,我并不认同本土优秀作品不多的说法。儿童文学可能是这样,但整个现代文学可能就不是这样。问题在于,我们不能让这些优秀作品只停留在专业研究人员的案头,而应当通过他们的有意识的工作,让更多的家长和孩子认识到这些作品的价值。这项工作我们现在做得还不够。另一方面,也需要儿童文学作家创作出更多更好的本土儿童文学作品,这项工作做得就更不够了。现阶段我们的确缺乏大量爱孩子、具有童心、懂得儿童心理,又具备较高创作能力的本土儿童文学作家,也缺乏大量高水平的本土儿童文学作品。这种状况应该得到改变,也必须得到改变。

澎湃新闻:根据2016年一项"全国中小学生阅读状况在线调查"(全国中小学数字化校园学术交流会组委会等发起)显示,我国中小学生课外阅读人数

研究真实世界的教育

大量下降,同时,有两成中小学生不知道读什么书。就这个情况,你有什么建议?

秦春华:这就更显示出在儿童阅读的早期阶段,为他们选择适合他们阅读的优秀现代文学作品的价值了。如果孩子养成了阅读的习惯,那么,即使以后课业压力增大,他们仍然会想方设法甚至偷偷摸摸地去阅读他们喜欢的书,这反而会提高他们的阅读能力和学习成绩。这种经历和体验我们过去都有。

澎湃新闻:在当前的中国,大部分家长或老师对孩子课业的重视远超过阅读,家长对孩子的阅读参与程度也较低。你认为应该如何加强对于阅读教育的重视?

秦春华:这是目前我国教育遇到的相当严峻的挑战。儿童阅读是一件非常严肃的事情。它关乎世道人心,也关乎我们每个家庭的未来和整体民族文化素质的提升。教育不只是上课、做作业和考试。我们不可能让孩子只通过课文、教材和考试去接受教育。那样的话,他们也许可以学会知识,但一定不能获得智慧。我们必须让孩子学会阅读,喜欢阅读,通过习惯性的大量阅读去传承文化,认识世界,凝聚共识,发现自我。这些目标不会自动实现,必须也只能通过有意识的教育活动才能完成。归根到底,我们这个时代的所有孩子——也是未来时代的成年人——都是这个时代成年人的孩子,都应该得到所有成年人的照顾——不仅仅是身体上生活上的照顾,更重要的是心灵上的呵护和引导。

培养孩子阅读习惯最重要的因素是家长。如果家长整天玩手机,就很难让孩子热爱读书。事实上,人们往往忽视了阅读对孩子内在学习能力的激发和推动作用。一个喜欢阅读的孩子不可能是一个不爱学习的孩子。让孩子爱上阅读,对提高他们的成绩将会起到非常大的作用,甚至会超过整天刷题所起到的作用。

来自学生的祝福

大年除夕,我和爱人、孩子在未名湖畔闲逛。校园里几乎见不到什么人,我们一家人享受这难得的静谧。忽然,我听到有人喊我的名字。扭头一看,一个男生兴奋地跑过来说:"老师,您不记得我啦?我是您招来的学生啊!"他热情地向我和家人问好,祝福我们全家新春快乐,吉祥如意。我一边和他说话,一边在脑海里仔细回忆他是哪一个学生。哦,我想起来了,他的家在贵州一座大山深处,上学要走十几里山路。那一年,凭借着"农村贫困地区定向招生专项计划",他成为村里第一个考上北大的学生。在当地政府和北大的资助下,他的路费、学费和生活费都有了着落,没有给家里增添负担。

晚上,我一边看春节联欢晚会,一边收邮件。邮箱里有一封来自加州大学伯克利分校的信,是前几年我招的一个学生发来的。她当年是中学里公认的第一名,但就在高考的那两天,她发高烧,结果考得一塌糊涂。如果没有自主招生的30分优惠,她可能一辈子就和北大无缘了。进入北大以后,她不仅学习成绩名列前茅,而且还参加了大量社会活动,去年顺利申请到伯克利的全额奖学金,继续攻读博士学位。她亲手制作了一张精美的贺卡,背景是北大的博雅塔和伯克利的钟楼,祝福我在新的一年里阖家幸福,心想事成。

作为一个曾经的大学招生工作人员,几年后还能收到当年招来的学生的祝福,欣慰的同时,我也很感动。它赋予了我们所从事的工作的意义和价值。

---

① 本文为《中国教育报》"新春走基层 开年话期待"栏目撰写,经记者柴葳采访整理,删节版曾发表于《中国教育报》2016年2月24日第3版,题目为《让优秀人才接受最好的本科教育》。

研究真实世界的教育

学生们祝我心想事成,他(她)们知道我心里想的事是什么吗?

我最大的愿望,是能够把每一个适合北大培养的学生招进北大,让他们接受最好的本科教育,成为对国家、对社会、对人类文明进步有贡献的引领未来的领导者。我不仅希望北大能实现这一点,也期盼其他顶尖大学能够站在国家和民族的角度,根据学生的特点和综合素质,不完全依据高考成绩,选拔出适合自己培养的学生。我更希望,通过深化考试招生制度改革,能够扭转乃至改变当前中学基础教育中越来越严重的"应试训练"生态,帮助学生更好地成长,实现教育公平和科学选材,为创新型国家的建设培养更多富于创造力和想象力的优秀人才。

中国教育正在经历历史上最深刻的变革。2014年9月,经国务院常务会议、中央全面深化改革领导小组会议、中央政治局常委会议、中央政治局会议审议通过,国务院发布了《关于深化考试招生制度改革的实施意见》,标志着新一轮考试招生制度改革正式拉开帷幕。对于微观教育单位来说,如何按照《实施意见》的要求,把中央的精神落到实处,实现更具活力的制度创新,既是难得的历史机遇,也是巨大的挑战。进入深水区的改革并不容易,教育系统的综合改革尤为复杂。我们必须要保持坚定的信念和高度自信,立足于中国的具体国情,借鉴世界顶尖大学人才选拔的成功经验,走出一条符合中国实际情况的具有中国特色的人才选拔之路。这是我们的使命,也是我们必须肩负的责任。

2016年2月19日初稿于宁夏银川唐徕渠畔
2016年2月21日定稿于宁夏银川唐徕渠畔

北大欢迎你[①]

各位家长、同学:

大家好!

很高兴来到西安,向各位报告北京大学发展的一些最新情况。上个星期,教育部刚刚结束了对北京大学本科教学工作水平的评估。有人说,北京大学的本科教育还用得着评估吗?用什么标准评估?谁来进行评估?教育部也考虑到了这些问题。所以,一方面,对北京大学的本科教学不是按照一般院校的标准进行评估,而是给北京大学设立了一个特殊的标准,就是按照世界一流大学的标准来衡量,你到底做得怎么样。另一方面,在教育部评估专家里,除了国内的一流专家外,还从美国和我国香港特别行政区邀请了一批专家,组成了一个强大的评估专家组,对北京大学的本科教学工作进行了为期五天的考察评估。老实说,我们的压力也非常大。

现在我可以告诉各位,最后的评估结果非常好,可以说最好,不但出乎我们自己的预料,而且比兄弟院校的结果都要好。(笑)在 19 个一级指标中,北大获得了全 A;在 44 个二级指标中,北大获得了 43 个"优",1 个"良"。其实,本来我们是要获得全优的。只不过那样一来,我们和兄弟院校拉开的距离太大,人家面子上不好看,我们也不太好意思。(笑)体谅到我们的难处,专家组勉为其难,给了一个"良"。但是在哪个指标上给"良",专家们犯了难。因为根

[①] 本文是我于 2007 年 11 月在陕西做招生咨询报告的文字整理稿,原文发表在《北京大学招生通讯》(2007 年第 1 期)。这是我公开发表的关于大学招生的第一篇文章。

研究真实世界的教育

据实际情况,没法违心地给"良"。后来综合考虑了一下,说还是在校舍这个问题上给个"良"吧,这样将来好向教育部多要点钱。(掌声,大笑)其实北大现在的教学条件和住宿条件都挺好的,比我们上学的那时候要好多了。现在都是四个人一个宿舍,宿舍里有卫生间,还可以洗澡。

在最后的反馈意见大会上,教育部评估专家组对北京大学给予了高度评价。考察意见说,作为中国高等教育的排头兵和引领者,北京大学在国内外享有十分崇高的声誉。一百多年来,北京大学不仅是中华民族争取民主自由和实现伟大复兴的象征,也是现代人文学者和自然科学家向往的精神家园,她为民族的解放和振兴、为国家的建设和发展、为社会的文明和进步做出了重要贡献,在中国走向现代化和繁荣昌盛的进程中起到了先锋和骨干作用。

评估组专家指出,北京大学把党的教育方针与自己的百年教育实践相结合,把中国传统教育思想与世界高等教育发展趋势相结合,把北大的优秀传统与新时期国家发展需要和建设世界一流大学目标相结合,形成了先进的教育思想和鲜明的办学特色。那就是:高举"爱国、进步、民主、科学"旗帜,以振兴中华为己任,始终站在时代发展的最前列;秉承"思想自由,兼容并包"的学术精神和"博学审问,慎思明辨"的优良传统,形成了"勤奋、严谨、求实、创新"的校风;实施以"重视基础、尊重选择"为精髓的人才培养方针,实施以"元培计划"为代表的创新教育模式,培养各行各业的精英人才。

评估组专家对北京大学寄予了无限期望。他们说,北大不仅是北大的北大,也是中国的北大,更是世界的北大。希望北京大学继承优良传统,不断增强北大意识和北大使命,加快创建世界一流大学进程,为国家和民族的建设发展,为世界和人类的和谐进步做出无愧于先辈的历史性贡献,让全国人民和中华民族的期盼早日成为现实,让中国人在世界面前拥有值得骄傲的理由和资本。(掌声)

评估组专家、美国哈佛大学教授杜维明先生说,作为文化中国的象征,其实北京大学早已成为世界一流大学。因为世界上再也找不到哪一个国家的哪一所大学,能够像北京大学这样和国家、民族的命运结合得如此紧密,息息相关。北大对于中国的意义远远超过了哈佛对于美国的意义,超过了牛津、剑桥对于英国的意义。北大是全国高校中最具有汇通中西和造就通才条件的顶尖大学。北大人的专业训练及双语能力都已经达到国际一流水平。如果北大丰厚的无形资产也能为政府、社会及北大领导和师生真切体认并充分发挥,北大不仅可以成为东亚文明价值的体现,而且必然成为国际学术界关注并赞赏的世界一流大学。(掌声)

这一次评估组专家之所以对北京大学给予了如此高的评价,应当说,我们的学生做出了巨大贡献。在评估期间,专家组共考察走访了 22 个职能部门和 34 个教学单位,调阅了 70 个班级的 4830 份试卷和 41 个专业的 646 篇毕业论文,随机听课 55 门次,进行了英语等 10 个学生基本技能测试。特别是在基本技能测试中,北大学生体现出了非常高的素质。这些学生都是专家随机抽取的,不是挑选最好的学生,而是整班级建制进行测试。测试结果非常好,给专家留下了极其深刻的印象。比如,北大学生在测试中可以用流畅的英文和杜维明先生探讨非常深奥的哲学问题,还有一个学生居然可以用流利的法语和西班牙语与美国的专家进行对话,而他并不是外国语学院的学生。专家们评价说,这些高素质的学生在其他高校是看不到的。

其实,这次评估的结果是北京大学长期把本科教学放在学校各项工作的中心的一个必然结果。如果说我们的研究生教育和世界一流大学的研究生院相比还有差距的话,那么,我们的本科教育,可以非常自豪地讲,是世界一流的。你们可能会说,你说你是一流你就一流啊,那我给你拿出几个例证来。我们说,一个学校里有多少院士,有多少个院系,有多少个专业,固然可以说明一个学校的办学实力,能够决定你将来受到什么样的教育,但真正看一个学校办学水平的,主要是毕业生的素质。北大物理学院的一个学生,当初在北大读本科的时候成绩也就是中下,后来他申请出国,到了普林斯顿。那是爱因斯坦曾经工作过的地方。他到了那里以后感到非常轻松。为什么?他说他在普林斯顿学的东西,早在北大二年级时候就已经学过了,当然就很轻松了。

我的一个同学,刚入学的时候就是班里的第一名,到毕业的时候,还是第一名。后来,她毕业后到了斯坦福大学的经济系。斯坦福大学经济系并不大,五十多个学生,来自世界各地。她到了那里以后,成绩依然一直是第一名,是

研究真实世界的教育

中国人的骄傲。(掌声)现在她在华尔街一家大公司里从事战略研究,做得非常出色。所以北大培养出来的学生,可以和世界上任何一所著名大学的毕业生放在一起比一比,一点都不差。现在活跃在美国各个著名大学里的华人物理学教授,主要是北大毕业的,人数排在第二位的是中国科技大学。

以上我向各位报告了教育部对北京大学本科教学工作水平评估的情况。与此同时,英国《泰晤士报》的世界大学排名也出来了。现在世界上有很多大学排名,这个排名是最受重视的两个之一。在这个排名中,还对各个学科进行了分类排名。北京大学的自然科学居全世界第15位,人文科学占第18位,生物医学居第18位,社会科学列第23位,工程科学类占第36位。特别值得指出的是,在上述排名中,所有五类都在榜上有名的高校,全世界只有21所。中国只有北京大学一所。它表明,经过多年的建设,中国终于能够在学科建设这个最重要的评价指标上跻身世界著名学府之列。

每年我在做招生咨询的时候,总有家长问我,某某专业好就业吗。也许现在就业压力太大,给各位家长造成了心理上的阴影。其实,对于北京大学的毕业生来说,根本不存在就业方面的任何问题。因为我们做的是精英教育,培养的是人才金字塔上最顶尖的那一部分人才。其实,像在座的各位优秀的学生,你们将来考一个好大学,毕业后获得一份职业,有一个丰厚的收入,组成一个美满的家庭,过幸福快乐的生活,(笑)是一点问题也没有的。但是,你们可能面临着一生中一次重要的机会。那就是,你有可能成为一个对国家、民族甚至是对世界和人类产生重大影响的人。你怎么选择?当然你可以选择前者,一生安逸。可是,当你有机会选择后者的时候,你为什么要选择放弃呢?何况,前者和后者并不矛盾。实现了后者,前者自然而然就实现了。北大的毕业生,根本不需要考虑钱的问题。只要你做出了一流的成绩,不是你去追求钱,而是钱拼命追着你跑。这在经济学上就叫"资本追逐劳动",但这个劳动是最高级的脑力劳动。你要问了,到北大就一定能成为这样的人吗?我说,那当然不一定,但北大历史上和现在都在不断产生这样的人,你为什么不可能成为其中的一员呢?更为重要的是,北大宽松的学术氛围,对于挖掘一个人的潜力,根据他(她)的兴趣选择他(她)未来的专业追求,都具有十分重要的意义。比如,因为发现 H5N1 型病毒的弱点而蜚声海内外的著名生物学家陶一之教授在获得"2006 年影响世界的华人"称号时就曾说,她之所以能够取得今天的成绩,主要得益于母校北京大学对她的培养。

同学们即将面临人生的重大选择。我们一直强调一个观点——选学校要比选专业重要,选综合性大学要比选工科类大学更重要。同学们在中学阶段的分科十分简单,非文即理。到了大学以后,分科就变得非常复杂。比如,文科就分为人文科学和社会科学,而理科分为理科、工科、医科、农科和林科,等等。实际上,这种严格的整齐划一的分科是我们在计划经济时代,从苏联那里学习的东西。这些上世纪的东西在今天已经发生了很大的变化。为什么?今天的社会对于人才的培养和需求已经不是按照专门人才去要求了,现在要求的是融通文理、汇通中西的所谓通才。所以现在中学的分科本身就存在着很大的问题。将来同学们到了北大就会发现,其实大学里的大分科的界限是非常模糊的。文科的同学要学习理科的东西,理科的同学也要学习文科的东西。所以我们现在非常强调基础。理科是所有其他工科、医科的基础,是基础的基础。北大医学部的同学的专业是医科,但他们第一年都要到校本部来接受基础教育,这个好处非常大。

同学们,你们现在都十几岁,你们还不了解现代科学发展到了什么程度,你们的人生观和世界观都还没有形成,所以要你们现在就决定今后几十年做什么,这是非常荒谬的。除非你很早就对某一个方面,比如建筑,产生了浓厚的兴趣。但我想,对于大多数同学来说,现在就做出选择其实是很困难的。这并不是我的主观猜测。因为我本人就是这样。我的专业是经济学,从本科一直读到博士,博士后也出站了。可是我真正对经济学感兴趣,并把经济学作为我的专业方向是在什么时候呢?是我在读研究生的时候。此前,我甚至非常厌恶经济学。只不过,经济学在我读书的那时候招生分数是全校最高的,我一不小心考到了那个分数,就下不了狠心,也不好意思转到其他专业去。(笑)结果一晃就到了现在。我知道有一个元培计划实验班的学生,最初和我一样,去了经济学院,因为现在都是以经济建设为中心嘛!(笑)结果学了一段时间以后,他发现他对经济学没什么兴趣,于是他转到了生命科学学院;在那里一段

研究真实世界的教育

时间以后，他发现自己真正感兴趣的其实是环境。（大笑）最后他转到了环境学院，成为一名非常优秀的毕业生，毕业后去了哈佛。

当你无法做出选择的时候，一个最简单的办法是推迟选择，把时间推迟到你能够做出选择的时候为止。在这个阶段，你需要做的就是不断地把自己的基础打牢。根据心理学的研究结果，一个正常智商的人（笑），大约在二十三四岁就能够确定自己对世界的基本看法，到二十五六岁就完全定型，以后不会再发生变化了。这个时间是什么呢？就是大学本科毕业的前后。所以我们建议，除非你很早就明确了自己的未来人生走向，要成为一个工程师，那你赶快去距离我们不远的兄弟院校，那里给你们提供了全中国最好的工科教育（大笑），否则的话，选择北大吧，她会让你成为一个更加理性，也更加从容，一个像我一样非常厚道的北大人！（掌声，笑声）

明年秋季，我将在美丽的未名湖畔迎接各位的到来！

谢谢大家！（掌声）

后　　记

　　这是我研究教育问题的第三本书,收录了我从2014年11月回国到2016年12月间发表的文章。同时,它也是一个中期总结。写完这本书,短期内我可能不会再大量写作适宜发表在报纸上的几千字的短文了。

　　一个重要原因是我的身体出了一些令人意想不到的状况——我得了青光眼。这是目前世界上排位第一的眼疾,但多数人都把它当成了白内障,包括我自己。当初医生告诫我要当心青光眼的时候,我压根儿就没把它当回事。心想,得了白内障就得了呗,大不了做个手术摘除不就行了?我万万没想到的是,青光眼比白内障严重得多,它会导致失明,并且不可逆——这个医学术语的意思是,它不可能被治愈,最好的结果也只是保持在发现时的状态不恶化。医生要求我必须严格控制用眼时间,如果我不想很快失明的话。这意味着我将不再可能像以往那样在电脑前持续十几个小时地工作。

　　人生有很多让你意想不到的地方,得青光眼就是其中之一。我宁愿患上任何一种其他的疾病,宁愿失去任何别的器官,也不希望眼睛出问题。读书是我的生活,也是我的生命。我可以听不见,可以说不出,可以动不了,但不能看不见。当医生告诉我确诊青光眼的那一刻,我一下子想起了海伦·凯勒的《假如给我三天光明》。如果我注定有一天是要失明的——尽管在理论上不是所有的青光眼患者最终一定都会失明,因为也许在失明之前生命就结束了——那么我就要思考和决定在失明之前的日子里必须要完成的事情。

　　2016年11月8日,在北医三院的病房里,平生第一次穿上病号服的我,坐在病床上做了两个决定:一个是当我生命结束的时候,捐出我的角膜。医生

研究真实世界的教育

说我的角膜特别厚,比一般人厚得多。我想对于需要它的人来说这是个好消息。另一个是,我要在失明之前的有限时间里,抓紧完成《当代中国考试招生制度改革》一书的写作,把每一天都当成我能看见这个世界的最后一天。我把这两个决定写在这里,立此存照,也作为对自己的鞭策。

这本书的书名《研究真实世界的教育》寄托了我的一个理想。当前,我们的教育理念和教育实践之间存在着巨大的差距和虚伪性。在学校的墙上,在教育行政管理机关下发的文件里,充斥着大量高大上的教育口号和标语,但是在学校的实践中却往往呈现了另一种情况。真实世界的教育和书本上描述的教育并不是一回事。为什么我们不能把它们统一起来呢?

2014年在麻省理工学院(MIT)访问的时候,我受到的最大震撼是,MIT把研究真实的世界作为办学的重要使命。"纸上得来终觉浅,绝知此事要躬行。"学生不能只是在教室里从理论到理论地讨论问题,他们还必须要能够把东西实实在在地做出来。这使我意识到,要想真正弥补学校和社会之间的鸿沟,就只能而且必须让学生在真实的世界里学习、思考和体验。

前几天,在整理旧物的时候,我居然发现了一份2007年我在担任陕西招生组组长时做咨询报告的文字整理稿,发表在《北京大学招生通讯》2007年第1期上。这是我公开发表的关于大学招生的第一篇文字。从2002年第一次参加招生工作到现在已经十五年了。我深深地爱上了这份工作、这份职业和这份事业。我把它列在这里,以资纪念。

秦春华
2016年12月11日初稿于成都教育宾馆
2017年7月31日凌晨定稿于五道口嘉园

致　　谢

虽然收录在本书中的绝大多数文章都是我于2014年回国后发表的,但它们的写作时间,特别是构思时间,仍然集中在2013年至2014年我在美国访学研修期间。饮水思源,我要特别感谢芝加哥哥伦比亚学院(Columbia College Chicago,CCC)中国事务办公室主任张新亚博士和夫人朱永芳女士一家所提供的慷慨帮助。没有他们的支持,就不可能有本书的问世。

感谢芝加哥大学北京中心副主任袁霁先生给予我的无私帮助。他为中美教育的交流做出了巨大贡献,我是众多受益者之一。

书中的许多观点得益于和以下美国大学招生界众多同人的讨论和交流:芝加哥哥伦比亚学院招生办公室国际招生主任Susan Strow博士、芝加哥大学入学和学生进修处副主管以及招生和助学金主任James Gregory Nondorf博士、芝加哥大学招生办公室副主任兼国际招生主任Carol Lin-Murphy博士、西北大学本科生招生办公室主任Aaron B. Zdawczyk博士、加州大学招生办公室主任Michael R. Trevino博士、加州大学招生办公室副主任Han Mi Yoon-Wu博士、加州大学本科招生办公室副主任Monica H. Lin博士、加州大学伯克利分校主管招生和入学的副校长Anne De Luca博士、斯坦福大学招生办公室主任Richard H. Shaw博士、MIT招生办公室主任Matt McGann'Oo博士、MIT招生办公室主任及学生财务办临时执行总管Stuart Schmill博士、威尔斯理女子学院招生委员会主席步起跃教授,等等。他们在招生考试领域里的丰富经验和真知灼见给了我极大的启发。

研究真实世界的教育

加州大学校长办公室的常桐善博士是我在美期间最重要的研究合作者，谢谢他把我领入了美国顶尖大学招生研究领域的大门。他使我第一次意识到，招生不仅仅是一项工作，更是科学与艺术的结合。我们有共同的理想和追求，希望为中国大学的招生事业做一点有价值的事情。

感谢北京大学出版社对"北大招生考试研究丛书"提供的支持。责任编辑高桂芳博士令人敬佩的专业水平和敬业精神保证了本书的质量。当然，书中的观点和错误都由我本人负责。

感谢《光明日报》教育部各位领导的关心。本书收录的许多文章都发表在"漫谈教育"专栏，我们一起度过了那些美好的时光。《中国青年报》等其他媒体界的朋友鼓励我写出更多令读者喜欢的文章，你们的支持让我始终觉得温暖。所有的文章都可以在我的博客（http://blog.sina.com.cn/richardpku）上看到，部分文章也首发在我的个人微信公众号"秦春华频道"和北京大学考试研究院的微信公众号"北大考试"上。

感谢教育部各位领导对我的关心和支持。教育部党组成员、副部长林蕙青对我的研究工作给予了殷切期望。教育部高校学生司司长王辉，本专科招生处处长范卫宏、副处长蔺为民和平伟等领导对我以前和现在的工作都给予了一贯支持，在和他们的工作交流中我受益良多。感谢教育部考试中心主任姜钢和副主任杨松，他们既是我的领导，也是我非常要好的朋友。

衷心感谢北京大学党委书记郝平教授，校长林建华教授，党委常务副书记于鸿君教授，常务副校长吴志攀教授、柯杨教授，副校长王杰教授，党委副书记安钰峰教授、敖英芳教授、叶静漪教授，副校长李岩松教授，副校长兼教务长高松院士，副校长王仰麟教授、田刚院士以及其他领导对我工作的支持和生活上的关心。感谢前任党委书记朱善璐教授对招生工作的重视。感谢中国人民大学校长刘伟教授对我的培养和帮助。前任校长王恩哥院士十分重视北京大学考试研究院的工作，专门为"北大招生考试研究丛书"写了总序。

感谢北京大学考试研究院副理事长初育国博士的大力支持。他曾在二十多年前担任北京大学招生办公室主任，现在依然关心、关注高校的招生工作。

感谢北京大学教务部、北京大学招生办公室的各位同人。虽然我已经离开了以前的工作岗位，但和你们一起工作的时间是我一生中最快乐的时光之一。感谢北京大学考试研究院诸位常务理事、理事的大力支持，我有幸和你们一起工作，为中国的招生考试事业奉献力量。

感谢北京大学教育学院院长陈晓宇教授、党委书记闫凤桥教授以及其他教职员工对我的关心和帮助。这里是我的新家，我将在这里度过我的后半生，追逐我的人生梦想。

感谢导师陈德华先生和师母尹惠芬女士。先生年事渐高，但始终关心我的生活和工作。我唯有加倍努力，才能报答先生恩情于万一。

感谢岳父毛如柏先生和岳母张蜀华女士。没有你们的支持和帮助，我不可能心无旁骛地开展我的教学研究工作。就把这本小书献给你们。

感谢父亲秦孝先生和母亲王芝芳女士。自从上大学起离开家门，我再也没有能够长时间地在你们膝下尽孝，请你们见谅。感谢我的弟弟秦春来先生。他承担了许多本该由我承担的责任。

感谢女儿霖霖。你的到来，使我发现了自己一生的使命。在你没有出生之前，我和你妈妈无数次想到未来的你会上北大或者哈佛；等你出生以后，我们就只有一个希望：你的一生能够快乐、健康，拥有一个幸福的家庭。

最后感谢的依然是妻子毛韵卿女士。是你给了我一个家。在中国的汉字里，"安"的结构是在"家"的下面放一个"女"字。家里有女才有安。我要说，家里有你才有安。

秦春华

2017 年 7 月 31 日于北京大学教育学院

秦春华微博二维码